指文® 战史系列 042

U0892683

血沃索姆河

Battle of Somme

胡烨 著

中国长安出版社

图书在版编目（CIP）数据

血沃索姆河 / 胡烨著. -- 北京：中国长安出版社, 2014.12
ISBN 978-7-5107-0851-0

Ⅰ. ①血… Ⅱ. ①胡… Ⅲ. ①索姆河战役（1916）- 史料 Ⅳ. ①E194.4

中国版本图书馆CIP数据核字(2014)第286610号

血沃索姆河

胡烨 著

策划制作：指文图书®
出版：中国长安出版社
社址：北京市东城区北池子大街 14 号（100006）
网址：http://www.ccapress.com
邮箱：capress@163.com
发行：中国长安出版社
电话：（010）85099947 85099948
印刷：重庆大正印务有限公司
开本：787mm × 1092mm 16 开
印张：14.5
字数：335 千字
版本：2015 年 1 月第 1 版 2015 年 1 月第 1 次印刷

书号：ISBN 978-7-5107-0851-0
定价：49.8 元

CONTENTS 目录

前　言

索姆河战役，是第一次世界大战最血腥的战役之一。战争僵持了两年半后，为了打破僵局夺回失地，并牵制凡尔登方向的德军作战集团，英法联军经过周密准备，于1916年7月1日在亚眠以东，沿着索姆河与安克河之间的地带，发起了索姆河战役。由于法军凡尔登战役损失较大，索姆河战役的主角由英国远征军担当。虽然英军在战前进行了百万级别耗弹的炮火准备，但英军没有想到的是，德军竟然在这一带修筑了号称整个西线最坚固的防线。除了表面阵地工事系统外，德军还修筑了大量地下掩体和地堡，有效避免了英军超饱和炮火准备的杀伤，并在英军实施战役进攻的首日，通过大量使用机枪，活用炮兵，给英军造成了极大的伤亡。此外，英军自己在进攻作战的用兵上也出现重大失误，造成现代战争史上单日伤亡之最——一天内双方竟然合计伤亡6万人！索姆河畔成了血肉磨坊，1916年7月1日也成了第一次世界大战最血腥的一天，本书描述的即是这场大型战役的缩影——惨烈的索姆河战役首日。

|第一章|

英国大兵

1914年英国远征军来到法国，在比利时的蒙斯（Mons）小镇打了英军在第一次世界大战的首次战斗，四年后当第一次世界大战结束时，英国远征军在克服了无数困难后，又从起点蒙斯荣归故里。虽然起点和终点相同，但在这四年中，英国远征军的方方面面都发生了显著变化，尤其是兵力规模、装备和作战特点这几个方面。这个变化过程是渐进持续的：战争中的每个春秋都让英国远征军和去年相比有着明显的变化。那么1916年英军的构成情况又是如何的呢？

▲ 英国陆军大臣基钦纳勋爵

第一次世界大战爆发后的头几天时间里，基钦纳元帅就奉命接掌陆军大臣（the Minister of War）一职。当时，英国陆军由两大部分组成：全日制职业化的常备军和半职业化的本土军。此外，英国还是欧洲各大强国中唯一一个不靠义务兵，而是采取志愿兵制的国度。做为岛国，英国并没有建立一支规模可以和欧陆上各大强国相媲美的常备陆军，而是依靠强大的皇家海军守卫英吉利海峡。开战前，英国陆军对自己的义务兵数量自信满满，认为他们既能组建英国远征军履行协约国义务协助保卫法国，又能兼顾日不落帝国的安全。

英国陆军的作战兵种主要由骑兵、炮兵和步兵构成，其中步兵将是战争开始后首先接受战火洗礼的兵种。英军步兵标准的战术单位是营，满员编制约1000人。虽然有部分步兵营出自类似禁卫军步兵旅（Brigade of Guards）和来复枪旅（Rifle Brigade）等精锐部队，但步兵主力还是来自英国各郡下辖的郡属步兵团。

和大部分国家不同的是，在英国陆军中，步兵团并不是一个作战单位，而是由几个步兵营组成的母体行政单位。1914年，各团都有自己限定的征兵区和一个由团部、新兵训练区组成的大型中心基地。面积较大的郡可以拥有数个团编制，较小的郡不得不合并在一起征兵，组建一个团编制。

从编制上看，英国陆军大部分步兵团都至少有2个常备步兵营（番号是1营和2营）；一个营驻海外，另一个营在联合王国本土驻防。驻海外的营一般要留在海外驻地多年，部队官兵一般由来自英国本土的新兵轮换。

英国和法国的协议可追溯到1906年，但这并不是一个拥有法律效力的协定，仅仅是两国对德作战的联合行动计划。一旦战争爆发，英国远征军各单位要迅速动员预备役官兵把兵力编制补充满员，然后跨过英吉利海峡，和法国一起对德作战。

珀西·查普尔是土生土长的巴斯（Bath）人，服役于萨默塞特轻步兵团1营（1st Somerset Light Infantry），这是一个典型的英国陆军郡属步兵团常备营。1914年，时年28岁的查普尔已在萨默塞特轻步兵团1营服役

▲ 英国奉行了几个世纪的志愿兵制度，在第一次世界大战总体战面前显得力不从心。图为1898年在苏丹镇压马赫迪起义的英国陆军常备军将士

了十年之久。第一次世界大战爆发时，军衔为上士的普查尔正和妻子在科尔切斯特兵营（Colchester Barracks）愉快地生活，然而，战争的爆发打断了他们的平静生活。经过四天紧张准备，萨默塞特轻步兵团1营迅速征召了400名预备役官兵，并给他们配备武器、发放被服，做好了战斗准备。接下来的几天里，该营的预备役官兵们进行了密集的训练，包括各种地形行军，以便双脚能更快地适应新靴子和未来的战斗。珀西·查普尔随同萨默塞特轻步兵团1营一起从南安普顿港起航出发，于战争爆发17天后踏上了法国的土地。

远征军出发后，英军的常备军部队就只剩下海外殖民地的驻军了。这是大英帝国鼎盛时期就分派任务驻扎全球各地的常备驻军。战争爆发后，当德军横扫比利时和法国北部、弱小的英国远征军面临在欧陆覆灭的危险时，驻海外殖民地的大部分英军常备军部队纷纷返回本土，仓促编成各个步兵师，然后前往法国。

当时，驻守在百慕大群岛的英军是林肯郡步兵团2营（2nd Lincolns）。与炎热、尘土飞扬的亚非殖民地驻军地不同的是，百慕大群岛是一个惬意之地。时年34岁的雷吉纳德·巴斯塔德是林肯郡步兵团2营的一名军官，布尔战争（Boer War）时期他参加了英国陆军，在多次战斗中出生入死，布尔战争结束时，他已经是一名中尉。和平时期，职业军官晋升缓慢，直到1914年第一次世界大战爆发的时候，他的军衔也仅仅是上尉而已。他是一名非常能干的团级军官，因热爱军官职业至赴法时仍然未婚。返回英国后，林肯郡步兵团2营马上被编入英国陆军第8步兵师战斗序列，然后在1914年圣诞节开赴法国。

1914年，随着冬季降临，法国战场的战斗逐步沉寂下来，距日不落帝国本土最远的殖民地的常备驻军也陆续返回欧洲。其中一些人在返回前还经历了一些小战斗。南威尔士边防团2营（2nd South Wales Borderers），曾驻军中国天津租界，他们的兵营甚至和德国一个兵营比邻，双方不少士兵还成了朋友。第一次世界大战的爆发改变了他们的命运，这些德军士兵奉命移驻青岛租界，几天后南威尔士边防团2营奉命和英国的新盟友——日本，一起对他们的老朋友德国士兵展开攻击。青岛之围虽然很短暂，但却打得很艰苦。不仅天气阴冷潮湿，而且德军依托带刺铁丝网筑有良好的阵地体系。在艰苦的战斗生活中，日军以天皇名义送给英军的礼物——日本香烟和小块菊花纹状蛋糕（菊花纹是日本皇室的徽章），让英军多少感到了一丝温暖。为了配合日军一起攻克青岛，南威尔士边防团2营共付出了14人战死和36人负伤的代价。除了南威尔士边防团2营参加了对德战斗外，驻马德拉斯（Madras）的皇家都柏林燧发枪团1营（1st Royal Dublin Fusiliers）也经受了“战火”考验，他们遭到德国巡洋舰“埃姆登”号（Emden）的炮击，所幸无人伤亡。

这些最后返回的人员并入了英国陆军第29步兵师，但该师还差一个营才满编，空缺由一个爱丁堡本土营填补。第29步兵师也是英国陆军常备军中最后组建的师级部队。

在英国远征军开赴法国后，留在英国的就只剩下半职业化的本土军。本土军是1908年英国为了应对积极扩军备战的德意志第二帝国而对陆军进行改制的霍尔登计划（Haldane Reforms）的产物。本土军下辖14个步兵师、14个骑兵旅和各个支援兵种，无论从哪个方面来看，本土军都是一支完整的军队，他们的主要任务是战时接替英国远征军，担负保卫英国本土的任务，并随时准备在战争发展过程中增援英国远征军。

和英国陆军常备军各营类似，本土军也是以团为行政单位进行征兵；实际上，他们的动员权限要比常备军大得多。每座城镇都有本土军的兵营，适龄预备役兵员必须每个晚上和每个周末到那里报到参加训练。每年夏天，他们都要前往大型兵营，和郡内其它城镇的预备役兵一起做为建制完整的部队，参见训练。

本土军的招募热火朝天，截至1910年，超过25万人参加本土军。本土军的首批军官和士官都是从原来的民兵和志愿兵，以及因改制被解散退伍的预备役人员中挑选的，但很快不少新的军官和士官脱颖而出补充了军官和士官团的空缺，最终完全取代了首批军官和士官的位置。

做为常备军的补充，本土军士兵拥有一定的特权。英国政府无权把他们派驻海外，甚至战时也不能随意如此，除非他们自愿签署“总体服役义务”（General Service Obligation），而直到1916年下议院才通过了一个议会特别法案，在此之前政府也不能通过把他们从一个单位（比如本土军）调到另一个单位（比如英国远征军）的方式来强迫他们到海外服役。

截至1914年，英国陆军本土军力量充足，在第一次世界大战爆发时已经实现了职业化，并做好了防卫本土的准备。本土军本来要进行6个月的阶段训练，可战争初期英国远征军情况危急，需要支援，在这种情况下，陆军部要求英国陆军本土军取消原定6个月的训练期，征集志愿人员前往海外服役。英国国内各郡的本土军各营立即征询将士们对去海外服役的意见，大家的决定普遍都是“Yes”；只有个别人拒绝到海外服役。至1914年圣诞节，来自本土军的22个步兵营跨过英吉利海峡，编入英国远征军。到了1915年2月，又有26个本土军步兵营加入。

在基钦纳担任陆军大臣时，英国国内广泛流传着一个观点，那就是这场战争将会速战速决。可基钦纳却有不同的看法，他认为这场战争将持续至少三年。他的预测引起了英国国内的震惊和疑惑。如果说他是对的，那么现有英国陆军的规模是远远不够的。基钦纳面临着一个很大的难题——如何才能建立起一支满足战争需要的强大陆军。常备军已经派驻法国或是紧急从海外殖民地抽调至法国，本土军也在前往法国。可英军投入战场的兵力相对战争规模来说仍是杯水车薪。

兵力不足的问题，基钦纳决定靠自己的办法来解决：建立起一支全新的军队。把全国各郡的步兵团系统和征兵训练机构整合起来，然后再组建起军官团、参谋团和士官队伍，普通士兵将直接从平民中挑选。在这支新陆军完成组训并拥有实战能力前，法国的战事必须依靠常备军和本土军。

基钦纳的计划受到了部分质疑，可这个计划却可以迅速而便捷地扩充英国陆军。因此，议会很快在1914年8月表决通过了基钦纳提交的扩军计划提案——征召50万人组建18个新师。

这个提案宣告了所谓的英国陆军“新军”，也就是许多人说的“基钦纳的陆军”正式诞生，而在这个新军服役的官兵都很自豪地称自己是“基钦纳的小伙子”。由于英国媒体的报道，很快德国也得知基钦纳的计划，德国新闻界讽刺这些英军将是“基钦纳的炮灰”。

▲ *在基钦纳的号召下，英国青年踊跃报名参加新军*

然而，和德国人想象相反的是，基钦纳的政策引起了英国民众的热烈响应。特别是矿工和产业工人，他们踊跃报名，数量之多让人觉得这些曾经干着最脏的活的人们，正在借助这个机会加入军队前往欧洲大陆见见世面——离开工厂，离开矿区或街道拐角，离开贫民窟和大家庭，过上新的生活，呼吸欧洲大陆的新鲜空气，感受袍泽战友情，吃大锅饭。

产业工人和矿工大规模从军使英国军工熟练技工短缺，这是英军在1915年和1916年炮弹和火炮短缺的原因之一。为了填补这些熟练工人离开造成的空缺，许多妇女开始参加工厂劳动，成为新产业劳工大军。

民众参军的动机五花八门。除了想要到外面开开眼界、见见世面外，很多人还是“被动”参军。因为大家都踊跃报名，自己的朋友和兄弟也投身军旅，所以自己别无选择，只能随大流，加入到“基钦纳的小伙子”行列。

一旦填报了参军意向，要想服役，就必须要通过征兵体检。征兵体检通常是非常严格的，军医会动用当时最好的医疗检查设备进行体格检查。许多新兵，特别是产业工人的身体素质显然根本不达标，但善意和劳累过度的军医往往“手下留情”，给许多本该在体格检查时被淘汰的人们“放行”。

纽卡斯尔商业步兵团1营（Newcastle Commercials）的B.里查德森列兵回忆说：“我想参军，可排队等了两个多小时后，一名军医给我体检然后给我打了回票。我的胸围仅28英寸！接着，我乘渡轮过了泰恩河，在北希尔兹的征兵办公室又进行了一次体检。我发现这儿的军医更加马虎，随便一量就给出了38英寸的胸围。我回家把这个好消息告诉妈妈，可她却哭了，说我还只是个孩子，我才18岁呢！”

“我从来没有想过参军，可我一个校友，沃尔特，是一个十分狂热的爱国者，当他听说德军在比利时所谓的‘暴行’时十分愤慨，毅然决定参军并拉上我一起（从军）。虽然我才16岁半，但我在同龄人中却是大块头，可沃尔特却矮了点，当我体检顺利过关时，他却因为身高差了1英寸才达标而被打了回票。他很愤怒，我也感到有些不可思议。这可是他怂恿我参军的，可更热心参军的他却落选了。

“然后我就灵机一动。我注意到由于来报名应征的人太多，在量身高时是穿着靴子量的，然后再减去一英寸作为实际身高。我的靴子比沃尔特的大，于是我在靴子里垫上一些纸，再让沃尔特穿上。他穿着这双靴子又去量了一回，结果平安无事地过关了。”经历了这段小插曲的布朗布里奇在参军后，服役于诺森伯兰燧发枪团13营（13th Northumberland Fusiliers）。

除了体格检查可通过“作弊”通过外，许多不满19岁（参军年龄下线）的青少年也加入了军队。来自米德塞克斯团2营（2nd Middlesex）的A.E.霍林希德列兵就是如此。他回忆道：“我只有15岁，每次我想在伦敦报名参军却总不如意，他们不要我。于是，我买了1便士的站台票坐火车到伯明翰。走进伯明翰的征兵办公室，我告诉他们我已经17岁了。（负责征兵的）士官却说，‘为什么你不出去先吃点东西呢？吃完回来你的年纪就又长了点。’我告诉他，我没钱了，他随手掏出了两个先令。当我转一圈回来的时候，他好像从来没见过我似的又问我同样的问题。我说我18岁。这次一切OK了。”

对这些新兵来说，征兵工作办公室放行后，他们甚至还可以自己选择服役单位！绝大部分人选择了步兵——这是当时英国陆军主要的战斗兵种——但也有不少人选择当骑兵或是炮兵，特别是想骑马的城市居民。意向最少的莫过于枯燥乏味且远离前线的行政单位。在选择单位时，几乎所有人都选择和自己的朋友或兄弟待在征兵地组建的步兵营，但也有不少人因为各种原因做出了到更远的新步兵营服役的决定。来自诺森伯兰燧发枪团12营的H.费洛一等兵就说：“我的父母都去世了，我很穷，在我的生命中从没过过一天节。在诺丁汉报名参军时，我拒绝在当地组建的步兵营服役，并询问是否可以到外地步兵营服役，他们说可以。于是，我选择了到诺森伯兰燧发枪团服役，因为我至少能坐一趟火车远行。”类似的决定不一而足。

匿名入伍的人也不少，他们害怕家长知道后阻挠，但匿名的原因并不完全是因为家长问题。来自皇家沃里克郡8团1营（1/8th Royal Warwicks）的C.G.巴尔夫承认：“我15岁时离家，在伯明翰参军。当时，我很担心自己的名字，我觉得我的名字很像德国人。当然，我也不希望人家去查我的家底，这样的话我的年纪就露馅了。我告诉征兵的士官我快20岁了，并报了一个假名——查尔斯·狄更斯。这个假名陪伴我度过两年战争岁月。”

在接纳了大量新兵后，各郡和各大城市开始组建部队，也就是著名的“同城营”。其中，霍尔市（Hull）组建了4个步兵营，并很快合并成1个旅。格拉斯哥市也迅速组建了3个营。相对北部工业区充足的兵源，人口较少的郡常常为如何让所在地组建的单位满员而犯愁。当然，他们自有高招，那就是在人口较多的城市征召兵员，补足部队缺额。一名伦敦的新兵就被说服加入德文郡步兵团9营（9th Devons）。当他踏入部队兵营后，发现里面竟然有许多来自伦敦和兰开夏郡的新兵。大伙都揶揄德文郡步兵团9营是“伦敦和兰开夏郡步兵团9营”。

1914年，仍在联合王国版图内的爱尔兰政治形势十分微妙。该国大部分地区，主要是南部天主教徒，都希望获得独立。当时这项独立运动得到了帕迪·肯尼迪和他的爱尔兰志愿者的支持。但这项独立运动却遭到北部阿尔斯特省的抵制，该省包括9个郡且居民大部分是新教徒。爱尔兰的问题困扰了英国政坛好一段时间。在北爱尔兰，约8万名武装的阿尔斯特志愿军（Ulster Volunteer Force）组织军事阵线，准备和英国或南爱尔兰做斗争，避免北爱尔兰并入一个天主教国家。从理论上来看，阿尔斯特志愿军是非法的，但他们的势力太强大了，以至于需要专心应付第一次世界大战的伦敦政府不敢随便解散这个组织。

当然，基钦纳对爱尔兰的政治局势并不太关心，他需要的是勇武的爱尔兰兵。为了解决这个问题，他找到爱尔兰都柏林大学的议员，同时也是阿尔斯特的政界领袖爱德华·卡森爵士，询问他是否愿意将这支力量移交给新军。起初，爱德华·卡森还有些犹豫，可随着法国传来的消息越来越糟，卡森和阿尔斯特的议员们最终答应，在《地方自治法案》（the Home Rule Bill）还没有生效的情况下，派阿尔斯特志愿军开赴法国作战。基钦纳的期望值仅仅是1个旅，可卡森却给他提供了1个师的兵力，阿尔斯特志愿军部队也“华丽转身”，成为英国陆军新的步兵营。阿尔斯特的另一名议员查尔斯·克雷格上尉为了支持家乡人参军，订购了1万套军服！

在阿尔斯特省，许多新教徒都很担心他们的代表在伦敦的举动。德国人曾给阿尔斯特志愿军提供过枪支弹药，用于对抗英国政府和南爱尔兰独立运动，因此阿尔斯特人最初都认为自己不应该参加英军去和德军打。此外，他们最担心的事情莫过于家人在前线参战，而后方的伦敦政府却强迫阿尔斯特省也和南爱尔兰一样落实自治法。尽管有这样那样的担心，但阿尔斯特省的年轻小伙子们很快被无处不在的战争热情感染，成千上万的阿尔斯特志愿军成员自愿加入了新组建的阿尔斯特步兵师。

威廉·麦克法赞，一名来自贝尔法斯特的年轻士兵，他的朋友们亲切地称呼他比利。他的家在贝尔法斯特市郊的克雷加夫镇，他是家里最大的孩子，他的父亲是一位太平绅士，他们全家都是基督教长老会成员。在参军前，比利曾在贝尔法斯特的一家亚麻公司做学徒工，业余时间他既是大学生橄榄球俱乐部的初级球员，也是阿尔斯特志愿军第1贝尔法斯特团的成员。当英军为了组建阿尔斯特步兵师（英军第36步兵师）开始招募新兵时，比利·麦克法赞马上报名加入了贝尔法斯特青年城市者步兵营（Belfast Young Citizens），由于该营的大部分士兵都有过从事商业或学徒行当背景，而且来自“好”家庭，所以他们得到了一个响亮的绰号——“巧克力士兵”。

生活在英格兰的爱尔兰人或苏格兰人在参军后经常会发现，英军专门为他们组建了各个爱尔兰或苏格兰营，“恭候”他们的到来。在伦敦和利物浦，本土军已经组建了不少这样的单位；其他想成立新军兵营的城市

▲基钦纳组建新军的征兵海报

也如法炮制。在曼切斯特，部分苏格兰商人也开始招募曼切斯特苏格兰兵，他们希望战争内阁（the War Office）能够批准组建曼切斯特苏格兰部队。300多名居住在曼切斯特的苏格兰人报名参加，但官方却拒绝批准这个新番号，失望的参军小伙子们只有两个选择：要么留下来加入曼切斯特同城的某个步兵营，或是去爱丁堡参加当地的苏格兰部队。不出所料，大部分人选择坐火车去爱丁堡，然后加入爱丁堡城市团1营（1st Edinburgh City Battalion）。

相比之下，泰恩塞德就很幸运。该市既打算组建泰恩塞德苏格兰部队，也打算组建泰恩塞德爱尔兰部队。当地的苏格兰人和爱尔兰人踊跃报名，很快2个营就组建成了。得陇望蜀的泰恩塞德市决定再接再厉，利用市内苏格兰人和爱尔兰人的参军热情，招募更多新兵争取组建1个泰恩塞德苏格兰步兵旅和1个泰恩塞德爱尔兰步兵旅。

仔细考察一下这两个旅的新兵就会发现，两者都接收了不少跟苏格兰或者爱尔兰扯不上边的人。泰恩塞德爱尔兰旅好歹有许多来自泰恩塞德东北部的大型爱尔兰移民社区的人，而泰恩塞德苏格兰旅却至少有75%的新兵是纯粹因为仰慕苏格兰旅之名而来的泰恩塞德土著。这些人甚至希望领到全套苏格兰短裙制服，不过他们的希望都落空了，得到的只是一顶苏格兰无沿帽和一个特别的帽徽。

北部工业区的4个郡也招募了大量兵员，给新军提供了134个营，占基钦纳新军总兵力30个师的三分之一强。各大城市组建的同行、同城步兵营数量众多，其中曼切斯特似乎组建最多，有15个营。当然，也有些城市因为兵源不多只组建了几个营，比如巴恩斯利市就只有2个营——巴恩斯利同城团1营和2营（1st and 2nd Barnsley Pals）；然而，巴恩斯利市附近的谢菲尔德市，虽然市区规模9倍于巴恩斯利，但却只组建了1个新陆军营——谢菲尔德城市步兵团1营（Sheffield City Battalion）。对谢菲尔德市来说，他们更愿意把兵员补充给谢菲尔德市的本土军部队——著名的哈拉姆郡步兵营（Hallamshires）。

里查德森·金是一位来自矿区的典型新兵，朋友们都喜欢亲昵地称他为迪克。他是诺丁汉郡人士，并娶了当地姑娘艾玛为妻，由于约克郡南部的煤层较厚，那儿的煤矿也能给矿工提供更丰厚的薪水，于是他们在婚后不久举家搬迁到约克郡南部的唐斯卡特附近的蒂克希尔（Tickhill）镇。1914年，他已是一位30岁的父亲，膝下有三女一儿。一天，他比平常晚回家，一进家门他就说他已经加入了基钦纳新军。几天后，他从一位普通的矿工成了国王属约克郡轻步兵团10营（10th King's Own Yorkshire Light Infantry）的列兵，该营是一个在庞蒂弗拉克（Pontefract）新成立的营。

这些矿工都是优秀的战士，抵达法国前线后，他们常常要在危险的条件下干苦力，可他们对挖掘和坚守堑壕显得并不在乎。在南约克郡的一个步兵营里，矿工出身的兵员实在太多以至于他们都找不到一个合适的文书。而在其他部队，比如（同城）商业营里，却有900多人可以胜任这个职位。纽卡斯尔市有一个营兵员以前全是铁路工人，他们主要是服役于纽卡斯尔铁路同行营。

另外，新军还专门组建了一个公立学校步兵营（Public Schools Battalion），好让参军前在同一所公立学校的学生们相互熟悉，同在一个部队服役。

在这些加入新军的志愿者中，除了两名特地从土耳其赶来的英国侨胞外，还有来自英军骑兵部队的两名退役军官，他们自愿做为普通步兵投入战斗。此外，不少国际级球星也志愿参加新军，其规模相当于两个橄榄球队和一个足球队。

最终，组建的新单位规模让英国战争内阁大吃一惊，但还是签字批准了这些单位，并把他们的行政管理权和征兵交给了各营所在郡辖的步兵团。在编入英国新陆军后，他们的番号也有所改变。例如，比利·麦克法赞所在的贝尔法斯特青年城市者步兵营变成皇家爱尔兰来复枪团14营（14th Royal Irish Rifles），公立学校步兵营番号变为米德塞克斯团16营，泰恩塞德苏格兰旅和泰恩塞德爱尔兰旅则被诺森伯兰燧发枪团接管。格里姆斯比密友营（Grimsby Chums）的番号也变成了林肯郡步兵团10营。

在爱丁堡，成员包括300名曼切斯特人的爱丁堡城市团1营，更名为皇家苏格兰步兵团15营（15th Royal Scots）。在人口稠密的兰开夏郡和约克郡，总共组成了至少13个团，这些团管辖的各个步兵营统统参加了1916年7月1日的索姆河首日大战。曼切斯特同城各营和利物浦同城各营统一编成曼切斯特团各营和国王属利物浦团各营；阿克宁顿同城步兵团1营（Accrington's Pals）编成东兰开夏郡步兵团11营（11th East Lancs）。霍尔市4个同城营中的第4个改编为东约克郡步兵团13营（13th East Yorks）。

在英国掀起参加基钦纳新军的热潮，大量适龄青年踊跃报名之际，常备军和本土军的兵源问题又该如何解决呢？虽然常备军在法国的各营蒙受了惨重损失，但兵力补充对他们来说并不是什么大问题。因为基钦纳组建的新军虽然备受英国国内关注，但常备军的荣誉感和吸引力仍不可小视，在不少人心里它才是真正的英国陆军支柱和化身，为了荣誉感他们愿意去常备军而不是新军服役。如果说荣誉感还不够吸引人的话，那么加入常备军就可以比本土军和新军更早参战的承诺足以说服新兵。

相比之下，本土军的兵力补充困难重重。他们要和常备军、新军争夺兵源，而“魅力”却时常被上述两者压倒。在兵源严重短缺的情况下，本土军各个部队想方设法，采取降低征兵身体条件和其他标准等方法，把一些年龄不够、太矮或身体有缺陷的人拉入伍，勉强凑足了编制。虽然这些补充兵员的素质不足以和新军、常备军的兵员相提并论，但他们对战争的渴望和执着也让他们很快成为了优秀的战士。

新军显然没有这些问题。截至1914年9月底，在仅仅三周的时间内，就有50多万人踊跃加入新军。这个规模完全满足了基钦纳的设想。新军的招募成绩令人满意，可那只是50万平民新兵，要想一夜之间就学会士兵技能，上战场能打仗是不可能的。目前，基钦纳所要解决的关键问题是去哪里找经验丰富的军官和士官来带领这些平民士兵，去哪里找教官来训练这些步兵营。

就在基钦纳为军官和士官犯愁的时候，恰好得知500名在印度陆军服役的英国军官正在本土休假。他随即签署命令，着令这些正在享受假日的军官马上到新军各个步兵营报到。军官的问题基本解决，但下级军官却还是严重不足。为了解决这个问题，战争内阁草拟了一个“2000年轻绅士”计划，高薪招募刚刚从公立学校或公立大学毕业的学生，通过短期速成培训，补充新军的下级军官团。

时年21岁的谢菲尔德市人菲利普·霍威，在当年夏季刚刚获得谢菲尔德大学法学学士学位。家中的老父亲准确判明，第一次世界大战将是一场漫长的战争，既然如此，儿子为什么不可以去闯闯呢，凭着高学历去申请“年轻绅士”，拿优厚待遇上阵杀敌。此时的霍威也厌倦了无聊的宅男生活，并看到自己可以在战争中捞一把高薪水的机会（并非出于爱国心），他的看法和父亲不谋而合。满怀希望的他，返回本校的军官训练团报到并接受短期速成培训。报到之初，他就吃惊地发现原来军官训练团里还有不少大学同学。可刚刚经过一个月的训练，他就有些不耐烦了，原本赚取高薪的念想被抛到九霄云外，他转而变得渴望参战。他和其他几位大学好友一起离开了军官训练团，并以平民身份加入谢菲尔德城市步兵团1营，军衔列兵。

尽管基钦纳做出了努力，可500名来自印度陆军的休假军官和2000名“年轻绅士”还是远远不够的。前者主要是经历了殖民战争的退役军官，虽然他们年纪太大已不足以担起指挥的重任，但至少他们富有经验，也很高兴陆军能“回聘”他们。

基钦纳的新军中第一批组建的步兵营是最幸运的，战争内阁及时挑选了一批经验丰富的军官去指挥他们。但随着新军组建越来越多的新单位，经验丰富的军官就“供不应求”了。当各市同城营成立的时候，能分到一名常备军现役军官或是一名退役军官就已该“偷笑”了。剩下的军官缺口（每个营需要30多名军官）只能从加入新军的从商人士和专业人士中临时提拔。

在谢菲尔德城市步兵团1营混了一段时间觉得没希望很快参战后，菲利普·霍威又重新申请加入“2000年轻绅士”计划。这一次，他的申请再次获得通过。更令他吃惊的是，这次在没有进行任何培训的情况下，他就成了英军西约克郡步兵团10营（兵员主要来自利兹和哈罗盖特）的少尉。该营营长竟然是一位参加了1873年对阿山蒂（Ashanti）远征的退役军官；副官虽是常备军出身，但却因病无法随原部队赴法作战，只得转投新军，成为西约克步兵团10营（10th West Yorks）的一员。

在公共学校步兵营，所有人都有当军官的潜力，但大部分人还是愿意老实本分地当好普通大兵。无奈之下，基钦纳只得到处搜罗人，才勉强给公共学校步兵营充实了军官团。基钦纳搜罗范围之大，甚至有来自纳塔尔山地来复枪团（Natal Mounted Rifles）、孟买轻骑兵团（Bombay Light Horse）、仰光志愿者来复枪团（Rangoon Volunteer Rifles）、

正在训练营休息的新军第10步兵师，刚入伍的年轻士兵们士气高昂，都想着快点去法国一展雄姿

锡克团（the Sikhs）和威斯敏斯特龙骑兵团（Westminster Dragoons）的军官。

为了对基钦纳的新军里那些经验不足的军官有个总体评价，我们选择新陆军中的一个整编师——第21步兵师来分析。该师所有的营长都是第一次世界大战爆发前的退役军官，其他高级军官中只有14位在英国陆军中有过服役经验，剩下的400多名中下级军官都是新招募的，而且绝大部分没有受过任何军官基础或速成培训。

相对军官的缺乏，士官短缺的严重程度有过之而无不及。第一次世界大战爆发后，英国陆军的局部动员已经把大部分预备役士兵都征召回前往法国一线作战的常备军，留下来的预备役士兵已经很少了。当基钦纳组建他的新军时，哪怕运气最好的步兵营能找来当士官的预备役士兵也不过6人而已。为了凑足士官人数，新军各个步兵营只得开设大量临时士官速成培训班，采取“拔苗助长”的方式，急速扩张士官队伍，才勉强在开赴法国前“完成”了士官队伍的建设。

急速扩建的新军要解决的不仅仅是军官和士官短缺问题，还有诸如军服、武器和装备等问题。由于物资样样短缺，部分同城步兵营组建后，先让官兵们住在自己家里，等到军服、武器装备都准备完毕，才开放兵营。每天，这些同城步兵营的官兵们都身着平民服装，扛着假枪在当地公园或运动场操练。当军服下发时，他们领到的往往是蓝色哔叽（英军常备军领的是卡其布，这足以说明英国国防部将新军的供应顺序排在最后）。

格林霍华德团7营（7th Green Howards）的R.法伊夫中校回忆道：“在难忘的1914年8月和9月里，那些加入‘基钦纳’新军数量庞大的新兵，在没有军官，没有士官，没有武器装备、口粮、帐篷，甚至没有军服的情况下，仍然在那些所谓‘营地’的空旷地集合，表明自己是英国陆军中的一个单位。”

东萨里郡步兵团8营（8th East Surreys）的A.P.B.伊尔文中校对新军步兵营的组建过程就回忆说，他做为一名资历尚浅的常备军中尉，奉派前往担任东萨里郡步兵团8营的副官。在珀弗利特（Purfleet）火车站，他等来了3趟火车送来的1000名新兵。与之相配的是少得可怜的军官——2名退役军官和1名军需官，士官仅有1人而已。此外还有12名预备役士兵，他们担任一等兵。可就算这样凑人还是没法让士官满编。无奈之下，伊尔文只得下令全营列队集合，让想当军官和士官的人往前跨一步。大约40人跨步上前，伊尔文在他们手臂上缠上白布条，正式承认他们是士官。尽管这个晋级仪式很随意，但这种措施至少完成了该营的士官编制工作。伊尔文也证实，这些士官在日后战斗中确实表现出色。

当武器装备到位后，各营开始正式训练，可教官中有过前往法国战斗经验的寥寥无几，绝大部分都是毫无战争经验的后方军官。训练科目主要是操场队列、常规行军、劈刺和步枪射击（前提是有足够的步枪到位）。许多新兵被挑选出来培训成通信兵、机枪兵和侦察兵。战术训练科目主要是火力掩护下运动接敌以实现对“敌人固守的阵地”的攻坚，具体做法是士兵要短促冲刺到敌前200码内，然后在火力掩护下开始总攻击。早在第一次世界大战爆发前，常备军就已经反复演练和总结过这些战术，并拟定了战斗条令。得益于常备军的多年经验总结和战斗条令，新军成立后按照战斗条令训练士兵，短短几个月就让士兵掌握了基础的步兵战术技能。在英国，人们对堑壕战和第一次世界大战的残酷性认识不多。不过，新军的士兵们都是离开了百无聊赖的办公室、枯燥无味的工厂区，以及危险重重的采矿区后，汇聚一堂，共同享受新生活，他们空前团结。对部分人来说，在新军服役的几年里是他们一生中最欢乐的时光。

当然，在本土成立并训练的时光并非一切顺利。1914年12月，德国海军舰队突然出现在西哈特浦（West Hartlepool）港外，炮轰了杜伦同城团1营（Durham Pals）所在的兵营和周围居民区，造成很大的破坏，并导致119名平民死亡。负责警戒德军登陆的杜伦同城团1营也蒙受了5死11伤的损失，他们是新军的第一批伤亡人员。

在各营相继组建完毕后，很快又并入新的师旅。泰恩塞德苏格兰步兵旅和泰恩塞德爱尔兰步兵旅编入英军第34步兵师战斗序列。帕迪·肯尼迪所在的步兵营也成为英军第30步兵师一份子。爱尔兰组建的阿尔斯特步兵师也获得了数字番号，但国防部允许该师保留原先的地名称谓，遂成第36（阿尔斯特）步兵师，然而许多英军部队还是习惯把该师称为“卡森的陆军”。当第36（阿尔斯特）步兵师转移到英格兰完成训练的时候，泰隆志愿者团（Tyrone Volunteers）却因为麻疹流行而被隔离，最终剔出了病员后，解除隔离的其他泰隆志愿团士兵也到达英格兰，与该师主力会合。

除了大不列颠本土和爱尔兰提供了兵员外，大英帝国的各个自治领也提供了许多部队。澳大利亚、新西兰、加拿大和印度都提供了成建制的步兵或骑兵师。他们为和宗主国一起战斗感到骄傲和自豪。讽刺的是，尽管这么多个自治领都派兵参战，但1916年7月1日真正和英军一起并肩战斗的自治领和殖民地部队，只有来自纽芬兰和百慕大的部队而已。

1914年，纽芬兰的面积几乎和英国一样大，人口却少得可怜，而且完全没有武装力量。第一次世界大战爆发后，纽芬兰自治政府组建了一个25人的委员会，准备征召一支500人的部队和英国陆军并肩战斗。由于公众的热情，这个委员会很快扩大到50人，而且征兵数量超过了1000人，足以编成一个整营。新兵来自纽芬兰各地的各个行业：有渔民、有水手、有教师、有公务员以及许多其他行业从业人员。部分人甚至来自一些偏远的乡村，而且从未上过学。

▲ 纽芬兰在第一次世界大战中坚决站在了英国这边，并出兵一个营参加了惨烈的索姆河战役

和英国国内组建的新军各营一样，纽芬兰组建的部队也没有军服和步枪。一些人穿着卡其布军服，但绝大部分人穿着平民衣服。不过，许多人都绑腿，到最后是每人一对蓝色绑腿。于是，“蓝色绑腿男孩”的称号就在英军中流传。为了解决武器装备问题，纽芬兰自治政府以28美元/支的价格，向加拿大订购了500条步枪。可加拿大政府的交货速度太慢了，以致于他们要离开了枪都还没到。经过一段时间的训练，该营确定番号为纽芬兰步兵团1营（1st Newfoundland Regiment），并准备乘船前往英国。这支部队从无到有计耗时1个月。

在纽芬兰人民的欢送声中，纽芬兰步兵团1营乘坐纽芬兰政府租用（每个军官船票56美元，每名士兵36美元）的“弗洛里泽尔”号从圣·约翰起航，前往英国。讽刺的是，纽芬兰步兵团1营前脚刚走，向加拿大订购的500条步枪后脚就到了。

好不容易抵达德文港，纽芬兰步兵团1营却被迫在船上多待了一个星期才上岸。对这个事件，舆论众说纷纭。有人怀疑战争内阁没有预计到纽芬兰竟然真的派兵参战，因而没有及时给他们准备好兵营，弄得自己手忙脚乱。不管原因究竟为何，纽芬兰步兵团1营在上岸后确实没有得到兵营的安排，只能在苏格兰的艾尔（Ayr）跑马场周围的仓库区扎营。在整个战争期间，这里都是该营营地。由于他们训练和生活都很平静，从不扰民，很快和当地的英语、苏格兰语民众打成一片。

在纽芬兰参战的同时，百慕大也做好了准备。前面提到雷金纳德上尉和英军林肯郡步兵团2营驻军百慕大的情况，他们和当地的民众（多为欧洲籍）相处融洽。第一次世界大战爆发后，林肯郡步兵团2营奉命回国参战，百慕大自治领也决定组建一支80人的小部队——百慕大志愿兵来复枪军团（Bermuda Volunteer Rifle Corps），并请求英国政府允许这支军团补入林肯郡步兵团2营。不过，英国战争内阁却认为林肯郡步兵团1营比2营更需要新鲜血液的补充，因此百慕大志愿兵来复枪军团转往法国，编入林肯郡步兵团1营麾下。在整个战争中，这支百慕大部队始终保持满员状态，因为百慕大政府不断动员派遣足够的补充兵前往英国，不停地补足该军团的战斗损失。

视线回到英国本土，在新军带动的参军热潮逐步减退后，英国不得不采取别的更积极的征兵手段。在第一次伊普尔战役（the First Battle of Ypres）中，英国远征军损失惨重，他们不仅需要补充损失，还需要更多的兵力投入法国战场。残酷的现实表明战争不可能在1914年圣诞节前结束。为了补充前线损失的兵力和组建新的部队，英国国内掀起了一场广泛而不折手段的宣传攻势，他们通过指责德军在比利时和法国占领区“惨无人道”的暴行来激起民愤，继而把英法联军描绘成拯救欧洲和阻止日耳曼野蛮人践踏欧洲文明的神圣十字军。英国的煽动性宣传攻势矛头还直指妇女阶层，说别人的丈夫在前线打仗流血牺牲的时候，不少妇女却让自己的丈夫躲在家里享清福。那些没有穿着军服而在伦敦街头漫步的青年男性往往都被女人们给拦下来，然后在他衣服上别上白色的羽毛——英国传统的懦夫标志。

英国的煽动性宣传攻势起到了很大的效果。游骑兵团1营（Rangers）的F.S.马丁列兵就回忆道：“我痛恨战争和那种嗜杀的想法，可我生活的一个小村庄里，当所有的（适龄）男人都上前线打仗的时候，人们开始问我什么时候去。我实在是应付不了（他们成天责问），于是参加军队但决定成为一名非战斗人员。最初我选择参加皇家陆军卫生队，但却没有获得批准，于是我只能在步兵部队中当担架兵。”

随着时间的推移，征兵年龄下线开始降低。比尔·索尔是一位在诺丁汉市草场区学习的木匠学徒工，他渴望多见见世面。1914年12月初，年仅17岁的他和两位朋友一起，加入谢尔伍德森林者步兵团7营第2本土营（2/7th Sherwood Foresters），改营又被称为“罗宾汉来复枪团”。比尔·索尔在离家不远的斡拉顿公园训练，并成为部队里的一名担架兵、军乐兵和号兵。

查尔斯·马修也很年轻。他是白金汉郡布莱切利市人氏，当时在北安普顿市的一个啤酒厂当办公室文员。他知道北安普顿步兵团8营正在彭赞斯给其他步兵营训练补充兵；1915年5月，他决定参军，不过他可不打算加入白金汉郡的某个营，而是选择了北安普顿步兵团8营，因为如果要受训，他更愿意在彭赞斯进行夏季训练。入伍后，他惊讶地发现自己并没有被派往康沃尔郡，而是继续留在北安普顿市的兵营训练。经过两个星期的训练，马修被派往北安普顿步兵团8营（8th Northamptons），然后转移到科尔切斯特。接下来的3个月时间里，马修在一些资深士官指导下，参加野战射击和劈刺训练（恰恰没有英军当时最需要的堑壕战相关训练科目）。

1916年，英国陆军中年纪最大的士兵非韦伯莫属。1914年，韦伯已经年届66岁，超过正常招兵年龄20岁，他住在萨里郡的霍尔利，有4个儿子和4个女儿（都已经成人）。他在伦敦证券交易所工作了42年，他喜欢多项运动，板球、射击、狩猎，退休后的生活非常充实。他的三个儿子都作为军官在法国服役，他渴望与他们一起征战沙场。由于他年事已高，所以多次向国防部提出的申请都遭到了拒绝。然而，他坚持不懈，最终英国国防部被感动，批准了他的参军请求。经过速成训练，国防部把他派法国，由于68岁的高龄，他奉派担任营辎重军官。这是一个了不起的成就。

在1914年8月到1915年秋，大约200万人志愿参加新军和本土军，可到了1915年底，招募的新兵人数却开始大幅下降。给兰开夏郡的第30步兵师提供赞助的德比勋爵于1915年10月成为英国国防部征兵总监（Director General of Recruiting），之后他马上推出了“德比征兵”计划。在计划中，他强调1915年底以前是最后志愿参军的机会，从此以后不再征召志愿兵，而是采取义务兵制度，按照需要在英国各郡直接强制征兵。出于政治原因，“德比计划”没有在爱尔兰推行。至此，“基钦纳的大兵”时代结束了，“德比的大兵”时代到来。不过在索姆河战役打响的时候，没有任何一位义务兵赴法作战，他们最早要在1917年和1918年才参战。

当1915年逐步过去时，新军各个步兵师完成了基础训练，并准备开赴法国。对新兵来说，这是一个令人兴奋的时刻。他们急切地想参加战争，并在战场上大显身手。不过当年的伤亡名单和回国伤员讲述的故事表明，战争是很残酷的。尽管出师前，大家都清楚不少伙伴可能不会回来了，但大兵们的士气

▲ 英军谢尔伍德森林者步兵团7营第2本土营出征前军官团合影照

还是异常高昂。

首先开赴法国的是英军第21步兵师。服役于第21步兵师的迪克·金在离家前最后的时光，抓紧时间跟妻子和4个儿子合了一张影。他告诉妻子艾玛，自己没打算再回来。对他的家庭而言，这是一次令人伤感的离别。

当然，并非所有的新军步兵师都开赴法国。新军第29步兵师，在待命赴法期间接到了参加加里波利战役的命令。由于准备不足，特别是爱丁堡本土营在驻地没法及时动员，导致他们仅有满编兵力的四分之一。在这种情况下，第29步兵师不得不把爱丁堡营抽出，换上纽芬兰步兵团1营参战。可在第29步兵师眼里，特别是那些常备军战士眼里，纽芬兰步兵团1营不受待见，他们可不喜欢这些“平民战士”。

英军第29步兵师征战近一年，赢得了很高的声誉，被誉为“无与伦比的步兵师”。纽芬兰步兵团1营虽然没有经历最残酷的战斗，但却做为全军的后卫最后一个离开加里波利，也赢得了全师的尊重。

经历了加里波利小插曲后，英军第29步兵师又奉派前往埃及待了几周，之后才开赴法国。另一个没有直接去法国的是开赴中东（当时称为近东）的英军第31步兵师，该师包括英格兰北部所有郡属步兵营。因担心同盟国阵营的土耳其会进攻苏伊士运河，故而该师奉命前往中东保卫这条重要水道。第31步兵师下辖的阿克宁顿同城步兵团1营，在乘坐运兵船前往中东过地中海时险些被德国海军潜艇发射的鱼雷干掉。实际上，英国政府对苏伊士运河的担心是多余的。在判明土耳其并无进攻苏伊士运河的能力后，英军第31步兵师也奉命前往法国，参加索姆河战役。

与此同时，部分1915年参军的新兵没有随同所部共同赴法，而是加入了其他部队。比尔·索尔就从谢尔伍德森林者步兵团7营第2本土营转调到第1本土营，该营在战前是诺丁汉营，归第46（北米德兰）步兵师所辖。1915年10月的卢斯战役（Battle of Loos）中，该营损失惨重，调回本土重建后名为谢尔伍德森林者第7营第1本土营。

总的来说，这些参加新军的15到68岁的英国人，尽管个性和背景各不相同，但他们都怀着同样的爱国主义情感和冒险精神，而他们所投身的新陆军也将在1916年7月1日的索姆河战役首日遭遇自己的命运。

|第二章|

真实的西线

踏上法国后，英国士兵们发现这儿的生活条件和本土的完全不同，战地生活条件也比国内的训练营要恶劣得多。这些毫无经验、新抵达的部队遇到了很多的困难，但他们还是迅速学会了要想在战斗中保存自己、有效打击敌人就得向老兵学习宝贵的战斗经验这一原则。

战场给这些年轻的英国士兵的第一印象就是贫穷而荒凉。周围根本找不到多少适龄法国男人，只有少数战争致残者，战地村镇所有的工作都是由妇女和年长的男人来做。当曼彻斯特同城团3营（3rd Manchester Pals）登上法国海岸，行军开赴内地时，帕迪·肯尼迪注意到沿途树上落下的水果烂在路边也没人来捡。在他们离开英国前，上级充分考虑到了法国战场的条件艰苦，做了十足的准备。因此，去法国的每名英军士兵都背负着从来没有过的沉重武器装备和物资。

当曼彻斯特同城团3营在一个贫穷的法国村庄驻足时，营里的一名“街道佬”开始整理物件，他把自己认为是累赘的东西都拿出来送给一个热心帮助他们的法国村民。不久，全营开始效仿，很快他们的负重就减轻了不少。当曼彻斯特同城团3营再次上路的时候，他们已和当地村民打成了一片。

1914年战争爆发后，英国远征军跨过英吉利海峡赶往前线，不到几天就投入了战斗。常备军各师和绝大部分随后赶来的本土军也是如此。当本土军和新军先头部队在1915年赶到法国战场时，他们参与战争的过程就较为循序渐进些。对这些步兵营来说，除了少数参加过法国战场的战斗而负伤回国休养，伤愈后加入新军和本土军的官兵外，绝大部分人都没有堑壕战的经验，更没有想到竟然一来法国就要蹲堑壕。

堑壕战对一支非机械化的军队来说，需要付出大量的劳力，绝大部分是挖掘和运土作业。虽然在战争进行过程中，协约国得到了众多劳工单位的协助，不少人甚至从中国不

蒙斯战斗前的英军皇家燧发枪团4营

远万里而来，但这些劳动力还是远远不够。任何一个离开一线进行休整或训练的步兵营，都随时可能奉召返回一线填补劳力缺口。这是最苦的难以上手且耗费体力的劳动；对战前就从事体力劳动的士兵而言，挖堑壕不是什么难事；可对战前是职场人士或商业从业人员——零售商、文员和类似职业——的从军小伙子们（军官和资深士官除外），这都是一项苦差事。

为了迅速熟悉堑壕战，新抵达法国的各个步兵营首先抽出50多人——绝大部分是军官和士官——进入一线堑壕了解情况，然后引导大部队进入堑壕，在（前线的）一个作战经验丰富的步兵营协助下，逐步熟悉阵地，然后承担起战斗任务。

对英国新军来说，新上阵的部队初出茅庐，闹出了不少笑话。

比利·麦克法赞和他来自贝尔法斯特的伙伴们奉命配属给皇家沃里克郡团的一个营。一天晚上，皇家沃里克郡一个营和皇家爱尔兰来复枪团14营组织一支爆破队前往两军战线中间的无人地带巡逻。一名来自贝尔法斯特的年轻新兵在没有得到任何指示的情况下就怀揣3枚手榴弹上去了。虽然大家认为他是一名受过训练的投弹手，可实际上他从未投过实弹。抵达无人地带后，他和一名沃里克兵趴在地上，他开始检查手榴弹，却马马虎虎。生气的沃里克兵把手榴弹抢了过来："别碰它们。你这样（粗心）会把我们统统炸飞的。"幸运的是，最终大伙儿安全回来了。

但也不是所有新上战场的英军部队都那么幸运的。谢菲尔德城市步兵团1营的一名士兵在熟悉堑壕阶段就被打死，他的遗物很快被送回营集结地。

“我们第一次堑壕战的经历是1915年1月27日，德皇生日那天，相信我，这次行动是一次伤脑筋的经历，德国人为了庆贺这事，对我们的战线进行了一整天的猛烈轰击。”爱丁堡城市团1营的列兵W.B.科尔比特回忆道。

从这时起，基钦纳的新军正式参加第一次世界大战。

许多人也许认为在法国的英军的战地生活充满了激烈战斗，要么就是猛烈进攻要么就是拼死抵抗。实际上，平均每名英军士兵一年经历激烈战斗的日子不过两三天而已，绝大部分时间都消耗在平淡无奇的堑壕战上了。

对他们来说，堑壕就是生命。堑壕系统大体由三条堑壕组成：前沿堑壕、支援堑壕和预备堑壕。所有类型的堑壕都修成直角Z形，最大限度减弱德军炮击效果；每个直行堑壕段（就是两个直角拐弯点之间的堑壕段）称为港湾。三条堑壕通过交通壕相连，整个堑壕系统从后方到前线还有一条隐蔽堑壕相连，对方从地面根本无法察觉。

堑壕系统只包括最基本的生活设施；地面挖的小散兵坑和掩体，只是是军官和资深士官的专利；其他人只能在堑壕侧壁凿个洞休息或是就躺在防水油布上了事。堑壕底部铺设着称为鸭板的原木板条。在正对德军的前沿堑壕带，还修筑了一个个火力点以保障英军可以抵挡任何进攻。

和联军一样，德军也修筑了绵密的堑壕系统，双方隔着中间无人地带对峙，无人地带的宽度从半英里到几码不等。双方都竭尽全力保护自己的前沿堑壕，有时还在支援堑壕和预备堑壕前围上厚厚的带刺铁丝网。

堑壕里的日常生活遵循着固定的模式。拂晓前，所有人都被号兵唤醒，并“准备战斗”（Stand to），士兵们纷纷进入阵地防范德军拂晓突袭。“准备战斗”往往伴随着“早怒”症（morning hate），双方都神经质地射击，朝对方打掉大量步机枪子弹。可双方（在射击过程中）都很小心翼翼地避免抬头，伤亡微乎其微。

备战时间一过，平静的时光随之而来。英国大兵们有的小火做早饭（通常是热咖啡或者牛奶），有的在堑壕里刮胡子和洗漱，刮脸和洗漱用水只能靠自己抬进堑壕；水总是很缺乏的。食物虽然很充足，可大部分都是单调无味的罐头食品；大家都对新鲜食物望眼欲穿。在部分平静地段，双方会不约而同地达成清晨休战的默契。双方都没有滥用炮火，因为这种行为除了招来对手的报复外，没有任何意义。

在剩下的时光里，英军将士们通常是准备放松一下或是好好睡个觉，却常常无法如愿：其他人走动，会踩到熟睡者的双脚；军官检查堑壕；上面布置的活儿；冷不防一发炮弹落下。

黄昏，“准备战斗”和“早怒”症又一次上演，然后一天中最惬意的时光到来。部分单位甚至可以收到从后方送来的热腾腾的饭菜和朗姆酒。从理论上讲，英军士兵们每天都有权享受一份仔细定量过的浓烈朗姆酒，但部分军官却拒绝接受这个配给，部分原因是宗教问题，但最主要还是因为他们认为贪杯易出乱子。在部分离德军战线很近的地段，如果驻防的德军是一支比较友善的部队的话，很可能出现夜幕下高歌的景象。双方轮流引吭高歌，歌声穿过无人地带，回荡在双方阵地上。当然，在战线的绝大部分地段上，双方是长时间既看不到对手的影子，也听不

第一次大战西线战斗的特点——堑壕战

到对手的声音。

当夜幕完全降临后，双方又开始忙碌起来：各营后勤人员忙着把口粮和物资送到最前沿部队的手上；同时修补白天受损的堑壕段。只有夜幕降临后，在地面走动才可以说得上是安全的。尽管如此，将士们还是很容易受到零星狙击火力杀伤。

与此同时，英军还要派出多个小组前去修补铁丝网，以及派侦察或巡逻队穿过无人地带去查看德军的铁丝网和防线，甚至偷听德军哨兵的谈话。在巡逻侦察分队和工兵分队忙活的同时，堑壕里值勤的哨兵也紧张守望，防范德军的偷袭。按照英军的规定，每名哨兵值勤两个小时就要下去睡会觉，轮下一个人值勤，这样才能保持体力和精力。当然，还是会有少数人在哨兵值勤岗位上睡着，这样的行为一经发现会受到严厉的处罚。如此这般，直到漫漫长夜过去，启明星升起，阳光撒遍大地，西线新的一天重新开始为止。

虽然双方都看不到对方，但零星交火却无法避免。由于双方将士都把自己隐蔽在堑壕里，直射轻武器的威胁降低到几乎为零的地步。在以往进行过的所有战争中，炮兵从未有过像这场静态战斗（堑壕战）那样的主导权。依靠良好的通观系统（包括炮兵气球、地面炮兵观察所和空中侦察机）和大量的炮弹，双方的炮兵都肆意凌虐着对手。待在堑壕里的双方士兵始终都没法摆脱在随时会来的炮火下突然死亡或是被炸得尸骨无存的恐惧感。随时可能突降的、疾风骤雨般猛烈的炮火袭击，对双方步兵来说，不谛为一个无法抹去的梦魇。除了下意识地蜷缩身子和强烈的求生欲望，他们在炮击下无能为力。

不过，在猛烈的炮击洗礼下，英国士兵

很快学会了辨别来袭的德军弹种。德军150毫米高爆榴弹的特点是巨大的爆炸声和浓密的黑色硝烟，英军士兵将之称为“煤球”或是“杰克·约翰逊”（当时美国重量级世界拳击冠军）。除此之外，德军还经常把一种更轻型的火炮拉进他们的堑壕，这种火炮给英军带来了更大的恐惧感。常规炮弹在飞行过程中拖着长长的尖啸声，可以给英军充分的预警，而这种火炮发射的炮弹弹道平直且飞行速度高，经常是无声无息地就在阵地上落下，没法预警。由于它具有这种特性，英军士兵称之为“怀兹砰”（Whizz Bang）。德军有一种臼炮，专门发射一个据认为是填满废旧金属碎片的大型金属罐。英军在检查被这种炮弹杀伤的伤员伤势时，往往发现许多金属碎片竟然是德国人从旧钟表上拆下来的物件或是部分仪表盘上的金属器件。

在双方堑壕靠得很近的地段，双方也用手榴弹“轰击”对手。英军泰恩塞德苏格兰旅2营（2nd Tyneside Scottish）发明了一种原始的手榴弹投射法，该营的T.伊斯顿列兵回忆道：“投弹手用一个6英寸的木板和钉子，以及橡皮筋做了一个手榴弹发射器。每当这个发射器开始投射的时候，德国人都要到处隐蔽。” ·天，英军的投弹手决定给德军开个玩笑。他没有投射手榴弹，而是给德国人投射了一堆果酱、猪排和豆类，还有牛肉罐头。过了一会儿，他说：“现在，我要德国号兵吹号让他们的担架员集合。”言毕，他给德军阵地投射了一枚真正的手榴弹。果不其然，德军阵地那边响起了嘹亮的军号声。

在前线和两军中间地带所有地质适合区都是矿区。利用这个地理优势，双方的坑道工兵都把地道挖到对方堑壕底下，然后埋放炸药实施爆破。爆炸摧毁了不少堑壕，炸死和掩埋了不少刚好在堑壕里守卫的对方士兵，并留下一个巨大的弹坑。爆炸落下的尘土和物件，又在弹坑周围形成高出地面几英尺的土堆，形成新的胸墙。部分埋设的地雷也会被坑道爆破引爆。但爆炸只是进攻计划中的一个环节而已，在实施坑道爆破后，部队要迅速冲上去占领弹坑，建立突入对方防线的桥头堡。

比尔·索尔刚刚转调到谢尔伍德森林者第7营第1本土营，就随部队开赴一个矿区地带参加战斗。一夜，他奉命协助部分法军坑道工兵作业。突然间，响起一阵巨大的爆炸声，法军坑道工兵大喊：“爆炸了！爆炸了！”德军坑道工兵引爆了他们的炸药。索尔赶紧冲上地面，可在茫茫夜色中不幸迷失了方向，跌落到新爆炸形成的弹坑里，却发现这里已经被德军占领。索尔刚刚从英国来到

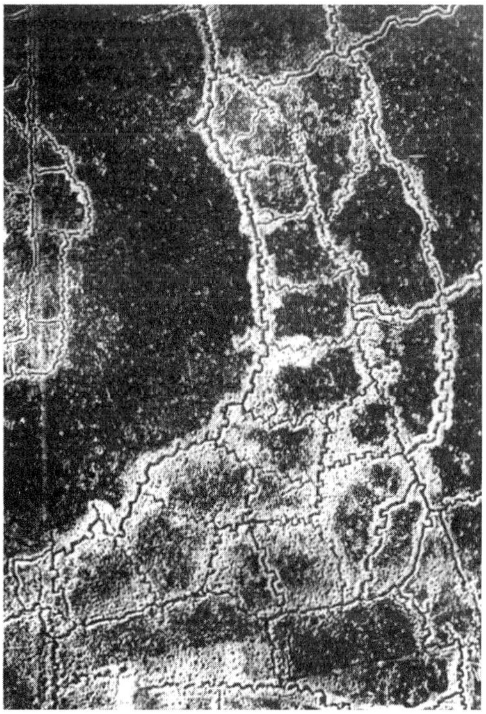

▲ 英国陆军皇家飞行队战机从空中拍摄的德军堑壕情况

战场，18岁的他虽然很害怕，但还是冷静地在德军毫无察觉的情况下爬出弹坑，朝着自己认为安全的方向离去。突然间，在漆黑的夜幕中，一把左轮枪顶在他脑门上。幸运的是，他发现这是一名前来找寻他的军官，两人一起重返阵地。

战争是残酷的。即便是在所谓的“平静”时期，一个营每个月都要蒙受大约30人伤亡和同等数量的士兵战病的损失。轻伤和生病的士兵大部分都留在法国治疗，但重伤员必须送回英国。按照伤势等级划分，就是B级伤势才能回国。很快，英军士兵都知道了如何才能回国，那就是“B伤”（Blighty wound）。

经历了几个月沉闷的堑壕战，各营再花4到8天时间整理堑壕，然后返回后方集结地休息一阵。不过，在后方刚歇几个小时，他们就又得操练、训练或无休止地劳作。很多时候，各营在同一地点月复一月地驻防，直到堑壕完全成了他们的家为止。夏天，堑壕生活还好过点；可一到冬季，特别是潮湿地区，堑壕生活就特别痛苦。

由于英军在法国的防区靠近本土，因此他们受到众多军政要员参观视察。英军林肯郡步兵团2营从百慕大群岛抵达法国后，巴斯塔德上尉所在的步兵连就奉命参加特殊演练。在许多迎接英国政要的场合下，他们都要在巴斯塔德上尉的指挥下，担任参观访问的军政要员的仪仗队。英王乔治五世、法国总统庞加莱和法国陆军总司令霞飞将军先后视察访问过驻法英军部队。

来访的政要中，最受欢迎的莫过于英国皇室成员、年轻的威尔士亲王（即后来的爱德华八世），他做为一名现役军官供职于英国远征军总部。将士们都很钦佩他，因为他和绝大部分到访者不同，他坚持尽可能以非正式方式视察部队，而且常常亲临前沿堑壕。许多英军士兵（在值勤时）往往吃惊地发现亲王就出现在他的堑壕里，亲王一边和士兵们聊天，一边给大家递烟。

对于前线的英军步兵战士来说，他所在的步兵营就是他的家。虽然，英军一个步兵营通常编制是36名军官和1000名士兵，可在法国驻防了一段时间后，很少有步兵营兵力能够满编。组织上，中校担任营长；少校为副营长；副官由上尉担任，他同时也是营长的行政助手和团军士长（营里的资深士官）。

每个步兵营的作战主要力量是4个步兵连，通常每个连都由一名少校连长指挥；可在1916年，伤亡或升迁使大部分英军步兵连都只能由上尉来指挥。

▲ 经常视察一线得到将士们拥戴的威尔士亲王

在1916年，英军步兵连的编制是很大的，一个连在编240人，包括4个60人组成的步兵排，每个排由一名中尉或是少尉指挥。和少校一样，大部分中尉经常在战斗中倒下或更替，实际上每个排的指挥权基本都是少尉负责。每个排又由4个班组成，每个班由一名初级士官指挥。

除了步兵外，每个步兵排还有一些专业兵种：比如通讯兵，他们因往往能比排里其他人更早得知新消息或情况而备受羡慕；比如军乐兵，在战斗中往往负起担架兵的职责；此外，还有不少炊事兵、卫生兵、运输兵、文书、工兵等，因此一个步兵排的实际战斗兵力是50人，而一个营的实际战斗兵力约为800人。

这些专业兵一般情况下并不直接进入堑壕，也不参加战斗，而是留在后方一个村庄里（这是该营在后方的“家”）。虽然他们的地位看似并不重要，但却是步兵营永久的核心骨干。每当营里原来的战斗兵员损失掉，补充兵上来时，这些专业兵就会把老部队的精神传给他们。特别是当某个步兵营经历了大型战斗蒙受巨大损失，需要补充大量兵员时，这种经验传承和精神继承就显得尤为重要。

步兵做为主要战斗兵种，英军很重视他们的武器配置，哪怕每个部队实际只有80%的人真正上战场，可每名步兵都有自己的武器。军官的武器主要是左轮枪或剑，但这两样武器只有在近距离战斗中才能发挥作用，而且这两种武器的存在只能使英军军官成为德军射手显眼的目标。

士官和士兵主要使用点303英寸口径的李恩菲尔德步枪，并带一把长长的刺刀进行拼杀。李恩菲德尔步枪的有效射程可达1000码，在这个射程范围内精度很高，但1916年的英军士兵基本没什么机会使用它。有些英国士兵拿枪上战场几年，却没有哪怕一次瞄准射击敌人的机会。

除了李恩菲尔德步枪外，里维斯机枪和手榴弹（以发明者命名为米勒斯炸弹）也很有名。里维斯机枪虽然很有效，但射击过程中会经常卡弹，而且在进攻战斗中需要6个人操纵：1个人是射手，1个人要扛着机枪部件，还有4人要扛弹药。

米勒斯炸弹是进行堑壕战和肃清对方掩体的理想武器，它的爆炸威力超过了德军手榴弹。可德军手榴弹战斗部装载于一个短木柄上，虽然杀伤力不大（在进攻型手榴弹中），但投掷距离远，这是德军手榴弹相比英军手榴弹重要的优势。

掷弹兵，或者他们称为“投弹手”的，都是经历过特别训练的士兵（比利·麦克法赞，就是其中之一），他们往往在自己的袖子上插一枚小型手榴弹做为他们的兵种标志。据传闻，也可以肯定是谣言的说法，德军为了报复英军掷弹兵夜袭摸上来对堑壕砸手榴弹，凡是捕获的英军掷弹兵一律钉死在十字架上。由于这个可怕的传闻，英军掷弹兵在出击时都去掉了兵种标志，以免被俘受虐。

英军的供应条件是比较完善的。每当冬季降临，英军将士都会获得不少御寒被服。1915年冬季，比利·麦克法赞所在的步兵连离开堑壕接受检阅就每人获发4件夹克，以备下次进入堑壕值勤时御寒用。尽管物资供应充足，但和法军不同的是，英军直到1916年春季才给一线部队发钢盔，意在减少头部负伤率。在钢盔到来前，英军士兵只能靠软帽保护头部。钢盔下发后，效果立竿见影。据统计，英军的头部负伤率减少了75%。虽然钢盔被证明是一种有效的护具，但一位曾经拒绝过下

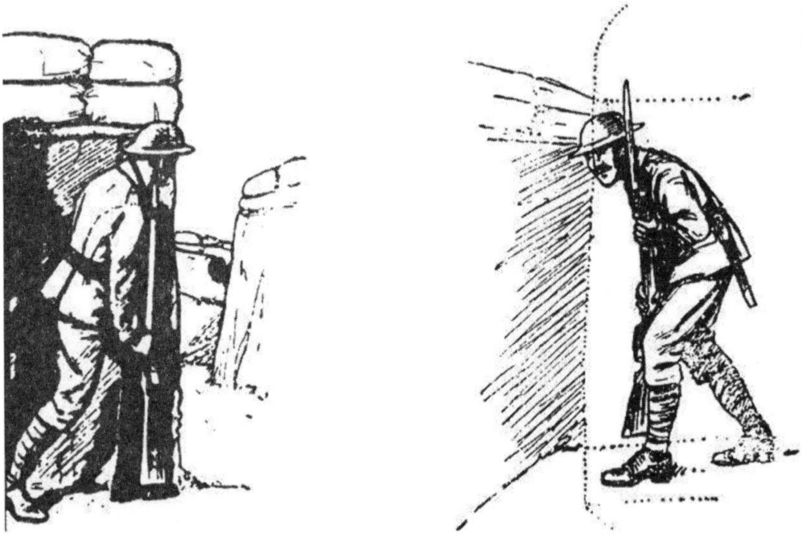

◀ 堑壕之间90度拐角，也称港湾（BAY）

发朗姆酒的英军师长一开始也不允许使用钢盔。他认为，钢盔的出现会让士兵们怯懦。但这种说法很快就被证明是无稽之谈。

如果说一名士兵首要忠诚的对象是他所在的步兵营的话，那么他接下来就应该忠诚于他所在的步兵师。师级单位是当时英国陆军最大的战术单位，师主要由步兵和各个技术支援兵种单位组成，师长军衔一般是少将。主要作战力量由3个步兵旅组成，每个旅下辖4个步兵营，旅长的军衔通常是准将。1915年，当堑壕战成为常态后，英军步兵师编制又增设了第13个步兵营——先锋营，任务就是协助劳动和修筑作业。

英军各个步兵师都尽可能由相同类型的步兵营组成，确保常备军、本土军和新军的精神及传统都完整相承。虽然本土军部队力求保持他们步兵师的血统“纯洁”，但卢斯战役证明新军第一批步兵师不太可靠后，英国远征军只得抽调一些常备军和本土军步兵营跟新军第一批步兵师建制内的新军步兵营交换，稳定这批缺乏经验的新军菜鸟们。

在配属给各个步兵营的支援作战兵种中，最重要的莫过于旅部直属的各个机枪连和轻臼炮连。原本，机枪和战壕轻臼炮都属于步兵武器范畴，归步兵操作。但随着重机枪和轻臼炮的发展演化，维克斯重机枪和所有臼炮逐步从步兵营编制中剥离，归为旅部直辖的技术支援单位。尽管如此，重机枪和臼炮，以及迫击炮仍然和各个步兵营密切配合，阵地仍和步兵营一致。

在一线步兵的背后，是师属炮兵群，他们装备4.5英寸榴弹炮、18磅野战炮和许多重迫击炮。所有的火炮都由皇家野战炮兵各单位操作。皇家野战炮兵也同样肩负和步兵密切配合的重任。在一线堑壕的每个英军步兵营都配有一个前进炮兵观察员和随行的通信兵，他们的任务是随时召唤炮火支援。

在英军各师编制内的皇家工兵单位也同样有两项职责。皇家工兵通信连任务是要保障师里各单位间的通信联络，同时给步兵和炮兵提供额外的通信保障。各野战工兵连的任务是监督和指导堑壕系统内各段堑壕、掩体及弹药库、仓库的修筑作业和维护。通常，工兵只是做个范例样板，挖一段标准堑壕和修一个标准工事，然后各个步兵营按照标准展开土木作业。

卫勤保障由皇家陆军卫生队（Royal Army Medical Corps）负责，活动在最前沿的是英军各个步兵营的医疗官，他在几名皇家陆军卫生队勤务兵的协助下，在堑壕的一个掩体里开设急救所。他的职责是进行最基本的急救处理；除开伤势最轻的，所有伤员都要后送到皇家陆军卫生队下一级处理单位——野战救护站（Field Ambulances），这里虽有手术队但却没有救护车。更为糟糕的是，野战救护站设备简陋，没法开展大型手术，也没法接纳大量伤员。他们的任务就是做最简单的手术处理，然后安排伤病员迅速转移到远离战场、处于德军远程炮兵射程外的属于皇家卫生队的伤患处理站（Casualty Clearing Stations）。

在1916年的西线战场上，英国陆军一个步兵师是一个可谓兵力和火力极为强大的作战单位，他们的步兵武器多达10000条步枪、204挺机枪（1914年仅仅装备24挺机枪）、40门臼炮和64门火炮。在兵力上，英国陆军一个师有19372人，拥有5000多匹军马，可轮式车辆不过61台，其中载重卡车只有3辆。

英军步兵师师长的地位很独特，他除了拥有将军军衔外，还指挥着一个编制稳定的步兵单位。许多师长深受将士们的爱戴，并经常在一线和士兵们同甘共苦。英国陆军第34步兵师（下辖著名的泰恩塞德爱尔兰步兵旅和苏格兰步兵旅）师长英戈维尔-威廉姆斯少将，就以“英基·比尔”（Inky Bill）的绰号为手下的将士所熟知。一天，三辆载有臼炮的马车在公路边上的一条沟渠里突然遭到德军的猛烈炮击。其中两辆马车安全逃脱了德军炮火打击，可第三辆马车的车夫却扔下自己的马车，跳到一边隐蔽去了，把装在车上的迫击炮扔下不管。“英基·比尔”见状，不顾暴露的危险从旁边的堑壕里一跃而出，跳上去亲自驾驶，把车和炮转移到安全地带。

虽然步兵师是英国远征军作战的骨干力量，但他们同样还有许多勤务、行政以及作战支援单位。为了保障英国远征军总司令部指挥顺畅，在远征军总司令部和下属各个步兵师之间，自然还要建立集团军和军两个编制。集团军和军的主要职能，一是把远征军总司令部的命令传达给下辖的50个步兵师完成作战任务；二是协调各个技术兵种，支援各个

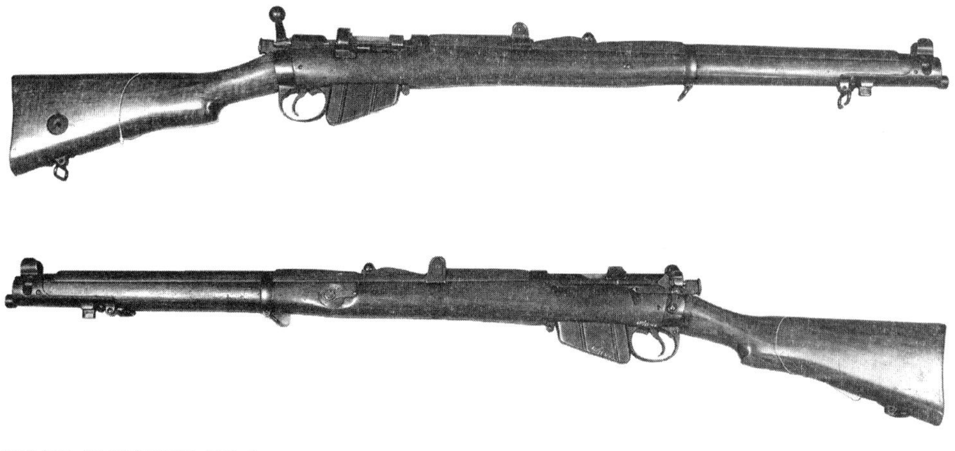

▲世界名枪点303李恩菲尔德步枪

步兵师战斗。

至1916年春，在西线的英国陆军共有4个集团军，平均每个集团军拥有4个步兵军，平均每个军下辖3个步兵师。虽然师的编制比较固定，所属的旅和营基本没有变迁，不过师的指挥隶属关系却时常发生变化，不断从一个军或一个集团军转移到另一个军或集团军。集团军和军仅仅是指挥机构，构成英国远征军总司令通达一线部队的指挥链之中不可或缺的一环。集团军和军在性质上，只不过是行政机构而已，确保英国远征军总司令部和前线各个步兵师之间的上通下达。对普通士兵来说，他们很少关心自己的步兵师在某个时间段到底隶属于哪个军。

至于英国陆军所关注的战争总体指导方向，主要掌握在英国战争委员会的手里。这是由当时组阁的自由党政府的政治家和民间智囊人士组成的机构。战争委员会先是向内阁负责，再向议会负责，并试图在整个第一次世界大战中指导规划大英帝国的战争进程。对战争委员会来说，西线战场虽然是个大的战场，但也不过是他们负责指导的方向之一。当然，他们也严重依赖英国军方的意见，并经常需要和盟友法国沟通，因此战争委员会发出的命令往往含混不清，没有明确的指导方针。

战争委员会把战略指导方针转达给英国陆军大臣，然后通过他影响帝国总参谋长（the Chief of the Imperial General Staff），并经帝国总参谋长之手把这些构想转化为战争行动。不过，同战争委员会一样，帝国总参谋长可不仅仅注目西线战场，他还对整个战争局势感兴趣。

另一条指挥链是英国远征军总司令直接从伦敦接收总体指示，然后根据伦敦的意见拟定全面作战计划。虽然远征军司令能直接和伦敦联系，但总司令每隔几个月才给政府呈报一份报告，而且内容仅仅是上一份报告至今英国远征军的概况而已。关于未来的作战计划，他也仅仅只给出些许细节而已。

如果说英国远征军总司令拟定作战计划的时候可以不受伦敦方面的严密控制，那么他必须得考虑盟友法国的反应。虽然英国、法国、比利时之间并没有建立联合作战指挥部，但三个盟友之间还是有密切的联系。第一次世界大战爆发之初，英国远征军因为兵力规模太小，迅速被淹没在法国陆军庞大的兵力之中，影响力十分有限。随着英国远征军在欧陆规模越来越大，英军指挥官的地位也显著上升，不过在1916年对法军而言仍然只是一个级别较高的盟友而已，总体战略方向仍得仰法国人的鼻息。

不仅政治地位是这是，军事地位也是如此。英国远征军是在法国作战，隔着英吉利海峡和本土相望，由于和本土没有直接联系，英国远征军在佛兰德斯地区的任何独立作战行动都很容易被德军分割孤立和摧毁。1916年中期，英国远征军还是没有独立作战的权限，他们的作战往往还是受到法国通过英国政府对他们施加的影响。

对英国远征军来说，从总司令下达命令至传达到第一线普通士兵，一共要经过8层指挥链。也就是总司令—集团军司令—军长—师长—旅长—营长—连长—排长—班长—士兵。在这个指挥系统链中，只有旅长以下需要蹲堑壕。可往上，除了旅长经常视察战壕，师长也不时下去检查外，军长、集团军司令和远征军总司令的“大驾”却基本不会“光临”一线堑壕。对军长和集团军司令来说，他们对所辖部队的最前线情况并不感兴趣。在他们所辖防区内堑壕众多，根本不可能一一前往视察。除了少数象征性鼓舞士气的视察行动外，他们主要视察撤离一线在防御地带纵深训练或休整的部队，或者前往伤病员救护站探望伤员，以及前往所辖区的各师师部了解情况。

这种片面视察带来的后果，就是英国远征军总司令、集团军司令和军长根本就没有任何堑壕战的经验，完全不知道一线将士的战地生活条件有多么艰苦，也没有参加过1915年夭折的进攻作战。当时，德国空军轰炸范围很有限，法国境内的危险作战地带仅限于德军炮兵最大射程范围内。在这种情况下，英国远征军总司令部、各集团军司令部和军部都设在远离德军炮兵射程范围外的地方，总司令、集团军司令和军长的生活处于绝对安全状态。这些远道而来的英国人并没有忘记享受，他们经常把司令部设在当地最好的酒庄，部分酒庄甚至是极为奢侈的。

在英国国内，许多人错误地认为英国远征军负责的是法国和比利时一大片重要的地方，但实际情况并非如此。实际上，英国远征军的防区西面临海，东靠前线，北接比利时，南入法国境内，状似一个长60英里、宽50英里的长方形，面积约和英国境内的林肯郡等同。与比利时皇家陆军的作战分界线在亨伯河，和法国陆军的作战分界线是瓦兹河。

从防御正面宽度来看，截至1916年中期，英国远征军的防线正面宽度为85英里，法国陆军是300英里，比利时皇家陆军仅15英里。当然，单纯对比英、法、比三国军队正面防御宽度来衡量到底谁的贡献更大的做法有欠妥当。毕竟，法国陆军负责的防线的许多地段在整个第一次世界大战中都相对平静，特别是靠近瑞士边界的区域，法国陆军的防线甚至嵌入了德国境内，但在整个战争期间都没有遇到对方的猛烈进攻，这里基本没有发生大的战事。而在英国远征军的北翼，比利时皇家陆军虽然兵力不足，没法发起一次强大的进攻作战，但仍能守住比利时一角，避免了全国沦陷。相对法国和比利时来说，英国远征军镇守的防御地带受到的德军压力要大得多。

英军据守的防线从比利时境内的伊普尔

法军和德军展开马恩河会战较量

（Ypres）北面起，向南穿过朗斯（Lens）附近的矿区，过维米岭（Vimy Ridge），越阿拉斯（Arras）附近的斯卡尔普河（River Scarpe），最终通过索姆河地区和法国陆军防区相连。1914年，当德军在马恩河会战受挫，进攻势头被挡住的时候，这些地区主要由法国陆军部队据守，他们所负责的防区的大部分城镇通常地势较低，德军则占领对面地势较高的地方，居高临下三面对联军形成俯瞰之势。这些由英国远征军负责的城镇，从比利时境内的伊普尔至法国境内的阿尔芒蒂耶尔（Armentières）、阿拉斯和阿贝尔（Albert），在未来四年都是英国远征军对德军展开进攻作战的重要战场。

除了这些地带外，英国远征军负责的其他防线地段除了百无聊赖的堑壕战外，基本没有什么大规模战斗。在利斯河（River Lys）南面地段，四年时间也几乎没有发生什么大的战斗，直到1918年底，这里才重开战火。

在前线和海岸线之间是一系列海岸公路网，英国远征军总司令部所在地——蒙特勒伊（Montreuil）就坐落于此；同时，在这一地区还有英军5个骑兵师驻防，他们在等待着能有机会在开阔地一展雄风。在法国沿海的最大港口群——埃塔普勒（Étaples）、勒哈弗尔（Le Havre）和鲁昂（Rouen），英国远征军建立了一大批医院和补充兵营、仓库区，方便接收来自英国的补充兵和各种物资。

在1914年马恩河会战结束后，双方军队开始拼命修筑堑壕系统，采取类似于中世纪围困战的模式。所不同的是，双方的堑壕系统是沿着从英吉利海峡到瑞士边界全方位修筑的，根本没有迂回的空间。

对于当时的西线僵持态势，英法比德四国心态各异。

法国和比利时丢失了众多领土，所以他们的决心就是很简单的两条：第一绝不允许德军再前进一步，第二要迅速夺回丢失的领土。相对而言，英国的决心就复杂多了。虽然在道义上，他们需要和盟友采取共同的行动，但这毕竟不是在本土战斗，他们对进攻战斗的热情远远不如法比高昂。另外，英国远征军受到如下两个因素的影响，使之无法与法比两国一样具有坚定的迅速反攻信念。

首先，英国远征军的防区离海较近。在1916年，英军防线上没有一处离海超过50英里，许多地段离海只有25英里。一旦德军实施战役突破，就会迅速分割英国远征军和法国陆军之间的战线联系，甚至兜底切断英国远征军赖以和本土联系的港口。一旦出现这样的态势，英国远征军面临的就只有覆灭、投降或是狼狈逃窜，就像1940年敦刻尔克那样。因此，英国远征军的第一要务就是尽可能让德军远离海岸线。

其次，英国的国家尊严。战前，德国工业的迅速发展和帝国的扩张，特别是德国决定建立媲美英国皇家海军的公海舰队，被视为是对大英帝国未来的挑战。除了单独对德战争彻底胜利（英国单挑且完胜德国）外，其他战争结果都是英国在政治上和情感上无法接受的。

让英国为难的是，法国和比利时也是秉承着同样的政策——既要守住现有国土，又要发动进攻彻底击败德国人。

相对协约国复杂迥异的心态，德国对西线的态度却完全不同。1914年秋，德军卯足了劲要实施“致命一击”，可在马恩河却被法军给挡住了。虽然第一击失败了，但始终把速战速决放在战略头等地位的德国最高统帅部显然不会就此罢休。果不其然，1915年春

1914年底，德军在第一次伊普尔战役抓获的英军战俘

季，德军在比利时的伊普尔又进行了第二次突破尝试，还是没有获得成功。这次失败，让德国人彻底意识到西线的胶着态势。从这时起，德军在西线转入战略防御，进行了漫长的堑壕系统修筑，很快在西线建成一条绵密的堑壕带，能够较为轻松地击退英法联军的突击。因此，德军最高统帅部从1915年开始在西线的战略就是利用一切手段坚决实施战略防御，等待战略转机——要么联军斗志崩溃，双方妥协和平；要么就是突然获得终极西线进攻战机，一举打垮联军获得决定性胜利。

由于德军是在对方国土上作战，突入法国和比利时战略纵深，在心理上具有很大的优势，因此他们在防线组织上可以灵活选择。他们准备牺牲几公里的不利地形，退到地形有利地带组织防线。一旦占领了新的指定防线，德军就开始系统修筑各种火力点和土木掩体，乃至永备工事，给未来联军进攻的悲剧埋下伏笔。由于英军不愿退却，他们只能被迫从地形不利的阵地，向俯瞰战场拥有制高优势和完善阵地系统的德军发动进攻。然而，英军的一切白昼举动都在德军炮兵通观体系下一览无余，于是在付出了几千条生命获得不过几米进展后，英军士兵终于明白自己白天进攻只不过是当德国炮兵的活靶子而已。

至1916年初，英军将领终于意识到他们把胜利想得太简单了。1915年的挫折让他们清醒地认识到，他们得再等几个月，直到英军实力增强到足以粉碎突破德军堑壕，出现运动战的机会，然后利用他们的数量优势，特别是骑兵赢得胜利。

在这一切设想实现以前，他们绝不允许他们的作战部队在消极的堑壕战中失去进攻精神。他们认为堑壕战是消磨斗志，因此在德军拼命加强自己的防御系统的同时，英军却阻止一线部队获得足够的修筑防线的资材。将领们对这种做法解释说，他们担心一旦将士们在堑壕里安全而舒适的话，就不愿意起身离开，参加战斗了。

平心而论，将军们都很讨厌堑壕战。这是一种违反一切战争信条和战术原则的消极战争模式。为了让部队保持进攻意识，英国远征军总部下令要推动组织有限进攻战斗的积极政策，哪怕遇到德军最低限度的战斗行动，英军都要加倍还击对手；当时，英军的信条是："三倍还击！"事实上，德军更为完善的阵地体系和强大的炮兵让英军的"三倍还击"政策付出了很大的代价；英军将领似乎没有意识到这点，如果真的意识到这点，他们可以挽救许多宝贵的生命。虽然部分将领意识到这种反击徒劳无功，并下达命令予以制止，可他们的命令却浪费在繁文缛节和层层传达的复杂指挥链中，"三倍还击"政策始终没能断根，让英军白白流了许多血。

参加战争的英国士兵们一开始都是充满一腔爱国主义热血，他们相信德国人是践踏了半个欧洲的蛮族人，强奸妇女、杀害婴儿，无恶不作。他们相信，英国拥有才华横溢的将领，政府和人民也是他们坚强的后盾。对许多英军士兵来说，第一次世界大战与其说是一场政治战争，倒不如说是对德国的讨伐。可当这些英国士兵抵达前线后，他们的看法也逐渐转变。虽然英国士兵和德国士兵隔着堑壕互不相见，但他们很快意识到自己的对手也同样是忠勇的战士，德国士兵的拳拳爱国心丝毫不亚于英国士兵。德国国内民众和政府，同样也是德国士兵坚强的后盾。

在身临其境的感染下，英国士兵对德国士兵的态度逐渐发生了变化，认为对方也是和自己一样有血有肉的、爱国的、勇敢的战士，同时也对本国的政府和将领的看法有了改变，也就是说前线的英军士兵开始对自己的将领失去了信任。在对士兵的心态组织调研后，人们发现一开始抵达欧洲大陆时，英国的热血士兵们对自己的将领可以说是绝对忠诚和信任。然而，随着他们在一线泡久了，发现将领们一没法打破战场僵局，二漠视一线士兵的痛苦和流血牺牲。英军将领的这种"冷漠"态度，让士兵们逐步失去了对他们的信任。如果说1916年这种下对上不信任的态度才刚刚开始的话，那么到1918年就是愈演愈烈，不少士兵对一些将领失去了信心。

相比一线士兵一开始还对战争持有乐观和热情的态度，英国本土民众对战争幻想的破灭更快。罢工对英国工业的打击比其他因素严重得多。1915年和1916年，英国各大工厂共发生1200次罢工事件，累计损失500多个工

◀第一次伊普尔战役后的梅辛尼村一景

作日，其中不少厂家还是弹药生产厂。尽管英国议会签署特别法禁止战时罢工，但由于急速攀升的生活成本，工人们为了保障自己的生活水平和要求雇主加薪，只得不断采取罢工。当然，罢工的理由多种多样，有些理由听起来甚至很可笑。但英国政府却无力阻止这些罢工行动，尽管英国法律规定没有经过工会组织的罢工是违法的。更让人无奈的是，英国国内的新闻报道实在是太“自由”了。诸如此类的罢工行动竟然不断见诸报端，传到海峡对岸的法国人，甚至是德国人的耳朵里。对英国政府的“办事不力”，德国战俘很“认真地”对英国人说，如果这种事情发生在在德国，那么“闹事”罢工的工人只有一个结局——对不起，你们统统得上前线，把辛苦奋战的士兵换回国休养。

英国士兵逐渐消除了对德国士兵的憎恨，对身后本国人民支持的幻想也逐渐破灭，正是在这种背景下，他们对战线相对平静时期接到进攻命令抱着抵触情绪。结果，前线渐渐出现了“自己活着，也让别人活”的态度；一些法军将领在两次大型战役期间的相对平静期就是奉行这个准则，减少了士兵们无谓的流血牺牲。

英国士兵们自然也喜欢法军这个政策，可他们的将领们却不接受。在1914年圣诞节，英国士兵和德国士兵就在没有官方承认的情况下，自发进行了一周的休战。双方士兵来到两军战线的中间无人地带，互相交换香烟和帽徽，一起合影留念，相互之间整整一个星期没有射击！1915年元旦休战期结束，在英军将领下达严令后，类似事件再也没有上演。

1915年12月，道格拉斯·黑格将军接掌英国远征军总司令一职，一上任他就再度重申了严禁私自和德军休战的命令。结果，他上任以后面对的第一个问题居然还是部下擅自停火问题。1915年圣诞节刚刚过去，苏格兰禁卫军（ the Scots Guards ）的两名军官就违反命令，擅自和德军“默契”停火，结果被送上军事法庭。其中，代理营长米勒·巴恩上尉无罪释放，但伊恩·科洪上尉却受到了申斥。虽然1914年圣诞节的休战停火不会重演，但在靠近朗斯附近的一个小村，双方仍然“默契”使用同一个水源达几个月之久。

“自己活着，也让别人活”的态度使僵持期间的堑壕战发生了微妙的变化；双方都

第一次伊普尔战役后的梅辛尼村一景

克制自己的挑衅行动，较为舒服地过日子。英国士兵并不惧怕战斗和牺牲，特别是有机会给予对手致命一击或是依托堑壕组织顽强坚守防御战斗的时候更是如此，但他们却无法理解在战线相对平静时期还要平白无故送死，而且伤亡代价还远高于德军。因此，将领们要求的“三倍还击”政策和一线英军士兵们“自己活着，也让别人活”的想法相互冲突，结果将领们的指示在下级没有得到完全执行。

当然，命令贯彻不畅的原因还和英军的指挥链特点有一定的关系。由于集团军和军所辖的部队经常变动，所以部队损失高低并不会对集团军司令和军长的仕途带来什么负面影响。此外，英国远征军总部的眼睛就盯着集团军司令和军长一级，因此他们不会也不敢对来自总部的命令有太大的抵制。

真正开始抵制这个政策的应该是师长一级。绝大部分英军步兵师师长内心都是热爱自己的部队的，都希望最大限度地保存本师的战斗力，以备大规模进攻时期到来时，让将士们有获得荣耀的机会。可另一方面，他们也处于两难的局面。对一名在法国服役的英军将领来说，最糟糕的事情莫过于被解除职务，遣送回国。这种处分对于英军职业将领而言，是莫大的耻辱，这意味着他再也没有野战指挥权，对他来说这远比战死沙场羞耻得多。由此，不少英军步兵师师长为了避免耻辱地结束自己的军人生涯，只能选择屈从上级的意志，“弹性”执行上级的命令，避免了责罚。相反，士官一级却“积极”违抗“三倍还击”政策，他们并不害怕被剥夺军籍遣送回家，对他们来说离开前线，远离死亡的威胁，早日和家人团聚，避免家人的担忧牵挂并非坏事。

|第三章|

索姆河地区与德军

1916年，法军最高统帅部把联军夏季攻势的战场选在了索姆河流域。其中英军的进攻地带位于索姆省东北角，紧挨着著名的港口加莱。索姆河源自德军防区，经法军控制区向西，最终注入大海。

绝大部分英国人都认为索姆河地区主要就是一条河，然后英军围绕这里展开的战役行动。实际上，这个看法是错误的，英军1916年夏季攻势的作战区域和索姆河没有半点关系。倒是参加战役的法军主要是在索姆河展开战斗行动，因此取名索姆河战役也有一定的道理。实际上，整个索姆河战场是由原法国皮卡第大区（province of Picardy）部分地区、前线与英吉利海峡之间的诸如克雷西（Cr é cy）和阿金库尔（Agincourt）著名百年战争古战场（在克雷西战役和阿金库尔战役中，英格兰长弓兵名扬天下）组成。

索姆河地区，准确地说应该是索姆省省会——亚眠市（Amiens）是著名的宗教圣地。从索姆河战役的名字来看，双方激战焦点似乎是围绕亚眠，但实际上却是围绕亚眠市周围的两个小镇进行的。一个是亚眠东北的阿贝尔镇，一个战前只有7000居民的寂静小镇，和法国索姆省其他城镇没什么区别。阿贝尔镇最显著的特点是镇上建了一个献给圣母玛利亚的巴西利卡（古罗马的一种公共建筑形式，拉丁文名basilica domus）。当地人希望这个巴西利卡能使阿贝尔镇能够和朝圣中心卢尔德（Lourdes）相媲美，可最终这个愿望并没能实现。阿贝尔镇的巴西利卡有一个高大的塔楼，塔尖顶上是著名的圣母玛利亚正把她的孩子献给天父的雕像。这座镀金像以“金圣母”闻名于世，即便从小镇周围很远的高处眺望，都能清楚地看到闪着“金光”的圣母像。再往东北还有一个更小的城镇，它的名字叫巴波姆（Bapaume），1870年到1871年普法战争双方曾在这里爆发了激烈战斗。两镇重要的战略位置全赖他们是铁公路中心。

▲ 阿金库尔这个著名的英法百年战争古战场，也位于索姆河战场境内

最重要的一条道莫过于罗马人修建的从亚眠起经阿贝尔到巴波姆的军事干道。

如果说巴波姆和阿贝尔两镇可用寂静一词来形容的话，那么周围的乡村就恰恰相反，这些建在白垩纪土质上种满小麦和甜菜的村庄应用欢快来形容。这些乡村的主要特点是周围密布树林。无论是占许多英亩的密林，还是小灌木丛，都成为未来战役中影响双方作战行动的重要地理因素。树林和众多村庄之间是开阔的原野——这里没有树篱，白垩土意味着这里没法挖出沟渠，自然也没法长出高大的树木，也就是说这一带地势开阔，缺乏地障隐蔽。

有两条河流在这个地区交汇，其中较大的一条便是径直向西入海的索姆河，河流切割着白垩土高地形成了谷地，索姆河原本便在谷地里慵懒地曲折流动，但一部分河道已经进行了疏浚和截弯取直的改造，建成了运河，原有的河主航道则变成了宽阔的沼泽地。第二条河，是比索姆河小得多的安克河（Ancre），流向西南穿过阿贝尔，然后通过阿贝尔巴西利卡下面的下水道，从阿贝尔和亚眠之间的索姆河河道中途注入索姆河。

索姆河地区见证了1914年德军攻势的衰竭。虽然亚眠市东北的阿贝尔镇曾一度被德军攻下，但法军很快组织反击把德军赶了出去，结果战线在阿贝尔镇外约2英里处僵持，德军还是一如既往地拿下了周围的制高点。虽然没能拿下阿贝尔，但巴波姆却成了德军控制区，位于德军战线后方9英里处，亚眠市则处于法军战线后方16英里处。亚眠因为距离前线较远，在德国空军轰炸机群出现大规模轰击前，完全不受德军远程炮火威胁。但巴波姆就不同了，时不时受到法军炮兵的“怀念”。阿贝尔更是因为紧靠前线，成为德军炮火轰击的目标，镇上的绝大部分居民只得背井离乡。

1915年1月15日，德军的一发炮弹击中了阿贝尔镇巴西利卡的塔楼。圣母像几乎被炸倒，法军只得用铁链暂时固定住圣像，以免倒塌。这次炮击也制造了一个“神话”，先是在法军中流传，随后很快就传到了英军的耳朵里，那就是除非圣母玛利亚金像倒下，否则第一次世界大战是不会结束的。从阿贝尔镇周围的阵地上，德军也清楚地看到被炮火炸坏的圣母玛利亚金像，部分德军也和英法联军一样，相信金像不倒的“神话”。德军第109预备役步兵团（109th Reserve Regiment）卡尔·古尔一级下士回忆：“我们也在传，如果我们能炸倒这个圣像，那么我们就能赢得战争。我们的炮兵也进行了尝试，可就是打不中它。”不过，这个“神话”并不是所有的人都认同的。德军第26野战炮兵团（26th Field Artillery Regiment）的炮兵前进观察员菲利克斯·基谢尔二级上士就有不同的看法：“我们可以清晰地看到阿贝尔巴西利卡塔楼，圣母像高高悬挂。通过望远镜，我们甚至可以看到正在那里进行观测作业的英军（炮兵）观察员，他们的双筒望远镜在阳光映射下闪闪发光。但我们拒绝对塔楼开炮，我们都相信打倒圣母像的国家必定输掉战争这个迷信。”

随着英国远征军的兵力规模扩大，他们在1915年底到1916年初从法军手上接过索姆河地区部分地段防御。他们发现索姆河地区和他们驻防的法国北部佛兰德斯地区有许多不同。由于浅表土层以下是白垩层，所以德军很容易看到他们的堑壕系统；从空中观察，英军的堑壕系统就像在地面用白色粉笔勾勒出的纵横交错的网带。白垩层使这一带成为很理想的矿区，英国陆军皇家工兵坑道爆破兵在换防时从法军那里获得了大量地雷。在这里对德军堑壕系统实施挖地道埋炸药爆破较

▲ 1914年，在德法两军争夺战中被战火摧毁的阿贝尔火车站

为容易，因为地道走廊顶部和侧壁坚硬，即便不用特殊方法支撑，也没有倒塌的危险。

但英军士兵和法军士兵不同的是，他们依旧沿袭了“自己活着，也让别人活”的态度。既然这里目前是一个“平静”战区，上级暂无大规模进攻计划，那么英德双方保持“默契”，基本没有炮击行动，双方都不轰击对方运输人员，早上8点前绝不开炮。这个默契让双方将士可以轻松愉快地吃个早餐，然后开始一天的忙碌作业。从法国北部潮湿、危险的佛兰德斯地段来到索姆地区干燥坚硬的堑壕系统，看到的是周围开阔的原野，遇到的是相对包容理解的德军对手，英军都觉得自己捡了个大便宜。索姆河真是个平静的战场。至少战役爆发前的英军是这么认为的。

谈完英法联军，再让我们来看看无人地带对面的德军的情况。

第一次世界大战爆发时，基钦纳的对手德国陆军虽然问题不少，但却不包括基钦纳所面临的缺乏训练有素的士兵这个最头疼的问题。德国的义务兵制度已实施了一个世纪，这个制度要求所有20岁的身体条件达标的男子必须参军，他们要在铁的纪律和职业军官、士官训练下服两年兵役（学生可以只服一年兵役）。退役后，从22岁到40岁之间，每名身体健康的德国男子还必须在每5年内接受至少2次、每次持续8周的军事训练，直到40岁为止。由于义务兵制度已经贯彻了一个多世纪，1914年战争爆发时德国国内几乎每位成年男子都是训练有素的战士。战争爆发后，德军统帅部按照预先拟定的周密动员计划，征召这些男子并编入预备役部队，他们和常备军

▲ 1914年列队穿过勃兰登堡门的德军

一起使德军的总兵力迅速扩充到400万人。

和英军基本单位是营不同，德军的基本战术单位是步兵团。而且，此团非彼团。德国陆军的步兵团并非行政单位，而是作战单位，1个步兵团下辖3个步兵营，3个步兵团编成1个步兵师。当然，德军步兵团也有和英军步兵团相同的地方，那就是每个团都有固定的兵源地，而且每个步兵团都有两个番号，一个是官方番号，另一个是传统番号，有些步兵团的传统番号甚至还能追溯到俾斯麦统一德意志前的各诸侯邦。比如，德国陆军第119预备役步兵团，它的传统番号就是奥尔加女王属第1符腾堡团（Queen Olga's 1st W ü rttemberg Regiment）。

在兵力编制方面，德军小于英军。德军各个步兵营满员编制为750到800人，每个师拥有9个步兵营，德军一个步兵师全部作战兵力只有英国陆军一个步兵师的半数多一点。虽然德军步兵师的步兵数量相对较少，但强大的火力却抵消了兵力的劣势，特别是在机枪方面，德军的优势极为明显，许多英军机枪指挥官在1916年都承认，德军在机枪战术的发展上已经远远超过了自己。在英军看来，德军机枪手都是精挑细选、训练有素的，能够娴熟操作自己的机枪战至最后。

在索姆地区的德军各步兵师都是常备步兵团和预备役步兵团混编。德国方面的政策是从1914年开始，东西线的步兵师相互不随便调动，基本留在原地战斗。不过，1915年德国陆军总参谋长法肯豪森上将为了在乌克兰发起攻势，取得所谓的“决定性胜利”，从西线抽调了部分兵力到东线参加战斗，但绝大部分自1914年就参加西线战斗的德军步兵师还是留在西线。因此索姆河战役爆发前，德军驻防索姆河的部队中常备军士兵比例很高，几乎所有军官和士官都拥有丰富的作战经验，他们在这里驻防了很久，熟悉这里的环境和地形特点，这是他们在索姆河战役中表现出色的重要原因之一。

不过，来自不同州邦的德军部队战斗特点却各有不同。通过仔细观察，英军很快发现对面堑壕的德军各州部队的特点。他们认为，来自普鲁士州的德军是最富有积极进取精神的，西里西亚州来的德军很懒惰，巴伐利亚来的德军很随和。据英国陆军伦敦苏格兰团1营（1st London Scottish）的C.J.洛文少校回忆：“1915年，巴伐利亚人有一次喊话对我们善意提醒，‘请别开火。普鲁士人下周就要来了！’这说明巴伐利亚人和普鲁士人之间仍然保持着友谊。”

不过，英军最欣赏的德军，却是来自萨克森州的部队。他们认为萨克森州的德军部队才是德军中最懂享受生活的文雅高尚的战士。英国陆军谢尔伍德森林者步兵团11营（11th Sherwood Foresters）的F.W.A.特纳列兵回忆道：“每次和萨克森州的部队对峙，对我们来说都是一次轻松之旅。有时候他们会在堑壕里高举写着萨克森（SAXON）的字牌示意他们的存在。他们会保持态势平静，同样也希望我们如此。相对来说，普鲁士人要强硬得多，这就是他们的个性。”

相对英国士兵的细心观察和区分对手，德军却没发现英军各郡部队的特点和区别。不过，他们还是对苏格兰人穿着格子裙进入堑壕感到很疑惑，他们很好奇苏格兰人的裙子下到底还穿了什么。德军并不喜欢善战的苏格兰人，他们称苏格兰人是“来自地狱的女士”。

了解爱尔兰反英的政治态势后，德军抓住机会，拼命对英军中的南爱尔兰部队展开宣传攻势，试图离间他们，但收效甚微。皇家都柏林燧发枪团2营的W.杜尔汉姆列兵回忆道：“1916年，在都柏林复活节起义纪念日当天，德国人架起大喇叭喊话，‘英国人在都柏林残杀了你们的人民。过来投靠我们吧。’我们的回应是当晚组织了一个排规模进行投弹袭击。”

战争进行到这个阶段，作战经验更为丰富的法军才是德军最尊敬的对手。德国陆军第26野战炮兵团的菲利克斯·基谢尔二级上士回忆道：“在英国人来到索姆河的头几天，我们过得很愉快。他们的炮兵还没有拉进阵地，我们爬出堑壕，在周围自由走动。我们都对战线态势如此平静感到很吃惊。相比英军，我们更害怕法国人。法国人经验丰富得多，他们的炮兵打得也很准。可英国人却迟钝多了。”对法军，德军最害怕的是法军中的殖民地部队，据说法军殖民地部队特别凶残，他们根本不抓战俘！

虽然德军士兵普遍都不喜欢自己的对手，但并不妨碍对个别士兵有感。德国陆军第169步兵团（169th Regiment）的卡尔·施通普夫二级上士回忆道：“炮击开始前一切都很平静，透过炮兵观察镜，我看到一名年轻的英国士兵总在夜晚到来时吹小号。每到这个时候，我们总是安静地倾听，可突然间我们听不到号声了，我们都希望他千万别出事。”

相对的，部分英军士兵也对德军士兵有些恻隐之心。英国陆军西贝尔法斯特志愿者步兵团1营（West Belfast Volunteers）A.V.威尔逊列兵回忆道：“我和另一名士兵去安克河取水时，发现两名德军士兵也来这儿做同样的事情。其中一人操着流利的英语，他曾在杜伦（Durham）干过矿工。他说，‘这场战争糟透了。’我们都带着枪，可他们却赤手空拳。本来可以轻松抓他们做俘虏，可我们还是放了他们。”

对德军普通士兵来说，他们厌倦了索姆

正接受德皇和威廉亲王检阅的德军“髑髅”轻骑兵团将士

河地区的战地生活，但也对自己没有被投入到凡尔登绞肉机战场感到庆幸。几乎所有德军一线部队当时都强烈希望战争结束，自己安全回家。他们的想法引起了英军的共鸣；英军士兵从战死的德军士兵身上缴获的信件内容就反映了德军的这种希望。这是一封德国国内女孩子写给前线男朋友的信："噢，亲爱的，我们都还很年轻，我们的人生还久着呢。希望未来生活比现在好。还有2天我们就能在一起过真正的'玫瑰日'了，你说是吗？"

一名德国国内的怨妇在给丈夫的信中抱怨道："我知道你过得不好，可我们也好不到哪去。（国内）人们的生活也没有了欢笑，因为所有东西都好贵。"

德国士兵欧内斯特在给他女朋友的信中写道："我在这里的日子过得漫长孤独，我真希望快点结束。亲爱的，如果我回来了，我一定要娶你，真的；你可别甩了我哟。"遗憾的是，欧内斯特还没能寄出这封信，就于1916年6月在蒂耶普瓦勒（Thiepval）附近的一次巡逻任务中战死。

许多从1914年开始就蹲堑壕的德军士兵已经觉悟了，他们清醒地认识到在现有条件下，除非准备无限制牺牲人命，否则任何一方都不可能获得完全胜利。英国陆军泰恩塞德爱尔兰旅4营的G.R.V.斯特沃德中校在战争初期和一名俘获的德军军官谈话时，曾问对方："你认为战争什么时候结束？"出乎他意料的是，德军军官答道："我不知道何时能结束，但我知道战争结束的地点就在这里。你们没法把我们击退，当然我们也没法把你们赶走。"

在英军完全接过索姆河地区的防务后，这里的战争态势发生了变化。英德双方前线将士都希望索姆河地区仍保持平静，但英国将领的意志很快让索姆河地区变得"生机勃勃"；袭击、狙击、炮火轰击和一切可以鼓舞士兵进攻精神的战斗模式，让索姆河地区的德军认为英军很可能要动手了。他们猜测时间可能是在1916年夏季。这个怀疑加上英军日益活跃的动作，让德军绷紧了弦，抓紧时间完善阵地防御体系。虽然索姆河地区的德军阵地体系已经十分坚固，但他们还是花了6个多月的时间不眠不休地苦干，终于在索姆河战役打响前完成了阵地加固作业。总的来说，德国士兵是勤劳肯干的战士；在领导保证供应足够的工具和筑城资材的前提下，德军士兵用双手硬是把索姆河地区修成他们在西线最坚固的防御地带。

为了占据有利的防御地带并拥有宽阔的视野和射界，德军仔细选择高地作为主要防御地带的战术支撑点。如果防线穿过低矮河谷的话，德军会把最前沿的堑壕撤回，在与河谷等高的一线重组。经过调整，德军防线的特点是蜿蜒曲折，一点都不直，这样他们可以有效利用两军战线中间的无人地带的圆丘突起进行前卫阻击，然后才退往俯瞰河谷的各座山坡。

德军对他们的机枪手绝对信任，为了保护他们，还精心选择和修筑了大量的火力点，部分甚至还有混凝土或钢板的保护。一个训练有素的德军机枪手能够击中远达1英里的目标。在1916年7月1日索姆河战役爆发时，德军防线上共有约1000个机枪火力点可供机枪手们使用。

由于地势较高的山上排水功能良好，对堑壕深挖程度几乎无限制，德军充分利用了这些优点，在山上把堑壕挖到深达10英尺。除了深挖的堑壕外，最让德军获利的莫过于综合完善的地下工事系统。德军的地下掩体甚至深达地下40英尺，不仅有几个紧急出口，甚至还有地道直接连通后方下一道堑壕。许多地下掩体单个就能容纳德军一个排的官兵。军官的地下掩体还用木板或帆布遮挡白垩土墙，保持掩体内的洁净，掩体里有桌子、椅子甚至从邻近村庄抢来的钢琴。士兵生活的地下掩体里有上下层野战床，以及可供放置个人物品的临时储物柜。掩体内拥有完善的照明系统、通风系统，往往还有自来水。

1915年，法军在索姆河地区的塞尔（Serre）对面、图旺农庄（Touvent Farm）夺取了一个完整的德军地下掩体。当法军把这一带防务交给英军后，这个地下掩体很快成为南安特里姆志愿者团（the South Antrim Volunteers）某营的一个连部。当英军这个连进驻后，发现这个地下掩体和其他掩体构造完全不同，于是该连连长在日记里仔细记下了这个地下掩体的详细情况。这个掩体深入地下20英尺、长20码、宽7英尺，细分成通信室、军官室和勤务兵室。其中军官室的侧壁深凿出可供6名军官居住的床位。掩体往周围共有5个出口通道。遗憾的是，如此典型的德军地下掩体模式，却丝毫没有受到英军高层的关注和仔细研究，导致英军在即将开始的索姆河战役中吃了大亏。

德军认为采取较大的纵深防御和依托前沿堑壕、支援堑壕、预备堑壕组成的堑壕系统，才能有效抗击联军的大规模进攻。然而他们做的远不止此——修建3道或4道（部分

▲ 1914年秋，德军挖的堑壕

地区）堑壕，完整的堑壕系统应由总计12条堑壕组成，使进攻方要冲到开阔地就必须先跨过它们。对这个复杂的堑壕系统，或者准确来说是“防线”的具体布防特点，英军可以说是毫不知晓。为了完善大纵深多层堑壕系统，德军还修建了许多掩体工事、机枪火力点，并在防线前沿拉置较为绵密的带刺铁丝网。

此外，德军还把防御地带周围的村落也纳入防御系统，进一步完善堑壕系统。德军喜欢把防线设在各个村落正前方，同时把村落内的废墟改造成坚固的掩体。各个房屋的地窖，在倒塌的房屋废墟掩盖下，被加固成隐蔽良好的机枪火力点。各个机枪火力点，以及附近各个掩体通过地道相互连通。在德军的改造下，这些前线村落很快就成为能够在英军最猛烈炮轰下屹立不倒的坚固堡垒群，更难得的是由于不用在野外深挖堑壕暴露白垩纪土质给皇家空军侦察机群，因此除非德军开火，不然英军根本没法发现村落内的德军火力点和掩体。

英军进攻地带宽约18英里，内含9个村落，所有的村落要么在德军防线上，要么就在第一道防线后。这些村落的名字会永久载入英国陆军的史册。由南往北，依次是蒙托班（Montauban）、马梅斯（Mametz）、弗里库尔（Fricourt）、拉布瓦塞勒（La Boisselle）、奥维莱尔（Ovillers）、蒂耶普瓦勒、博蒙·阿梅尔（Beaumont Hamel）、塞尔和戈默库尔（Gommecourt）。

在没有村落的防御地带，德军就建起小型堡垒。由于这一带地势比较开阔，因此德军选择控制开阔地的小山和圆丘建堡垒。德军精心修筑这些堡垒，使之具有360度全方位环形防御能力，这些堡垒还包括了数量众多的地下掩体和地道走廊。地道走廊的结构十分复杂，使英军即便冲进这些堡垒打下一个桥头堡，也马上会遭到不知道从哪个方向钻出来的德军反击。战后，英军把这些典型的德军碉堡形容成伦敦的皮卡迪利圆环（Piccadilly Circus，伦敦最有名的圆形广场，兴建于1819年，早期是英国零售商店所在地，今日为英国伦敦市中心购物街道的圆心点，有五条主要道路交汇于此）。

如有可能，英军和德军都会尽量用树林来隐蔽军队集结甚至把森林做为防线的一部分。不过，索姆河地区的两军中间的无人地带几乎没有森林，是不折不扣的无地障掩护开阔地。

从形态上看，英军进攻地带的战线呈巨大的L字形。南北纵向的巨大的L字形直臂长约11英里，L字形水平段长约5英里。由于堑壕带延伸，使整个进攻正面宽度实际上达到了18英里，而不是地图计算的16英里。L字形水平段东梢对着蒙托班村，是英法联军防线结合部，同时也是英军战线的右翼末端。有趣的是，这个村庄的名字正好和1860年英法联军侵华时的法军将领、“八里桥”伯爵蒙托班将军重名。从蒙托班村折回，战线经过马梅斯和弗里库尔两村，然后拐回L字形直臂，地势往德军一侧逐级拔高。虽然在这一段战线没有明显的地利给德军依托修筑防线，但在他们防线背后却有至少8片森林，各片森林之间还有不少空地。

L字往北拐角结合部，正好位于从德军战线流往英军战线的安克河交汇点。这段宽约

德军堑壕一角

5英里的地区，是英军战役进攻中央地带。为什么英国远征军会选择这里做为战役主要突破方向呢？原因有三。第一，这里有直通英军据守的阿贝尔镇的北东走向的军事干道，这条军事干道可在拉布瓦塞勒穿过德军防线后继续往前经波济耶尔（Pozi è res）通往巴波姆。其次，德军在这一带占据一条可以俯瞰整个英军进攻地带的制高山岭，这条山岭和波济耶尔一起成为德军防线的咽喉要地，也是英军要达成战役进攻的拦路虎，必须拔之而后快。

上述两个因素对英军来说至关重要。第一次世界大战爆发后各种战役战斗的经验显示，能否获得有效而全面俯瞰战场的炮兵通观条件对胜利具有决定性的意义，因而夺取高地显得尤为重要。其次，如果英军能突破到德军堑壕系统背后的开阔地，那么夺取该地区仅有的状况良好的公路将能提供一条有利的进攻轴线。在这种情况下，距一线仅仅5英里的小镇波济耶尔，就成为了英军必须攻克的交通枢纽。当然，深谙此道的德军也这5英里的距离上修了4道完整的堑壕系统。

当然，第三个因素也不可忽视。那就是这里拥有一系列和战线呈直角形状的山谷和山嘴尖坡。每座山谷间，德军的防线都后退和高地拉平；每座山嘴尖坡，德军都会巧妙依托村落或是堡垒组织防御。这种易守难攻的地形迫使英军在进攻时面临着一个可怕的困境：要么对山嘴尖坡实施短促但却危险的仰攻战法；要么就沿着开阔的山谷底洼地，在两翼高地俯瞰和正面对峙的德军堑壕的三面火力夹击下冲击。这些山谷中最典型的莫过于主要公路干线（德军一侧）的香肠和麦芽两座山谷，以及夹在这两个山谷间的拉布瓦塞勒村。麦芽山谷的两军无人中间地带宽约700码，香肠山谷的中间地带宽度也大体如此。两山谷间夹住的山嘴尖坡面朝英军堑壕线，该山嘴尖坡的双方战线间隔仅50码。

在安克河泛区另一侧（德军方向）沿着战线往北拐，穿过德军密集设防的两个堡垒村庄——博蒙·阿梅尔和塞尔，而后战线突然往英军防线嵌入一个突出部，也就是著名的戈默库尔突出部。戈默库尔村是突出部的中心，不过戈默库尔城堡广场才是突出部的主要部分。在这里，德军的前沿堑壕正巧从戈默库尔城堡广场边缘而过。在这个堑壕里的德军士兵可以说是整个德国陆军在西线最前沿的战士，除了不少自开战以来就一直在西线血染征袍的将士外，还有许多从东线俄国和南线意大利归来的将士。索姆河战役爆发前，前沿堑壕附近有一棵不倒的橡树，它在英军猛烈的炮火打击下仍完好无损；由于它奇迹般地躲过战前英军炮击，德军将之称为德皇的橡树。

对于当时双方战线的防御态势，索姆河战役前赶到前线采访的约翰·马塞菲尔德记载道："在敌强我弱的态势（指1914到1915年），他们占领的防御地带沿着旧索姆河整个地区，除了一两处外，几乎处处都是利敌而不利我。在几乎所有进攻地带我军都被迫仰攻。

"……敌人居高临下，拥有良好的通观哨网络，可以有效俯瞰整个战场，并有制高优势。相反，我军地势低，不仅没法通观对方防御纵深地带，而且进攻的时候还要逐个突破敌人的制高地带，战斗艰巨性可想而知。"

|第四章|

战役计划

1916年初，协约国满怀希望，四大国——法国、沙皇俄国、意大利和英国计划从三个方向（东线、南线、西线）同时对同盟国德国和奥匈帝国发起协同一致的战役进攻，以期在本年度赢得胜利。一开年，协约国就拟订好了作战计划，打算尽早在1916年夏季发动进攻，其中英法联军将并肩对索姆河展开攻击。

对英国来说，种种迹象都表明1916年将是英国的胜利年。经过1914年和1915年的挫折后，被寄予厚望的由平民战士组成的新军迎来了新的军事领导层，同时也终于完全具备了战斗力。1915年12月，帝国总参谋长和英国远征军总司令双双易人，陆军上将威廉·罗伯逊爵士接掌帝国总参谋长一职，陆军上将道格拉斯·黑格爵士成为英国远征军新任总司令。

新官上任三把火，威廉·罗伯逊爵士和道格拉斯·黑格爵士都热情饱满地拟订联合进攻计划。1915年达达尼尔海峡的冒险已经失败，英法联军在巧妙组织撤退后，许多部队直接转移到法国。黑格上将给威廉·罗伯逊的意见是，只有西线才是决定性的战场，英国陆军的主要精力应该放在西线，往其他战线投入兵力纯属浪费。

然而，美好的幻想和现实之间终究是有差距的。1916年2月，就在协约国信心满满地约定要在夏季对同盟国联合展开三线攻势的时候，德军却突然在凡尔登对法军发动了大规模战役进攻，德国陆军总参谋长法肯豪森企图在这里和法军决战。一开始，德军攻势如潮，很快取得了初胜，几乎拿下了整个凡尔登。面对掀起进攻巨浪的德军，法军不折不扣地贯彻了“再也不给一米”的政策，顽强死守阵地，绝不后退半步；“绝不放敌人过去”的拼死战斗口号，永载法国陆军史册，是法国陆军在第一次世界大战中不屈抗争的象征。

然而，法军的损失持续上升，很快就给人感觉如果不把德军的注意力引开，法军就要崩溃了。在这种情况下，承担发起大规模进攻引开德军注意力的任务就落在兵力数量在不断增长却没有投入大规模战斗的英国远征军身上了。心忧如焚的法国人不断焦急地请求英军快点发动进攻替凡尔登的法军解围。对法国的呼吁，英国当然不能坐视不管，伦敦给黑格下达指示，要求英国远征军准备发动进攻战役。

▲ 倒霉的英国远征军司令约翰·弗伦奇元帅，不幸成了卢斯战役的替罪羊

陆军上将道格拉斯·黑格爵士，新任英国远征军总司令，很快就成为整个第一次世界大战中最受争议的英军将领。截至1915年，黑格上将都有着辉煌的履历，他的勇气是军内公认的，无人质疑。在军人生涯中，他曾在皇家骑兵部队（主要是第7轻骑兵团和第17枪骑兵团）服役多年，并在布尔战争中指挥了一个骑兵机动集群。1914年，身为步兵军长的他随同英国远征军跨海踏上法国，征战欧陆。由于表现出色，黑格在1914年底官拜集团军司令。在卢斯战役中，他曾严厉批评了前任远征军总司令约翰·弗伦奇爵士。

道格拉斯·黑格因为娶了一名女王储而成为英王的心腹。卢斯战役后，他奉诏返回伦敦，并亲往白金汉宫接受英王对这次战役的询问。在白金汉宫，黑格重复了自己对上级（弗伦奇）的批评。1915年12月，约翰·弗伦奇被召回英国；道格拉斯·黑格爵士接任英国远征军总司令。虽然黑格成为英国远征军新任总司令，并统帅驻比利时和法国的全体英军部队，但他并没有被晋升为元帅，军衔仍和手下集团军司令一样为上将。

黑格，是一位年届55岁、倔强而坚定的苏格兰低地人，同时还是一位热心的苏格兰教会会员，坚信上帝始终和自己同在，并热衷于每周听他亲信的牧师讲道。他曾在法国公开抨击约翰·弗伦奇的指挥方式，并要求解除弗伦奇的职务。他坚信自己所做的一切都是为了英国远征军着想。虽然没有迹象显示他想借赶走弗伦奇坐上远征军总司令的位置，但毫无疑问弗伦奇下台后他是最热门的人选，果不其然军方也将他“拔高”，让他出任远征军总司令。不过，他是否做得比弗伦奇好，答案将在索姆河战役揭晓。

虽然黑格上将并不是一个热情洋溢的人，但他还是得到了下属军官的拥戴和忠诚，他们一致认为黑格的能力和毅力足以指挥英国远征军。大家认为，黑格在任上愿意给下级放权，如果战事不利，他也不会随便找替罪羊，而是时常站出来替下属背责任，使之免于政府责备。这也是黑格的另一面，在军官团里有自己的人格魅力。

虽然锐意要发动进攻，但1916年春对黑格来说却并不轻松。最初与法国联合拟定的对索姆地区的德军防线展开联合进攻的计划最符合他的胃口。经验丰富的法国陆军在他的右翼参加战斗，多少会弥补英军经验不足的缺陷，使进攻战役能够顺利进行。然而，凡尔登战役如同一声惊雷，法军大量精锐部队被卷进凡尔登，联军必须对索姆地区的联合进攻计划做出调整，法军的进攻正面由原先的25英里缩短成8英里。不仅法军进攻正面大幅缩短，法国人还一再紧急请求英国远征军最迟在1916年7月1日发动进攻，迫使德军分兵以确保凡尔登无虞。本来黑格的希望是此时通过和法军联合作战，让英军逐步成长起来，现在却变成让英国陆军在进攻战役中承担重任。突如其来的沉重负担，让黑格有些措手不及。

虽然道格拉斯·黑格自身也有不少缺点，但对盟军忠诚这点是无庸置疑的。他接受了法军的请求，准备在1916年6月展开攻击。他对当前的任务已经不抱幻想。在最初计划的联军联合攻势中，他曾希望通过这次联合打击能在1916年结束战争。他做梦都想着看到步兵突破他们所痛恨的堑壕系统，然后他就能把自己心爱的骑兵师投入战斗，跟进打击突入德军堑壕系统背后的广大平原。他相信，在运动战中自己可以击败德国人。可是，凡尔登危机导致计划剧变，他感到英国远征军的能力还不足以单独完成彻底突破德军堑壕系统的任务。1916年5月，他在召集手下集团军司令的时候就告诉他们，1916年取得胜利已经化为泡影，夏季攻势的目标只有三点：替凡尔登的法军解围；消灭德军部分重要的有生力量；为了在1917年到来时能通过总攻击取得决定性的胜利，必须通过这次进攻夺取地形有利的跳板。

在战役进攻中，他把主要突击重任交给了新成立的英国陆军第4集团军，指挥官是陆军上将亨利·罗林森爵士。他的第4集团军负责整个索姆地区，右翼与法军相邻。黑格上将命令亨利·罗林森率第4集团军发动一次大规模进攻，拿下从最南端的蒙托班村起到安克河为止延绵10英里的波济耶尔山岭。在安克河北岸，英国远征军将再投入一个军的兵力拿下一个正面宽3英里的德军堑壕地带，掩护主要突击方向的第4集团军的侧翼安全。

虽然计划基本点就是强调简单的步兵进攻，但黑格乐观的态度却让计划变得复杂化。当时，英军在法国还有5个骑兵师，黑格可不愿意让他们错过这次战役。这也许是英军骑兵最后的机会了。在伦敦，已经有人建议鉴于驻法骑兵闲置无用，而养骑兵却要耗费大量军费，与其白花钱不如解散来得划算。如果罗林森的第4集团军步兵们能够突破德军堑壕系统的话，黑格将调上他的骑兵从突破口进入，实现他的运动战设想。若一切顺利，他甚至能在1916年让德军“雪崩”。当然，这一切都只是可能而已。

为了实现他所谓的“骑兵最后的表演”，黑格上将命令组建一个由3个骑兵师组成的强大的机动群，由陆军中将休伯特·高夫爵士任指挥。这个强大的机动群将在步兵进攻集团背后待机。如果步兵撕开突破口，高夫中将将在几个步兵师的支援下，以3个骑兵师实施跟进打击，脱离第4集团军控制自行扩大战果。这个机动群也被称为预备集团军，总部给高夫配备了必要的参谋，组建了一个集团军司令部，但高夫的军衔却仍为军长级别的中将，没法和第4集团军司令罗林森上将平起平坐。

黑格上将给高夫中将的命令是，等待罗

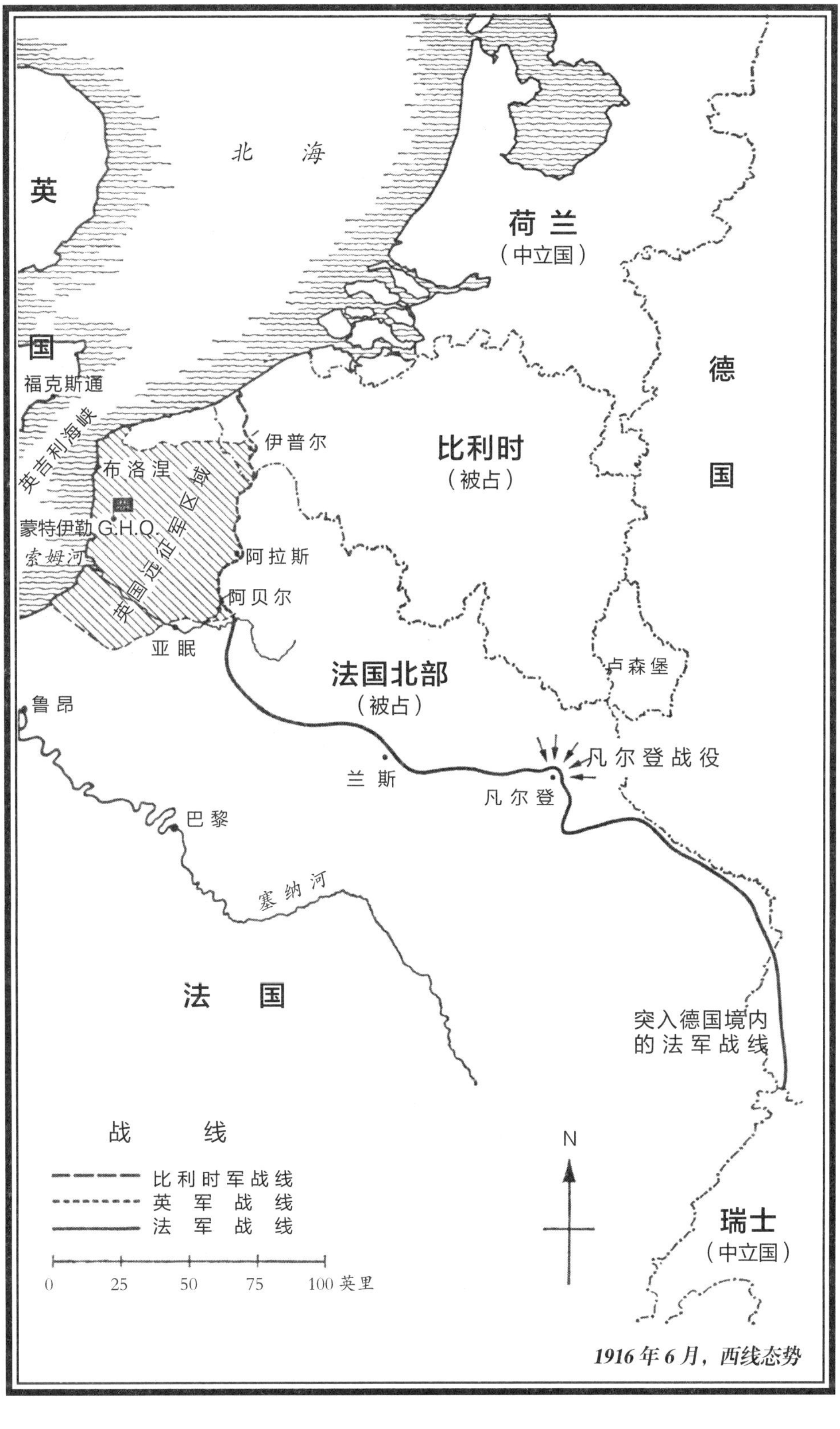

1916年6月，西线态势

林森的步兵进攻结果，如果步兵撕开突破口，他就率3个骑兵师迅速从口子钻进去打击，拿下巴波姆；接着，他要留下了一支掩护部队，正对德军后方，然后以骑兵主力往北进入德军后方的开阔地，朝阿拉斯突击。与此同时，罗林森的第4集团军步兵北转，卷击高夫中将突击路线侧翼的德军堑壕线。而此时，法军则要坚决守住突破口的右翼，阻止德军从南面对英军突破口实施反突击。

如果说黑格上将是赛马场赌徒的话，那么黑格押的主要就是两匹马。他既打算在宽大的正面与法军一起夺取德军的堑壕系统，与此同时又希望步兵撕开一个大突破口，保障他的骑兵突入开阔地。有人怀疑他的设想倾向于前者，可实际上他坚持的却是后者。在在内心深处，他认为英国远征军在1915年表现得糟糕透顶；他相信自己的能力，英国远征军可以在他的指挥下做得更好。

为了提高这次进攻的胜率，黑格上将还命令英军第1、第2、第3集团军司令要率部持续不断地对德军防线施加压力，让德军猜不透英军意图并牵制德军的预备队。对罗林森上将的第4集团军北面的第3集团军来说，他们的任务比第1、第2集团军更重要。索姆河战役爆发当天，英国陆军第3集团军必须对戈默库尔突出部展开全面进攻。显然，黑格上将的做法是一石二鸟。他既要彻底拔掉戈默库尔突出部，又实施有力佯攻支援主要方向的罗林森第4集团军突击。

对总体计划做出决定后，黑格上将向各个集团军司令下发了详细的作战计划内容，并指示进攻发起日定为1916年6月25日。

英国陆军第3集团军司令埃蒙德·艾伦比上将（绰号“公牛”），负责对戈默库尔突出部展开佯攻。可他并不喜欢这个计划。因为在他对戈默库尔的进攻地带和第4集团军北翼之间有一个宽约1英里的缺口。对艾伦比来说，必须消除第3集团军和第4集团军之间的防线缺口，这样才能确保进攻戈默库尔的第3集团军能够有效掩护主要突击方向的第4集团军侧翼。如果没能封闭这个缺口，就算佯攻行动成功肃清了戈默库尔突出部，也没法完成掩护第4集团军侧翼的任务。可艾伦比并没有就这个问题与黑格上将进行良好沟通，他觉得要和上级反映这个问题并说服黑格修改总体计划太费事了，索性把问题丢给手下负责进攻戈默库尔的军长斯诺中将了事。

通过艾伦比的介绍，斯诺已经大概清楚了自己的任务。他的佯攻必须和主要突击方向的前期炮火准备配合和主要突击方向的进攻时间一致。在这种情况下，斯诺准备用两个师进攻，不管出现任何情况都不派预备队，因为任务是佯攻。

在现有资源的基础上，斯诺决定不对戈默库尔突出部展开正面攻击；相反，他打算让本军所辖的两个步兵师各以一部分步兵营打戈默库尔突出部两翼。如果第一击在两翼都能够得手顺利突破德军防线，两个步兵师将继续前进，在戈默库尔村的背后会师，把戈默库尔突出部完全切断。当然，无论艾伦比还是斯诺，都没对这个佯攻任务抱多少信心。因为他们的部队在穿过进攻地带时要遭受德军炮兵和步兵火力三面夹击，加上任务性质是吃力不讨好的佯攻，两人都提不起劲头。

在给手下两位师长下达命令后，斯诺还给了他们一些“意见”。他指出，两个师的佯攻任务只是有限进攻，后面是没有预备队的。此外，斯诺中将还强调他们只有在德军防御地带都被炮火摧毁的情况下才能前进。我们很快就能看到，斯诺中将的这个“强调”对戈默库尔的佯攻作战进程造成了严重的影响。

黑格上将钦定担任预备集团军司令的休伯特·高夫中将，出身于军人世家，他的叔叔、父亲和兄弟都因作战勇敢、表现出色获得了英国陆军最高荣誉勋章——维多利亚十字勋章。1914年，休伯特·高夫在旅长任上打响了英国远征军炮兵在第一次世界大战的第一炮。（当时德军炮兵在蒙斯猛烈轰击高夫的步兵旅，高夫随即命令自己的炮兵投入战斗，由于英军炮兵阵地处于德军超大威力炮兵连射程外，在炮战中高夫的炮兵毫发无损。）蒙斯战斗结束后，高夫才华得到肯定，开始官运亨通：1915年4月，升为师长；1915年7月，升任军长；1916年春，官拜集团军司令。但相应的军衔晋升却没能到来。尽管如此，年届45岁的高夫在当时已经是驻法国的英国远征军中最年轻的集团军司令和高级将领了，他比罗林森小7岁，比黑格上将更是小了10岁。从高夫的晋升上，我们可以看到黑格上将的另一个优点——大胆提拔年轻将领。

虽然是预备集团军司令，可高夫能做的却很少。他手上只有3个骑兵师，而且这些部队都还在后方，他也没有负责任何一条指定防线。虽然高夫组建了集团军司令部，但他们能否“出镜”也得有赖于罗林森的步兵是否撕开突破口，步兵突破后才能按计划把骑兵投入战斗，一展雄风。1916年6月中旬，当黑格上将把一个下辖3个步兵师的整编军拨给高夫的时候，他感到很兴奋，预备集团军总算像个集团军的样子了。

如果说战前的艾伦比是沮丧，而高夫是兴奋的话，那么第4集团军司令罗林森上将就该用冷静二字形容。和黑格、艾伦比、高夫这三位骑兵出身的将领不同，亨利·罗林森（绰号“罗里”）上将是传统“陆战女皇”——步兵兵种出身，他先后服役于国王属皇家来复枪军团（King's Royal Rifle Corps）和禁卫军（the Guards）。罗林森参加过十九世纪英国陆军征服亚非殖民地的战争，在缅甸、苏丹、南非出生入死，在艰苦卓绝的布尔战争中他指挥一个营被布尔人团团包围在雷迪史密斯，但却出色击退了对手的进攻。布尔战争结束到1914年之间，他四处游历，足迹遍及印度、加拿大、美国、比利时、德国、沙皇俄国、中国、日本、阿尔及利亚、墨西哥，并受邀观摩了三大强权——德国、日本和俄国的军队演习。

1914年，他曾担任过英国陆军部征兵办公室的主任，直接参与了新军的组建工作。在法国，他先后担任过英国陆军第4步兵师师长、第4军军长，继而升任第4集团军司令。在新沙佩勒（Neuve Chapelle）战斗中，罗林森精力充沛地在一线指挥部队战斗，而后手下部分军官给他起了个“长弓比彻”（Arch Bitcher）的绰号。和艾伦比不同的是，罗林森与黑格上将沟通良好，黑格也非常欣赏罗林森，把主要突击的任务委派给他。做为负责主要突击方向的集团军的司令，罗林森在未来战役的成败上起到决定性的作用。

罗林森并没有受到步兵骑兵将领们关于步兵突破热情的影响。在他看来，要逐条突破德军堑壕系统是一件十分困难的事，步兵不太可能在德军堑壕系统撕开一个足够大的口子让骑兵投入战斗。虽然他接受了黑格上将的两步走计划，可实际上他仅仅准备实施第一步而已。

罗林森喜欢仔细观察学习对手，德军在凡尔登战役初始阶段的成功突破给罗林森留下了深刻的印象。进攻前，德军猛烈的炮火准备完全摧毁了法军前沿堑壕群，然后德军步

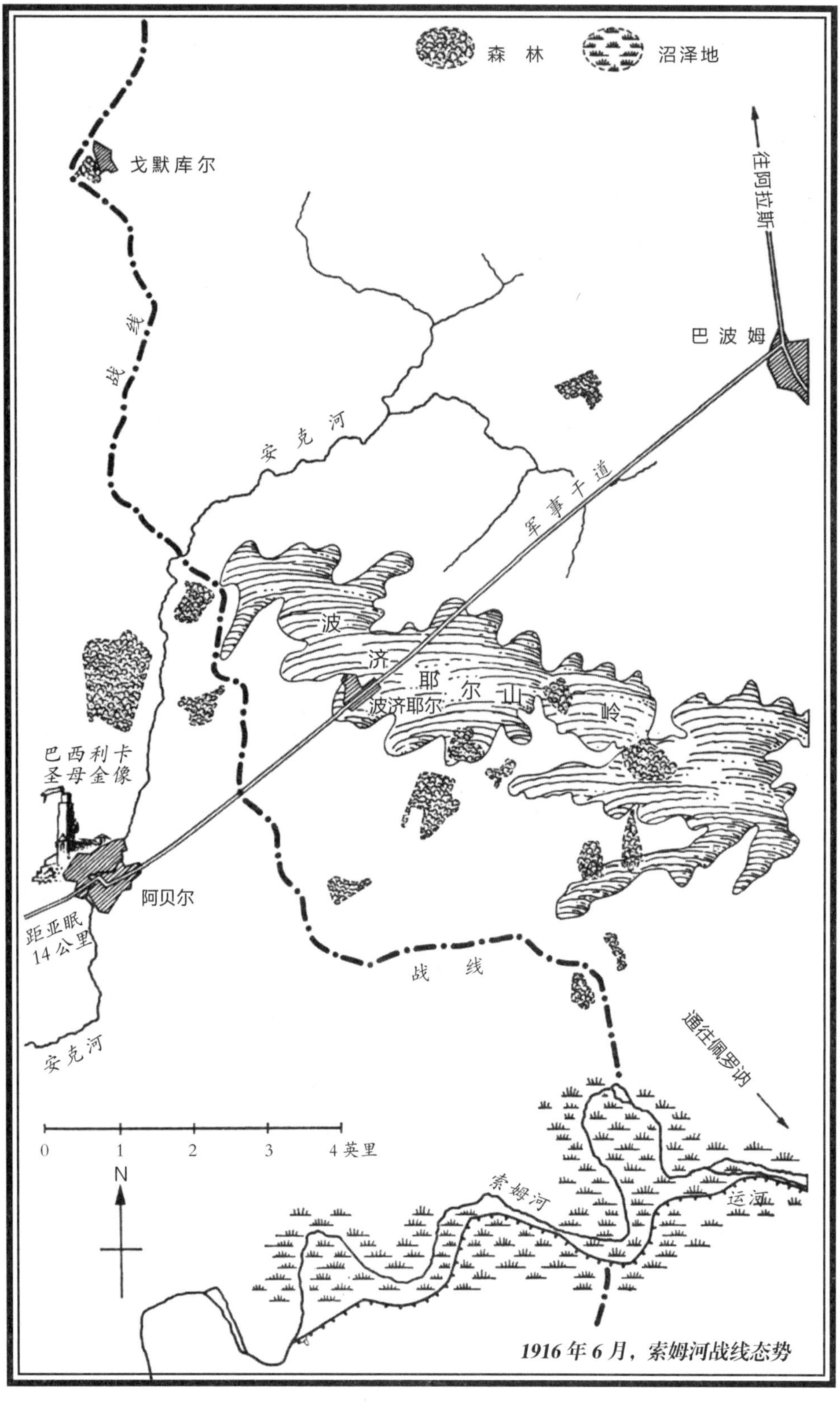

1916年6月，索姆河战线态势

兵迅猛跟进，轻松拿下了目标。这种步炮协同进攻法连续重复几次，屡试不爽。罗林森上将打算如法炮制，在索姆河战役中复制德军的成功。他对自己的炮兵充满信心，打算使用整个战争中最猛烈、持续时间最久的炮击来摧毁德军的防线。按照罗林森的计划，第4集团军的每门火炮都要在步兵进攻前打上5天5夜。这样，进攻发起后，步兵的角色就变成扫荡残敌，轻松占领已经被炮兵摧毁的德军堑壕。他还希望德军在丢失阵地后组织反扑，让英军步兵打敌反扑，进一步重创德军的有生力量。

为了谨慎起见，罗林森计划一次进攻只打掉德军一条堑壕或一个堑壕系统。在拿下德军第一条堑壕并成功打敌反扑后，再组织炮兵对德军第二条堑壕带实施猛烈轰击，直到炸垮德军第二条堑壕带防御系统，然后再组织攻击。他打算用充沛的时间和充足的炮弹，采取轰垮——步兵冲击——再轰垮——再步兵冲击的逐次进攻战法，逐条突破德军的堑壕线，直到最终彻底突破德军完整的防御地带，再投入骑兵进行运动战。由于他对炮兵威力深具信心，进而认为当步兵进攻时绝不会受到德军有组织的抵抗。在这种异乎寻常的信心下，罗林森上将下令步兵进攻计划要让部队缓慢、按节奏有条不紊地越过无人地带，波波相连涌向德军阵地，而不是采用标准的步兵冲击战法。

罗林森上将的第4集团军共有5个实力雄厚的步兵军；其中，4个军在索姆河与安克河之间宽大正面平均展开兵力担任主要突击，第5个军则在安克河北面担负起掩护主要突击方向侧翼的任务。第4集团军的战役炮兵也平均分散在整个集团军正面上，实施炮火准备。

由于英军没法在6月25日完成战斗准备，黑格上将不得不把进攻日期推迟到1916年6月29日，步兵进攻时刻也定为上午07点30分。法军希望英军的进攻能再提前点，但罗林森上将却冷冷回绝说，第4集团军已经竭尽全力，6月29日已经是他们能做到的最早进攻日。按照原则步兵进攻最好选择在拂晓时刻进行，第4集团军为了保证炮兵能在大白天良好的光照条件下观测目标，让步兵牺牲了3个多小时的有利时间。

在这里，有必要提一下索姆河战役的三位英军高级将领的关系。道格拉斯·黑格，英国远征军新任总司令，虽然干的是元帅的活，肩上却仍挂着上将军衔。亨利·罗林森，理论上是黑格上将的下属，可军衔与黑格一样，年龄也相差无几；此外，他还是一名出身步兵兵种的将领。休伯特·高夫中将，虽然职务上和罗林森平级，但军衔和年纪都比罗林森小得多，属于少壮派将领。这种军衔和资历，导致实际不是黑格在指挥两个平级下属，而是黑格和罗林森看起来就像一对搭档，而倒霉的高夫却是他们的下级。

这种关系造成的第一个后果就是，当罗林森周密拟定的计划呈报给英国远征军总部时，黑格上将根本就没有看到计划中的彻底突破和卷击至阿拉斯的整个德军防线的内容。黑格要求罗林森缩短炮火准备时间，防范德军警觉继而做好防御战斗准备。黑格还向罗林森建议，在进攻当天炮火开始延伸的时候，英军步兵就应该对德军前沿堑壕实施冲击（而不是计划中的排成整齐队形一波波走过去）。最后，他问罗林森能不能在战役进攻第一天就打掉德军至少两条堑壕，而不是罗林森计划中的一条。

虽然前两点是明智的意见和陆军标准的进攻战法，但罗林森对黑格的提议全都“善

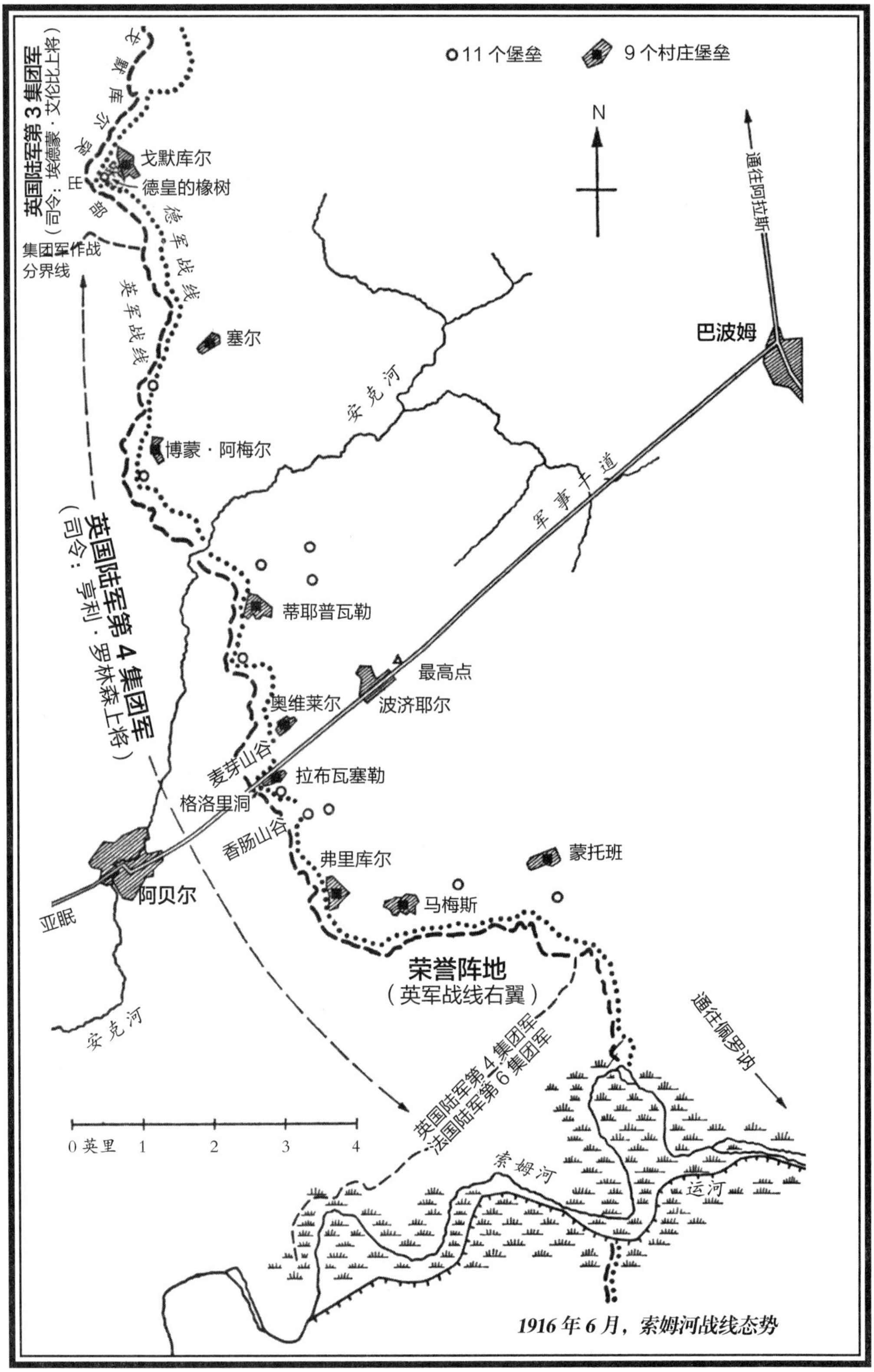

1916 年 6 月，索姆河战线态势

意”回绝。对第一点意见，罗林森以缺乏大口径榴弹炮的劣势只能通过延长炮击时间、增加炮火投射量来弥补予以拒绝；对第二点意见，罗林森认为他的步兵训练不足，没法实施较为复杂的战术动作予以驳回。如果黑格有勇气坚持己见的话，他应该直接下令罗林森接受他的前两点意见。可也许是考虑到罗林森曾长期在步兵兵种服役，拥有丰富的步兵作战经验和履历，黑格没有坚持自己的意见。

第三点，也就是黑格提出的至少攻下两条堑壕的意见，实际上这是个折中方案。在通往巴波姆的军事干道北面，德军第二条堑壕线在部分地段上离第一条堑壕线并不远。也许是为了给黑格一点面子，不至于一口气把总司令的三个意见全给驳倒，罗林森接受了第三个意见，答应在进攻第一天拿下两条堑壕。这个承诺就意味着波济耶尔的高地将纳入英军战役进攻首日的目标。在公路以南的德军第二条堑壕线则离第一条堑壕线较远，在罗林森右翼的法军进攻首日计划推进幅度有限，因此负责这里进攻的英军如果冲得太远，就会暴露右翼。在这种情况下，对公路以南的进攻，罗林森只能选择在战役第一天打掉德军一条堑壕。

在英军将领拟定作战计划的同时，预定参加战役的英军各师也往索姆地区集结。虽然部分英军是自法军交防后就一直驻守在索姆地区，熟悉当地的环境，但大部分参加战役的英军步兵师都是从法国北部佛兰德斯南下而来的，对战场地形并不熟悉。其中，雷金纳德·巴斯塔德中校指挥的林肯郡步兵团2营，经过7天急行军穿过皮卡第平原，在奥维莱尔对面占领防御阵地。

新军的第30步兵师，在第4集团军最右翼占领阵地，和法军相邻。进入阵地后，该师来自兰开夏郡的士兵们很快和法军打成一片。战争进行到这个阶段，英军部队普遍认为法军是经验丰富的作战部队，兰开夏郡的士兵们对和法军并肩战斗倍感荣幸。

从加里波利撤回的新军第29步兵师也赶到战场，在博蒙·阿梅尔对面占领阵地。他们刚刚进驻，就看到对面德军部队拉横幅“欢迎”：“欢迎第29步兵师到来。”该师是英第8军一员，任务是在安克河北岸展开攻击，掩护主要突击方向部队的侧翼。巧的是，时任英国陆军第8军军长的亨特-威斯顿，一位乐天派的苏格兰人，曾在加里波利战役中担任英国陆军第29步兵师师长，率领该师在加里波利战役中赢得了“无与伦比”的美誉。亨特-威斯顿中将对自己的老部队——第29步兵师编在第8军的战斗序列里感到十分欣慰，可第8军其他各师却对第29步兵师不买账。“这儿不是加里波利！”第29步兵师的“无与伦比”美誉要想赢得其他人的认可那还得多加努力。

参战的英军各步兵师陆续抵达战场，直到整个地区到处都挤满英国大兵为止。这种兵力集结规模前所未见；参加索姆河战役的英军兵力是1915年卢斯战役的3倍。（1915年的卢斯战役是英国远征军1914年到1915年期间发动的规模最大的进攻战役。）按照计划，索姆河进攻战役的第一天，英国远征军共有18个步兵师投入战斗；每个步兵师有13个步兵营，相当于第二次世界大战中英国陆军的26个步兵师规模！至于战场兵力对比，索姆河地区的英军进攻兵力对一线德军防御兵力为7：1！如此强大的兵力优势（还不包括火力优势）给经历了1915年卢斯战役失败的英军老兵们留下了深刻的印象，他们认为以如此强大的兵力进攻，胜利必定属于英国！

▲ 虽然第29步兵师在失败的加里波利战役中赢得“无与伦比”的称号，可在索姆河，他们还能重现自己的辉煌吗

战前，罗林森清点了手下第4集团军的花名册，发现手下总兵力达到519324人。如此众多的兵力，让他惊叹：“恐怕没多少人指挥过一个50多万人的集团军。”

虽然英国陆军第4集团军兵强马壮，但作战经验不足。该集团军所辖的4个常备军步兵师已经名不符实；其中3个师因为和新军各师交换步兵营，变成了名副其实的“杂交”部队。即便是师里的常备步兵营，也主要是由战时的志愿兵加少量战前老兵（比如雷金纳德·巴斯塔德和珀西·查普尔等）构成。

与此同时，本土军也发生了很大的变化。他们的损失难以获得及时补充，因为他们错过了1914年和1915年初的新兵潮。本土军的许多步兵营严重缺编，部分补充兵只受过最基本的训练。在英国陆军第3集团军，艾伦比上将对佯攻作战既缺乏信心也担心削弱部队战斗力，他只拨了2个师勉强应付任务。他雪藏了手下满员的步兵师，而选择了第46（北米兰德）步兵师和第56（伦敦）步兵师这两个本土军部队负责对戈默库尔突出部的佯攻。

由于常备军和本土军的战斗力受到1914年和1915年战争的削弱，参加索姆河战役的60%步兵营都是新军部队，把索姆河战役称为英国新军的战役也不为过。虽然新军的将士们在智慧和体力上堪称是英国的精英，但除开第21步兵师在卢斯战役亲历几个小时的混战外，新军整体是没有什么作战经验的。不过，这些新军的将士们对作战的热情多少还是能弥补他们的不足。

进一步分析第4集团军的成分，我们还能发现参战部队几乎全部由英国陆军的郡团组成。没有禁卫军，没有澳大利亚人、加拿大人、印度人、新西兰人或南非人。更进一步分析战役首日参加战斗的部队，我们甚至发现联合王国部分地区给新陆军提供了强有力的部队；比如北部和中部工业区，阿尔斯特和伦敦都做出了特别贡献。总之，1916年集结在索姆河前线准备投入战斗的每一名英军士兵都渴望着赢得胜利，无论是战前常备军，还是本土军或新军志愿兵战士们。他们的愿望会实现吗？答案将在1916年7月1日揭晓。在此之前，英军还需完成艰苦的战役准备工作。

|第五章|

战役准备

当英军将领和手下的参谋们草拟具体作战计划的时候，他们的士兵也在紧张进行各项战斗准备工作。由于索姆河地区集结了如此多的英军步兵师，以致于英军可以轮番把一线各师撤下来，让他们根据自己在未来战役中扮演的角色进行针对性训练。在后方，各师会选择和自己进攻地带相似的地形，然后标好德军的“堑壕”、“堡垒”和“村落”位置。就这样，英军各步兵师一次又一次编成攻击战斗队形，前进，“夺取”德军阵地，然后打敌反扑巩固阵地，所有这一切演练都在参谋军官，有时是将领的目睹下进行。来自德文郡步兵团8营的A.V.康恩列兵回忆道：“我们选择亚眠市附近的一个小村落，为7月1日的进攻展开针对性训练。一位灰白短发的老头骑着一匹高大的黑马，在一队枪骑兵护卫下视察我们的训练。”实际上，这位灰白短发的年长将领正是英国远征军总司令黑格上将，如果黑格知道自己在18岁的康恩眼里不过是一个“灰白短发的老头”，不知道会作何感想。

对英国士兵们来说，这真是一个令人激动的时刻；第一次有迹象表明他们要参加“总攻击”。士兵们对这次集结了如此多的兵力，特别是拉着火炮进入索姆河地区的炮兵群，准备进行5个昼夜的炮火准备的情景留下了深刻的印象。还有什么比这更激动人心的吗？经历了漫长的堑壕战后，英军士兵对即将到来的战役百感交集。他们很清楚这次战役进攻必然会有不少伤亡，可再次憧憬这次战役或许让战争在圣诞节前结束，避免在又一个寒冬里蹲堑壕。

皇家沃里克郡8团1营的E.C.斯坦利列兵就说：“得知我们营要参加进攻我感到十分兴奋。我想这是战争中最后一战，我可不想错过它。我还记得自己写信给母亲，告诉她我将回国欢度‘8月银行假日’。”

就在英军积极备战的时候，两个重要的消息突然传遍一线部队。第一个消息就是日

日德兰海战中的皇家海军“厌战”号和“马来亚”号战列舰

德兰（Jutland）海战，皇家海军在损失了14条军舰后还是没能击败德国海军公海舰队。3天后，也就是1916年6月6日，第二个消息也如同重磅炸弹袭来——基钦纳勋爵乘坐的英国巡洋舰“汉普郡”号（准备出访沙皇俄国），刚出斯卡帕湾（Scapa Flow，英国皇家海军主要基地）就触到德军布设的一枚水雷，“汉普郡”号不到几个小时就沉入海底，基钦纳元帅不幸遇难。这两个消息沉重打击了索姆河前线的英军士气；一位士兵甚至说到：“这两个坏消息对士气的打击如同‘输掉一场战役’”。基钦纳，新军之父，已经无缘看到他亲手组建的新军首次挑大梁的演出了。消息灵通的德国人很快得知了基钦纳的死讯，于是开动马力大肆宣传。爱丁堡城市团1营的J.萨瑟兰列兵回忆道：“在前线的某天，德国人突然架起喇叭，对我们说基钦纳已被淹死，他很快就要下地狱了。”

由于索姆河地区兵力众多，因此英军步兵待在堑壕外的时间远多于堑壕内。每当演练和训练结束后，英军士兵还要进行土工作业，但还是有一点闲暇的时间。来自格拉斯哥的两个营——商业营和少年基督军营（the Boys' Brigade）的部队举行了一次战地足球比赛。不巧的是，比赛期间德军远程火炮发威，一发榴弹命中少年基督军营的半场，把守门员给炸死了。

不仅士兵抓紧时间放松，就连英国陆军第4集团军司令罗林森上将也休闲了一把，他利用空余时间在亚眠和167位老校友一起参加了伊顿公学晚餐，雷金纳德·巴斯塔德中校也在其中。罗林森首先做了一个简短的致辞，然后大家一起放声高歌，狂欢了一夜，大家都玩得很尽兴。

除了草拟计划和训练外，战役准备过程中还有大量额外土木活儿要干。由于战役首日在堑壕展开的兵力要比往常多许多倍，所以必须在攻击前出发阵地后方挖出足够容纳庞大进攻兵力的集结堑壕。在这种情况下，英军不得不每夜都加紧挖堑壕，把白垩层和浅表层的土堆装进麻袋，运到后方以防德军发现。但在挖掘过程中，也出现了一些出人意料事情。英军一个单位奉命重新挖开一个法军填平的旧堑壕时，却发现堑壕里躺满了战死的法军摩洛哥籍将士的尸体。

除了战前庞大的兵力如何在堑壕集结和展开外，另一个困扰英军的问题是进攻部队如何穿过某些特别宽大的两军中间无人地带。按照当时英军总参谋部的战斗条令，接敌距离不能超过200码。不过，英军从来没有下过特别命令硬性规定这个指标，而是让各军根据实际情况自行决定接敌距离。最困难的莫过于负责对戈默库尔突出部佯攻的英国陆军第7军，该地的中间无人地带宽达800码。不过，奉命参加进攻的英军第56（伦敦）步兵师却找到了解决的办法。一位准将负责指挥部队采取堑壕延伸法，把堑壕挖到中间无人地带半途，缩短一半的冲击距离。经过周密的计划和准备，第56（伦敦）步兵师3000名官兵在巡逻队出击的掩护下，经过三夜苦干，往中间无人地带挖出了总长2900码的前沿堑壕和1500码与旧堑壕相连的交通壕。为了完成这项工程，英军仅仅付出8死55伤的代价。当然，这一切德军都看得一清二楚。按照黑格的总攻计划，对戈默库尔的佯攻战役准备本身就要做得大张旗鼓，把德军的注意力全都吸引过来。

与此同时，英军又重新祭出了联军对付德军堑壕的“神招”——坑道爆破！罗林森上将决定使用法军移交的大量地雷，以7枚大地雷和大量小地雷埋在德军前沿堑壕的各个重要据点下，然后在英军步兵总攻前引爆。虽然德军十分警惕英军的坑道爆破行动，但不知道为什么在英军战役准备期间他们却没有十分积极地对付英军的坑道爆破。在一次坑道延伸（至德军堑壕底下实施地雷或炸药埋放）作业中，英军一个坑道工兵连怀疑德军也在他们坑道附近干同样的活儿，于是他们采取反制手段，保障了自己作业的顺利进行。然而，当他们把地道挖到德军的卡斯诺据点（Kasino Point）下并埋放了一枚地雷（准备战役发起日引爆）时，却猛然发现自己竟然突入了德军一个地下掩体！幸好英军坑道工兵反应敏捷，迅速缩回坑道。不过，这个事件足以说明德军的地下掩体之深。

在一线堑壕背后，索姆河整个地区为了战役的后勤准备也都忙碌起来。英军储备了数量巨大的弹药、食物和草料，这些物资都尽可能地靠近一线囤积。饮用水是很珍贵的，因此周围的井水基本被打完，还铺设了漫长的自来水管道。对英军来说，物资的准备是很充分了，可道路交通网状况还是不行：整个地区只有一条铁路、一条公路主干线和几条乡间小道。

对英军来说，当前最大的需求就是修公路、铁路和铁路侧线所需的石头。当地的白垩纪层土质还太软，合适的材料只能从遥远的泽西岛（Jersey）和康沃尔郡（Cornwall）运来。石头是如此珍贵，以致于一个伤患处理站在战役准备过程中奉命转移到一个新的位置时，撬起原路铺设的石头，铺到通往新地址的公路，前后耗费了20趟车次。

似乎对战役胜利信心满满，英军参战各军都预先拉置铁丝网围成战俘营，以备收容大量战俘；所有卫勤单位都积极扩容；与之不和谐的是，英军还预先挖了许多坟墓（以备大量战死人员的掩埋）。

伤员转移系统是英军战前卫勤准备关注的重点。通过多个卫生勤务单位层层负责转移，形成综合救治系统，每层卫生勤务单位都将在伤员转移到下一个单位前给伤员提供救治。这个转移救治程序以担架兵把伤员从战场上抬下来为始端，以送到英国本土的大型军医院或地方医院为终端。

伤员从不同级别卫勤单位转移的方式也有所不同。一线到营、旅、师级卫勤单位的伤员运送作业主要采取担架抬送来完成。从师级部队送到伤患处理站的运送作业多采取战

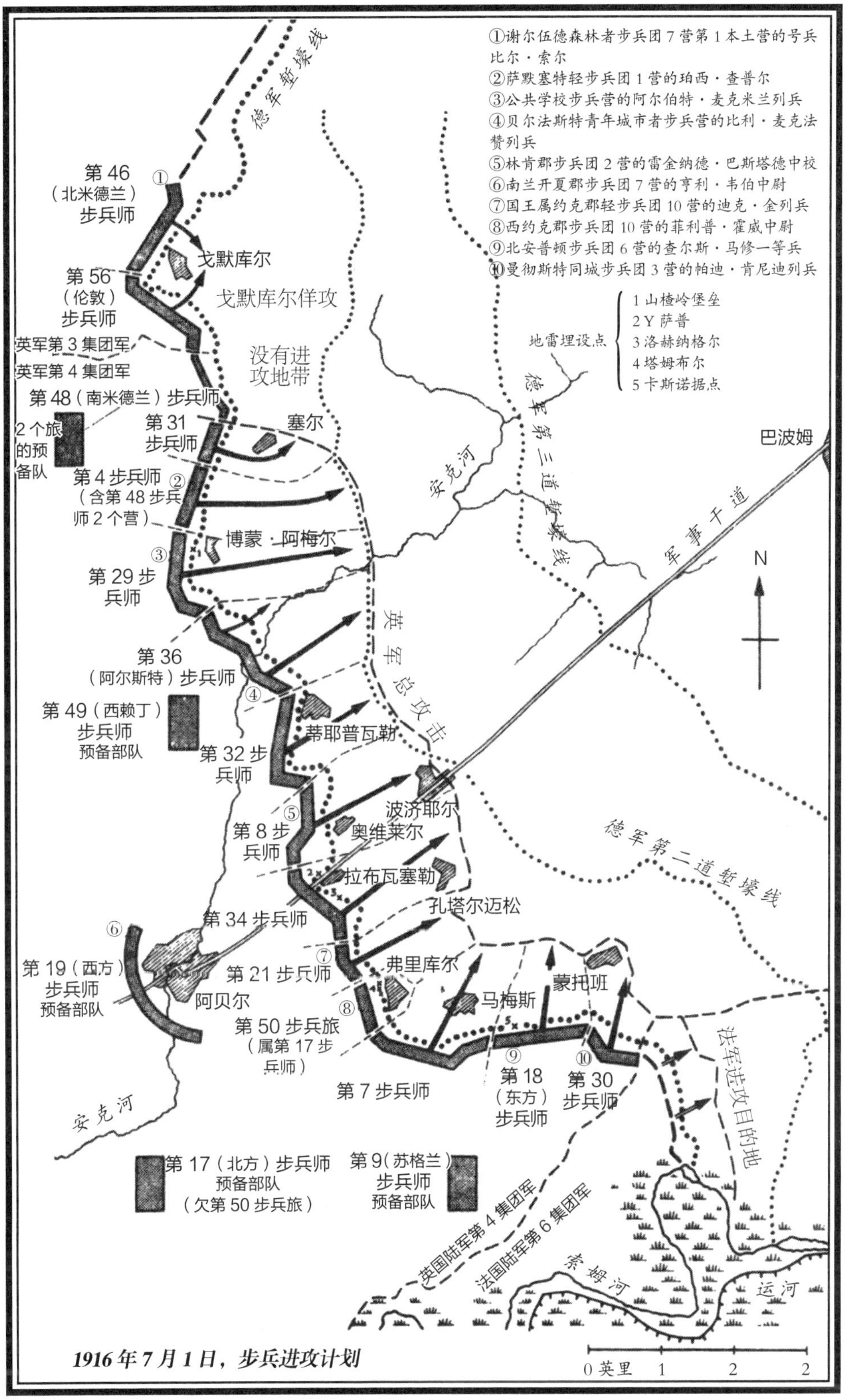

1916年7月1日，步兵进攻计划

地救护车运输，但距离仅限于几英里而已。如果要从伤患处理站往基地医院后送的话距离太远，使用的常规运输方式是战地救护专列。基地医院和伤患处理站有所不同，里面配备了足够的医疗设备和器械，还有不少医生和护士，以及可容纳400名伤病员的床位。除了铁公路转移伤员外，英军还利用索姆河采取驳船运输方式转移伤员，每艘驳船仅能运40名伤员，这种权宜之计作用不大。

对即将到来的索姆河战役来说，如何有效保障伤病员顺利转移也是影响战役进程的重要因素。如果伤员转移系统出现严重问题，前线躺满伤员无法有效转移的话，就会导致空间拥挤，给后续部队展开带来严重影响，而且还会沉重打击士气。英国陆军第4集团军司令罗林森上将就曾在卢斯战役中亲眼目睹了伤病员转移系统崩溃所带来的恶果，他绝不允许同样的事件在索姆河战役中重演。为此，罗林森十分关注集团军卫生部门主任拟定的卫勤保障计划。根据英国陆军第4集团军卫生部门的估计，战役卫勤保障每天需要7趟值班救护专列和3趟临时救护专列。可细心的罗林森却认为这点列车根本不足以保障战役期间的卫勤。1916年6月14日，他亲自写信给黑格求援：

致驻法之英国远征军总司令：

关于第4集团军在进攻作战期间伤员撤退问题，我认为应该提供足以保障每天后送至少1万人的救护列车，这样才能有效避免各个伤病救治站和师团包扎所人满为患。

为了满足这个（每日能后送伤员至少1万人），本集团军每天需要至少12趟值班救护专列和6趟临时增开救护专列。

我要求得到这些列车都处于可用状态的保证，据我所知，在这一地区救护列车总数只有30列，其中6列归基地所辖，临时增开的列车总数仅仅6列而已。

在绝对保证第4集团军上述救护列车的同时还要增开救护专列，一定要避免去年9月卢斯战役的窘境。

H.罗林森上将

按照英国远征军的规定，救护专列和把伤病员后送到基地是由英国远征军总司令部的军需勤务部门负责。1916年6月，担任英国远征军军需勤务部部长的是年届64岁的R.C.马克斯维尔中将，在他还差5个月就要退役时第

▲ 英国陆军皇家飞行队的机群

一次世界大战的爆发延长了他的军人生涯。为了保障战役卫勤，罗林森上将亲自给马克斯维尔写信，年长他12岁的马克斯维尔在4天后给了答复：

我预计在进攻作战期间满足第4集团军的（卫勤）保障需求不会遇到什么困难。

这一时期的值班救护专列分配是总司令部按作战需要进行的，我们不能为了考虑前线集团军的需求擅自改动救护专列分配数字。

临时增开的救护列车车次没有限制。增开车次根据使用和需求随时提供。

最后一条可能要打击罗林森你了，根据我部门的统计，在卢斯战役中并没有收到任何延迟后送伤病员的报告。

签字：R.C.马克斯维尔

尽管马克斯维尔如此复信，但罗林森的致信显然还是有了一定的效果。1916年6月20日，英国远征军军需勤务部门签署了两份备忘录，就“进攻期间相关救护专列调配事宜”做出指示，副本抄送所有铁路和卫勤单位。对马克斯维尔的处理，罗林森感到十分满意，他手下的参谋们也开始着手最后的准备，确保未来战役进行中伤员能顺利从战场转移到基地医院，甚至后送回英国救治。

在卫勤准备妥当的同时，英军也决心展现自己的空中威力。陆军皇家飞行队（Royal Flying Corps）集结了10个中队、185架飞机准备参加索姆河战役，他们的对手——德国空军仅有129架。英军飞行员们忙着协助炮兵修正弹着点，并把德国空军的侦察机驱离英军防区。在英军皇家飞行队强大的威慑下，德国空军没有一架战机能够临空窥视英军的战役准备进程或击落英军的炮兵观测气球。霸气十足的皇家飞行队甚至一次性派出14架飞机，在阿贝尔镇上空绕大圈圈飞，每架代表前线集结的一个师。

▲ 时任英国军需大臣的劳合·乔治

光有卫勤和航空支援（当时的皇家飞行队在火力准备和支援方面远远不能和二战时的皇家空军相比）还是远远不够的，要打赢索姆河进攻战役，罗林森还需要大量的炮弹。1915年卢斯战役失败的根本原因之一就是炮弹严重不足，当时的英国军工没法提供足够的弹药。现在不同了，在干劲十足的军需大臣劳合·乔治的领导下，军工企业焕发青春，大量炮弹源源不断地滚下生产线，送往前线。1915年5月底，英国政府考虑推迟圣灵节假期（Whitsun Holiday），保障弹药生产工作可以不受（休假）干扰地有序进行。虽然这个措施受到了部分工人的抵制，但劳合·乔治在5月30日于伦敦会见了工会领袖，双方达成妥协，首相阿斯奎斯宣布推迟圣灵节假期，延长8月银行假期。

同一天，劳合·乔治的副手亚瑟·亨德

森在利兹召开弹药产业工人会议，当工人代表问及为什么要推迟圣灵节假期时，亚瑟·亨德森闪烁其辞，顾左右而言他，勉强透露政府答应假期推迟到7月底。此言一出，英国国内各大报纸立即刊登了亚瑟·亨德森的言论。这个消息第二天又传到了荷兰，敏锐的德国人很快从这条消息里嗅出了英军大攻势在即的“气味”。

在当时，参战部队绝大部分将士都在前线枕戈待旦等待进攻时刻到来，但也还有少数人待在本土休假。这其中就有德文郡步兵团9营的一位连长——D.L.马丁上尉。他随身带着一幅大比例尺的本连负责进攻地带的作战地图，马梅斯当面的部分德军堑壕在地图上被清晰地标注出来。在休假期间，马丁上尉出于喜好，按照作战地图自制了一个沙盘模型。做好以后，当他仔细欣赏自己的“杰作”时，发现不对劲了。看得越久，他的脑海里越发强烈地涌现出一股不祥之感：如果他的步兵连要穿过覆盖着稀疏灌木丛（英军把这种覆盖在小山上的稀疏灌木丛称为曼塞尔灌木丛）的一座小山，将会遭到架在马梅斯一个神祠基座的德军机枪火力点的拦阻射击。休假结束回到法国，马丁上尉把这个沙盘向众位军官展示，并把自己的预感告诉了他们。

另一位回国休假的军官是东萨里郡步兵团8营的一名连长——W.P.内维尔上尉。他是一名年轻的尉官，喜欢每天傍晚亲临前沿堑壕的火力点，大声辱骂对手。他指挥的连队参加第一波对蒙托班附近的攻击，回国前他正为如何让手下这帮从来没有参加过进攻战斗的菜鸟们鼓起勇气而犯愁。休假期结束，内维尔买回了4个足球，每个排发了一个。在堑壕里，他表示要嘉奖在进攻第一天本连内第一个把足球踢进德军堑壕的步兵排。一个排随即在足球上写下了这样一句话：

伟大的欧洲杯决赛终于到来，

东萨里（郡）对阵巴伐利亚（州），

零时开球。

英国陆军第32步兵师的许多营长也在6月获得一周的假期。国王属约克郡轻步兵团2营营长对在休假期间多次被问及“总攻击”什么时候开始感到蛮不乐意。是啊，如此多的中下级军官回国休假，势必有人嘴上没门，要是伦敦人都知道进攻时日，那还怎么对德国人保密呢？

在这段时间里，最忙碌的士兵恐怕就是准备进行5昼夜炮火准备的英军炮兵了。劳合·乔治承诺，在这次战役（指索姆河战役）中第4集团军的炮兵群要一门挨一门，当炮火准备阶段开始时，劳合·乔治的承诺几乎完全应验。英军的火炮密度达到了每17码1门野战炮或榴弹炮或臼炮，总计投入相当于卢斯战役2倍的火炮和6倍的炮弹。根据战后统计，英军在这个时期打出的弹药甚至超过了战争头12个月消耗的总和。

在6月的头三个星期里，英军各个新锐炮兵连都在夜幕掩护下进入精心准备的炮兵阵地。架好火炮后，他们在前沿堑壕的炮兵观察员或陆军皇家飞行队的飞机或炮兵观测气球的协助下不断试射，获得了准确的目标诸元。而后，各炮兵连随即停止试射和袭扰，等待上级的一声令下。

6月24日，英军开始了炮火准备，步兵进攻发起日仍定在6月29日。按照命令，第4集团军的炮兵们从这天起开始按计划射击。每天上午，第4集团军炮兵使用所有火炮对德军堑壕系统进行80分钟的集中弹幕射击，持续5天如此。到在进攻当天，炮兵集中弹幕射击时间减至65分钟，待晕头转向的德国人等待剩下的15分钟炮击之际，英军步兵迅速跃出堑壕，走向德军阵地。

在80分钟集中弹幕射击结束后，英军炮兵转入持续而稳定的（分散）弹幕射击。夜幕降临，半数火炮停止射击，重机枪加入火力准备行列。如果说昼间射击的任务是全面破坏德军堑壕系统的话，那么夜间的火力准备的主要目的是扰乱德军后方，切断德军前沿堑壕守军和后方的联系，阻扰德军后送伤员、换上生力军和送上补给品。

虽然英军炮火准备规模宏大，但还是存在着一定的缺陷和不足。摧毁德军堑壕前沿和周围铁丝网地带的任务交给了英军18磅炮，可分发给18磅炮进行炮火准备的弹药却是榴霰弹。这种老式榴霰弹的衍生品装药少，而且多凌空爆炸，散布出数百个钢珠，主要作用是杀伤暴露兵员，而非破障。如果引信早几分之一秒爆炸的话，那么四散飞溅的钢珠就会错过铁丝网；如果引信起爆太晚，榴霰弹就会直接撞进地面，根本没法破坏铁丝网。只有技术精湛的炮兵才能熟练掌握有效轰击铁丝网的榴霰弹引信设定，由于英军各炮兵连水平不一（大部分很一般），导致铁丝网地带破坏效果十分有限。

英军炮兵的另一个不足是缺乏摧毁德军深挖的地下掩体的大口径榴弹炮和弹药。当时在索姆河前线，联军只有34门9.2英寸口径以上的火炮，且半数已经借给法军使用。

当然，最失望的是许多生产出来的炮弹，特别是它们的纤细引信，导致炮弹质量降低和许多打出去的炮弹是哑弹。有人估计哑弹率高达三分之一，这当然是有些夸张的统计。不过，皇家都柏林燧发枪团1营的F.麦克劳夫林列兵在一次夜间炮击结束后袭击德军堑壕时被俘，他声称看到了许多砸出的弹坑里都躺着一枚枚哑弹，数量有几百枚之多。当然，这只是个别孤证并不表示哑弹率会达到惊人的三分之一，不过也从侧面反映了英国弹药企业在增产的同时，质量把关还是存

1914年底，俯瞰索姆河谷的德军骑兵

在不小的缺陷。

不过，瑕不掩瑜。在经历了德军炮火持续几个月的打击后，皇家炮兵队展现出来的强大的炮火实力振奋了英军步兵的士气。在英军炮火准备阶段的大部分时间里，德军炮兵都“沉默不语”，英军步兵战士们第一次可以自由走出堑壕，眺望德军阵地。夜景更是迷人，皇家野战炮兵第170旅（巴拉丁伯爵领地，County Palatine）的炮手H.W.博蒙特回忆道：“在夜空映照下，远眺四周，当炮群怒吼时所有火炮都闪着火光，它们和探照灯、夜间射击的机枪，以及其他活动一起给我们留下了深刻的印象。”

看英国皇家海军陆战队炮兵操作的15英寸重型榴弹炮炮击，对英军步兵来说是惬意的享受。一整天的时间里，不少英军步兵饶有趣味地看着皇家海军陆战队炮兵大汗淋漓地跑上跑下，操作15英寸重型榴弹炮射击。每一发出膛的巨型榴弹，都会在空中飞行划出一道大大的弧线，然后在飞行轨迹的末端突然下坠消失。几秒后，一阵巨大的爆炸声传来，宣告炮弹和德军阵地“亲密接触”。

强烈的爆炸声甚至还能传到英国。一些生活在英国南部海岸的居民听到炮声，还以为双方在英吉利海峡爆发了一场海战呢；当然很多人都明白，这是总攻击即将开始的信号。

在隆隆的炮火准备背景下，英军高级将领们也最后一次完善了自己的计划，但在即将到来的进攻战役的巨大压力下，准备行动还是出现了一些不和谐的声音。特别是指挥这次战役的三位高级将领——英国远征军总司令黑格上将、第4集团军司令罗林森上将和预备集团军司令高夫中将之间的关系。黑格在炮火准备阶段开始前再次致信罗林森，要求他把炮火准备时间从5天减到3天，防范德国人预有准备，可罗林森却坚持己见，没有同意黑格的建议。当然，黑格也再一次没有动用自己的权威，听任罗林森处置。

与此同时，高夫中将的指挥权也摇摇欲坠了。6月21日，黑格上将出尔反尔，把刚刚配属给预备集团军的一个步兵军又拿了回去充当英国远征军总部的预备队。第二天，黑格又命令高夫机动集群所属的3个骑兵师划归罗林森上将的第4集团军节制。黑格上将的这个举措让高夫的指挥权在战前化为乌有。虽然名义上，高夫中将还是预备集团军司令，但实际上他已经沦为了第4集团军司令罗林森上将手下的一个骑兵军军长而已。

面对突如其来的指挥权大变更，高夫感到难以接受。6月27日，高夫对黑格抱怨说，自己从一个集团军司令的位置突然格降为罗林森的一个下属，在这种变故下他搞不清自己的位置和作战目标究竟是什么了。黑格没有理会高夫的抱怨，只是简单重申了战前计划：高夫要从任何一个步兵撕开的口子钻进去，占领巴波姆并北转朝阿拉斯突击。高夫解释说，他没有步兵伴随骑兵行动，而且自己的行动还要看罗林森的脸色。为了解决步兵突破后骑兵能够投入战斗的协调问题，黑格上将把他的参谋长派下去试图沟通，却无果而终。我们很快可以看到，黑格—罗林森—高夫之间指挥系统问题没有处理好，给索姆河战役首日进程造成的重大影响。

当然，指挥系统链里面头疼的并不仅仅是金字塔顶端的黑格，还有金字塔次顶端的第4集团军司令罗林森上将。对手下步兵将领的怀疑和不确定的看法，罗林森显示了绝对自信的态度。有趣的是，黑格指出的他的计划中的两大缺点——炮火准备时间太久和摒弃所有步兵冲击战法——在第4集团军内部

▲ 时任英国陆军第4集团军司令的罗林森上将

也激起了很大的争论，罗林森手下许多步兵将领也持和黑格同样的意见。战争进行到堑壕战阶段，步兵冲击的接敌距离理想状态是缩短到100码内，而且是炮火延伸开始就猛冲上去，以最大限度缩短对方反应时间，求得突破。在第4集团军召开的军长以上作战会议中，就有人向罗林森上将建议将步兵的接敌冲击距离缩短到40码。但罗林森拒绝了这个建议，说这么做会给炮击造成混乱。由于罗林森的盲目乐观，他的情绪很快传给了手下的军长和师长，大家也就不再说什么了。

对于亨利·罗林森上将来说，这是自己展现抱负和才华的最好时机，绝不允许他人插手。因此，他所拟定的计划，不管上级有何意见和下级有何质疑，都要强行实施。

在罗林森定下战役决心的同时，一线的英军步兵也奉命在炮火准备阶段开始就组织对德军堑壕的连续袭击。这些袭击战斗的目的是查明英军的炮火准备究竟给德军堑壕系统造成了多大损害；查明德军部队番号；并通过袭击战斗让德军在英军炮火准备阶段抑留在前沿堑壕。在炮火准备阶段的每个夜晚，英军炮兵都会在炮击期间留下一小段空档时间，英军前线各师都会利用这段时间组织至少一次袭击战斗。虽然出发点是好的，可这项工作却令人痛恨。爱丁堡城市团1营的J.S.基德列兵回忆道：“组织夜间袭击战斗真是一个可怕的经历，到处都是累累弹坑，弹坑里经常碰到德军或英军士兵的半截尸体。我参加了许多次部队组织的这种夜间袭击战斗，到现在还记得行动结束后返回来的奖励是比别人多喝点朗姆酒。”

虽然袭击战斗十分危险，但成绩也很丰硕。边防团11营（11th Borders）派出75名官兵夜袭，就抓回了20名德军战俘；不过，这次行动捕获的德军都是“差劲”的萨克森州士兵，因而上级认为这个成绩没什么价值，而且边防团11营为了这次捕俘还付出了半数人员的伤亡。阿尔斯特步兵师在一次夜袭捕俘行动中，从蒂耶普瓦勒森林堑壕地带抓回了12名战俘。这次行动英军没有任何伤亡，他们在向英国远征军报告这个成绩时声称德国战俘“惊诧并愉快地做了俘虏”。

第30步兵师报告派出的两支巡逻队突入德军堑壕系统，发现前沿堑壕在猛烈炮火轰击下遭受重创，空空如也。两支巡逻队从两个方向沿着堑壕行进，甚至发现了空的地下掩体；在即将抵达支援堑壕的时候，才不幸被一股德军发现。但并不是所有的袭击战斗都能如此顺利。一连两个夜晚，亨特–威斯顿的第8军就尝试组织9次夜袭，但每次夜袭都被德军击退，有几次夜袭还蒙受了很大的损失。

在拉布瓦塞勒，泰恩塞德爱尔兰旅3营组织了2次成功的夜袭。他们带着自制炸弹——一个满装汽油的桶配上1枚手榴弹——渗透进德军堑壕地带。英军巡逻兵们用这些自制炸弹，炸塌了通往13个地下掩体的大量出口。这些突击作战成效高、代价小，其中一次行动返回后军官清点兵力，发现只有1人失踪。

根据抓获的德军战俘饥肠辘辘和士气低落，以及巡逻队返回报告德军前沿堑壕空空如也和部分堑壕被填平的情况，英军将领想当然地认为炮击已经实现了预想目标。不过，也有巡逻队的渗透被击退并蒙受较大损失和报告铁丝网地带并没有被摧毁的消息，但这些消息被英军高级将领认为是夸大不实的报告而置之不理。

英军袭击的同时，德军也没有闲着。在弗里库尔附近堑壕守备的诺森伯兰燧发枪团12营，每当夜晚来临都要受到德军一顿猛烈的炮火轰击，德军炮兵首先轰击铁丝网，然后三面轰击一小段堑壕。诺森柏兰燧发枪团12营的H.费洛斯一等兵回忆说：“接着，看起来像什么都没发生似的，当我从前沿火力点下来时我差点吓死——猛然发现身后站着一个德国兵，他手握一把左轮枪和一枚手榴弹，可还是马上投降了，并问我要了一根烟，看样子他很乐意做我的战俘。”

除了派出巡逻队袭扰外，英军采取的另一种袭扰德军战线的方式就是释放毒气。每当风吹向德军堑壕时，英军就开始释放毒气。但使用毒气攻击是一把双刃剑。如果在释放前德军炮弹就炸开英军毒气罐或是释放过程中风向转变的话，那么倒霉的就是英军了。

事实上，还真有这么倒霉的人。英军一位来自毒气部队的军官在塞尔附近无人地带释放毒气时被德军炮火给炸死了。据说他是英国一位著名政治家的孩子，负责这段防线（塞尔附近）守备任务的霍尔商业步兵团1营（Hull Commercials）奉命抢回尸体。可两次抢尸体行动均告失败且蒙受了很大的损失。上级下令再进行第三次抢尸，遭心有不忍的营长严词拒绝，而这位营长很快被解职了。

尽管在索姆河地区集结了庞大的兵力并做了周密的准备，但英国远征军总部还是决定展开疑兵行动，让德军猜不透联军的进攻时间和地点。黑格上将命令英国远征军第1、第2、第3集团军在索姆地区北面至比利时境内展开欺敌佯动。为此，这两支集团军修建了大量新堑壕和假炮阵地；不时组织对德军防线的弹幕射击，并求得打掉德军部分堑壕带，引起德军恐慌和误判。由于索姆河地区的英军夜袭规模和次数增加，第1、第2、第3集团军也不得不增加了对当面德军的夜袭次数，保持行动统一。夜复一夜，英军4个集团军不断组织令人厌恶的袭击活动。虽然这些活动部分起到了混淆德军视线的效果，但英军自己也付出了惨重的代价。在卢斯附近的马洛克区的一次夜袭战斗中，英军皇家苏塞克斯团和国王属皇家来复枪军团各1个营就损失了15名军官和385名士兵。

6月28日，英军骑兵部队开始集结，他们在夜间沿着精心选择的乡间小道小心翼翼地前进，尽量避免堵塞交通。高夫中将的手下共有3个齐装满员的骑兵师，包括英国陆军中部分番号最罗曼蒂克的部队——禁卫龙骑兵（Dragoon Guards）、轻骑兵（Hussars）、枪骑兵（Lancers）、禁卫兵骑兵（Life Guards）、禁卫皇家骑兵（Royal Horse Guards），第2

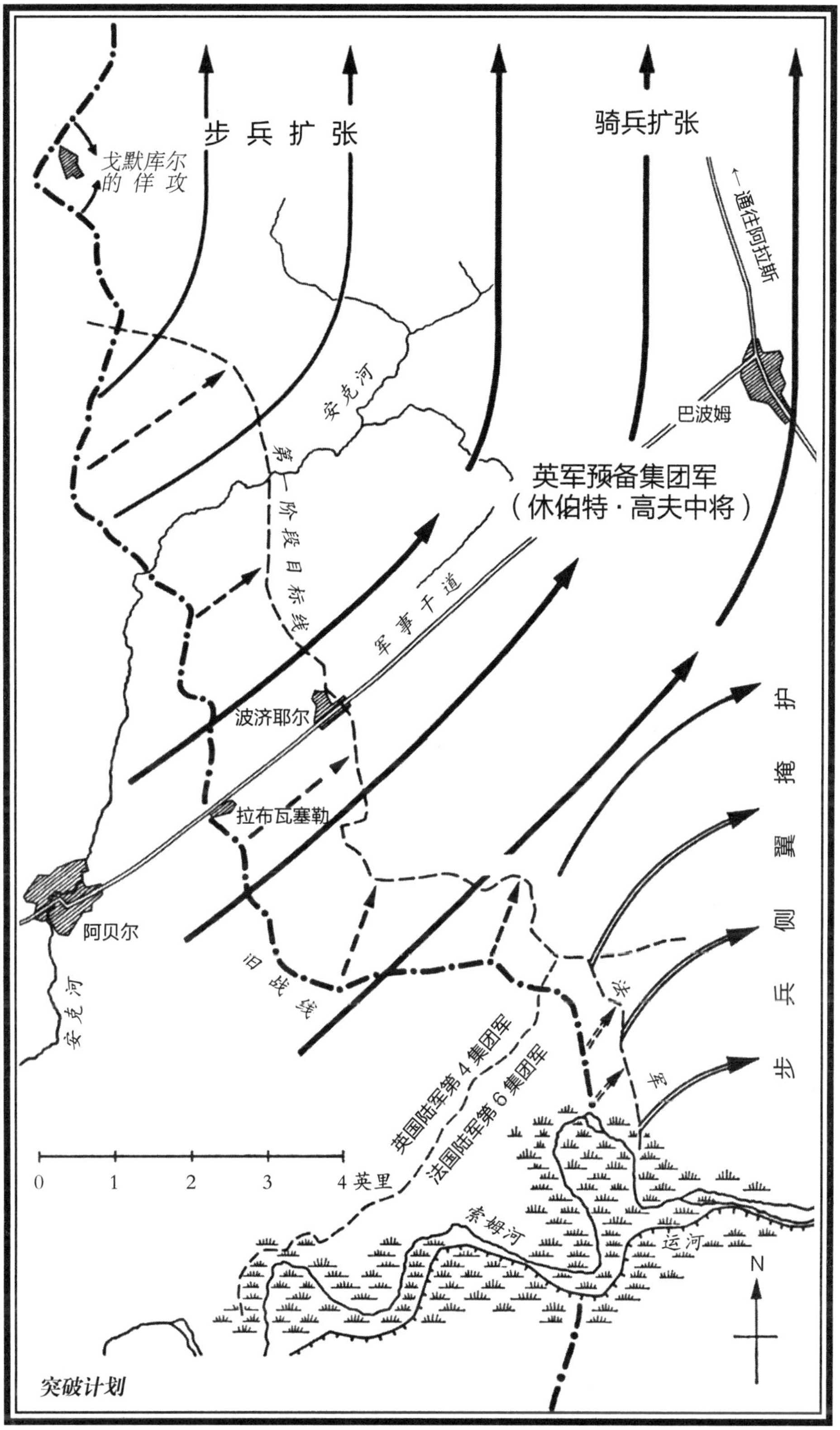
步兵扩张
骑兵扩张
戈默库尔的佯攻
←通往阿拉斯
巴波姆
安克河
第一阶段目标线
英军预备集团军
（休伯特·高夫中将）
军事干道
波济耶尔
拉布瓦塞勒
阿贝尔
安克河
旧战线
英国陆军第4集团军
法国陆军第6集团军
法军
步兵侧翼掩护
0
1
2
3
4 英里
索姆河
运河
N

突破计划

印度骑兵师中的浦那骑兵（Poona Horse）、赫德森骑兵（Hodson's Horse）和德干骑兵（Deccan Horse），以及配属给该师的一个满员的加拿大骑兵旅。每名骑兵都手持马刀或长枪，加上自己配备步枪，他们都对在即将爆发的索姆河战役中有机会一展身手感到很兴奋。禁卫龙骑兵团3营（3rd Dragoon Guards）的G.J.R.赖特一等兵回忆道：“战前，我们的指挥官告诉我们，毫无疑问步兵会撕开口子的，当你们冲过去的时候，我保证你们至少5天内吃不到新鲜的饭菜了。”

高夫曾是英国陆军第7步兵师师长，在他的带领下第7步兵师打了许多硬仗，被誉为“高夫机动军”。对在索姆河奋战的英军而言，高夫大名如雷贯耳，他们知道高夫存在的价值，也深知高夫的骑兵和步兵准备在罗林森达成突破后跟进打击的计划。高夫的预备集团军究竟会以什么样的形式实施跟进打击，成为当时索姆河前线英军将士谈论的中心话题。许多人甚至认为高夫预备集团军的3个骑兵师将在搭乘卡车和巴士的步兵的伴随下，进入突破口实施跟进打击。

比起对骑兵的期待，“陆战女皇”步兵却被“冷落”不少。他们虽然收到了进攻命令，但为了保密还是没有获知进攻日或进攻时刻。在作战命令中，英军将领们指示各师的尖刀营要组织波波相连的整齐队形穿过两军战线中间的无人地带，各波间隔约1分钟路程，前进速度不得超过每2分钟100码（速度小于每小时2英里），进攻过程中官兵禁止交谈或逗笑，以免德军听到。如果遇到抵抗，在没有近迫到20码前也不准冲起来，以免消耗过多体力。总的来说，按照罗林森上将的要求，英军在进攻当天突破无人地带的运动要像一次巨大的、复杂的、缓慢的、阅兵式的列队行进。

格拉斯哥商业团1营（Glasgow Commercials）的R.拉夫列兵回忆道：“我们奉命不要管任何伤员，但要取走他的枪支并把刺刀插在地面，好让陆军皇家卫生队看见了赶来救治。我们接到的命令是没有收容敌人的营地，也不要抓俘虏。”

对参加索姆河战役进攻的英军各个步兵营营长来说，最痛苦的莫过于决定手下哪些官兵留下来当“种子”。在以往的主要战役战斗中，英军往往是全营投入战斗，如果各营在战斗中蒙受重大伤亡，那么重建就会遇到很大的困难。虽然第4集团军司令罗林森上将估计进攻行动将会是“阳光下的散步”，但各营还是奉命在这次战役中留下十分之一的作战部队与后勤辎重兵一起留在后方。如果在进攻战斗中极为不利而且损失惨重的话，这些留置的兵力将成为部队重建的核心，“留下种子好建军”。

对各个步兵营来说，究竟把谁留下来当种子而又让谁上战场这个生死一线的问题确实让人头疼。英军约克和兰开夏郡步兵团9营（9th Yorks and Lancs）的T.A.塞尼奥尔列兵回忆道：“因为我会速记，副官把我叫到营长办公室。接着，一位一等兵走到我跟前递给我120发子弹，‘你愿意参加进攻吗？’接着，他们又给我两枚手榴弹，最后是一把铁锹。这让我犯糊涂了，不知道自己究竟是该待在后方还是参加进攻。当我想问一下副官我该怎么办的时候，副官开口说道，‘不能让他去。他是这里唯一一个会速记的。’”

对第一波进攻的英军步兵来说，负重是他们的大敌。他们除了要携带一支步枪和刺刀外，还有2幅防毒面具、220发步枪子弹、2枚手榴弹（帮训练有素的投弹手背负，战斗中要递给投弹手）、2个空沙包袋（用于夺取德军堑壕后填满沙土做成沙包垒工事）、1把铲子、1对铁丝网钳、1个干火把和其它个人物品。英军的负重最低标准是70磅，但实际上大部分参战将士的负重都超过了这个标准。

跟进打击的第二波和第三波英军战士的负重有增无减。他们要带着在堑壕上架桥用的鸭板，一卷卷带刺铁丝网和木桩（用于支撑铁丝网）。英军第西约克郡步兵团6营第1本土营（1/6th West Yorks）的E.G.霍尔列兵回忆道："我的负重达到80磅，而我的体重不过才80。"

这些准备是很仔细，但却掩饰不了英国陆军第4集团军司令罗林森上将的"狂傲"，他对轻松拿下德军第一条堑壕充满绝对的必胜信念。这种过分乐观的情绪也传染给手下的军长，然后是师长、旅长，最后普通士兵也受到了感染。战前，预定参战各营排着整齐的队列接受英军高级将领的检阅（通常是准将级别）。在对各营的检阅中，高级将领发表了热情洋溢的讲话，这里摘录对部分部队的讲话，讲话内容足以表明战前英军乐观到了冲昏头脑的地步。

对纽卡斯尔商业步兵团1营的讲话：你们将拄着手杖，而不是拿着步枪冲上山顶。当你们进入蒂耶普瓦勒时会发现,那里的德国人都死了，连一只老鼠也不会幸免。

对谢尔伍德森林者步兵团11营：你们不会碰到抵抗，因为那儿的德国人非死即伤。你们将在上午11点00分抵达穆克农庄（Mouquet Farm），野战厨房将和你们同行，会给你们做顿好饭的。

对伦敦来复枪旅1营（1st London Rifle Brigade）：胜利唾手可得，伤亡估计只有10%。

对国王属约克郡轻步兵团8营：冲上山顶，你们可以伸个懒腰，点根烟，一路走到波济耶尔前不会遇到活着的德国人。

这些检阅和讲话都是在前线隆隆的炮声背景下做的"动员表演"，英军的炮火准备给士兵们增添了一颗定心丸。

正当英军将领们忙着前往一线检阅部队和演讲之际，为期5天的炮火准备也进入了尾声。经过三四天持续不断的炮击，英军相信绝大部分目标都被摧毁。这些目标中，步兵最重视的莫过于堑壕周围的铁丝网，这也是最容易评价炮击效果的打击目标。每天晚上，英军都要派出小规模的巡逻队摸到两军战线中间的无人地带，核实炮击效果。然而，巡逻队返回的报告却出入较大：有些地方铁丝网被炸毁，有些地方铁丝网被炸开了几个口子，还有些地方铁丝网依旧完好无损，甚至还有报告说德军在炮击间隙离开堑壕冷静地修补受损铁丝网。

鉴于炮火准备的效果并非特别理想，为了加大破坏力度，英军把部分轰击其他目标的炮群调来集中轰击铁丝网地带，同时让步兵每夜组织出击行动，用特种爆破装置摧毁遗留的铁丝网。可这些行动风险太大了，即便成功也仅仅是在铁丝网地带炸开个小口子而已。

那些铁丝网破坏效果不明地区的英军步兵心情很低落；他们被告知进攻将是"阳光下的散步"，可他们从堑壕往德军方向眺望，却发现德军的铁丝网仍然是一道难以逾越的障碍。其中，米德塞克斯团2营营长E.T.F.桑迪斯中校就特别担心。进攻发起后，米德塞克斯步兵团2营要穿过比其他各营更为宽大的无人地带。他们的目标是麦芽山谷前方的德军前沿堑壕，距米德塞克斯步兵团2营防线约750码。虽然桑迪斯中校是一位能力出众的营长，但他还是对即将到来的进攻感到十分紧张，他告诫自己他的部队很可能要穿过完好

▲时任英国陆军预备集团军司令的休伯特·高夫中将

无损的铁丝网地带，并面对炮击下仍然保存着足够战斗力的德军。

在炮击期间，和米德塞克斯步兵团2营同属一个旅的皇家伯克步兵团2营（2nd Royal Berks）突袭了德军堑壕。在隐蔽靠近德军堑壕带后，他们惊讶地听到德国人竟然在前沿堑壕深深的地下掩体里唱歌！毫无疑问，桑迪斯也听到了这个令人沮丧的消息。他花了几天时间在炮兵观察所紧盯前方半英里外的德军堑壕，却什么也看不清楚。夜幕降临，他躺在床上辗转反侧怎么都没法入眠，干脆掀开被子，到士兵集结地走一趟。他对未来进攻可能遇到的情况深感不安、心忧如焚，索性找到旅长把自己的想法一股脑地倾诉出来，但却毫无用处。英军高级将领深受罗林森上将过分乐观情绪的传染，对桑迪斯这类小人物的担心已经不屑一顾。

上级不屑，下级也不理解。米德塞克斯步兵团2营的军官们都了解桑迪斯的痛苦和郁闷，但却不知道怎么安慰他。昼夜持续不断的炮声让他们在兴奋的同时，也乐观地认为进攻将会轻易获胜。

在罗林森上将看来，桑迪斯这类人的存在实在是讨厌的“臭虫”，因此第4集团军的高级将领们不仅不接受他们的逆耳忠言，反而斥责他们的看法为夸大不实和捕风捉影。为了杜绝这类行动，罗林森甚至特地警告要抓这类“煽风点火”的挑头分子。在罗林森的情绪和命令下，第4集团军整个指挥系统对进攻速胜充满了极度乐观。英国陆军第31步兵师的一位旅参谋长记载道：“军长亨特-威斯顿极度乐观，告诉所有人铁丝网已被炸毁——虽然我们仍看到它们还好好地立在那里——并声称德军堑壕都被炸平了，我们可以轻松地一路走进塞尔。”

相对英军的自大和兴奋，德军又是怎么应对英军持续不断的积极出击行动和炮击的呢？对英军的炮火准备，德军的第一个反映是震惊。德国陆军第109预备役步兵团的保罗·施埃特一级下士回忆道：“当英军开始炮击时，我们的一位掷弹兵穿着最好的制服，跑去向连长报告并愤怒地问道，‘是谁开始这么无聊的炮击？以上帝的名义（担保），有人要遭殃了。’”

当密集的弹群如同冰雹般砸下来的时候，德军步兵躲进他们深深的地下掩体里防炮。虽然英军猛烈的炮火逐步摧毁了德军精心修筑的表面阵地体系或铁丝网，但大部分德军士兵却在炮击中安然无恙。他们在炮击中抓紧时间给步枪和机枪擦拭保养油，通过梯子递送一箱箱弹药和手榴弹，做好战斗准备。

在前沿堑壕的警戒哨里，哨兵们紧张地盯着英军战线，随时准备向主力报告英军总攻或袭击的迹象。德国陆军第99预备役步兵团的威廉·朗格三等兵回忆道：“我们在堑壕背后的一个哨位挂上一面镜子，通过这面镜子可以清楚地看到整个无人地带的情况。在炮击期间，我们只在堑壕留下一名哨兵紧盯着镜子。大地（在炮击下）不断颤抖，好似世界末日降临，镜子也晃个不停，但它从未摔碎。”除了这种土办法外，部分地下掩体的德军还将长长的潜望镜伸出地面，瞭望员可以安全地待在地下掩体里紧密监视地面的一举一动。

虽然在英军炮击下损失不大，但在堑壕内自由走动也是不可能的，甚至在堑壕后方机动都是很危险的事。德国陆军第26野战炮兵团的菲利克斯·基谢尔二级上士回忆道：“战役打响前3天，我从米罗蒙（Miraumont）取东西往格兰库尔（Grandcourt）走的路上被一架英军飞机追了差不多十分钟。我沿着安克河柳树丛躲闪着走了10分钟才甩掉了敌机。”

不过，英军持续不断的炮击还是造成了很大的影响。电线和自来水管道被炸坏，德军被迫开放紧急食品和饮水供应。各个地下掩体的出口被炮弹炸开的土堆掩埋，需要持续不断地挖土重新打通，这是一项重要但却危险的工作。当然，德军的地下掩体也并非坚不可摧。偶尔落下的大口径榴弹也会摧毁德军一两个地下掩体，炸死或活埋掩体内的全体守军，但这种几率实在是微乎其微。夜幕降临，英军的炮击力度一减弱，德军就组织军工冒着生命危险往前线地下掩体送饮水和热饭。夜间并非绝对安全，英军炮兵对所有可能接近前沿堑壕地带的路线都进行炮火封锁，热饭和饮水常常没法送达一线德军部队手上。

德军每天都有定量啤酒供应，被孤立在马梅斯附近的一个地下掩体里的巴登团某部，坚持派人回后方取回啤酒配给。队伍里最年轻的士兵被选中去执行这个任务，他返回途中的经历可谓九死一生。当他在夜间滚

伪装良好的德军，面对这样久经沙场的老手，英军究竟能有几分胜算呢

着酒桶走过被炸得面目全非的地面时，炮弹就在周围爆炸；尽管如此，巴登团的该部将士最终得到了他们的配给啤酒。

如果说炮火下补给困难的话，那么炮火下换防就更麻烦了。一线部队的正常换防不得不一再推迟（时间）；德军决定在两个营换防时绝不能出现1500人同时在敞顶开放的堑壕里拥挤行进。在蒙托班村周围堑壕驻防的德军巴伐利亚步兵团 1 个营等了一夜又一夜，换防部队才姗姗而来。

虽然德军待在地下掩体里很安全，但英军的炮击对他们来说也是个地狱般的折磨。长期以来索姆河地区都是双方战线的平静地区，德军对突如其来的5昼夜持续不断的密集炮击毫无思想准备。他们只能等待和忍耐，在电力供应被切断的情况下，在黑暗中或蜡烛的微光中煎熬；饮用水的短缺，加上紧张恐惧感，让德军感到更加口渴。伤员没法后送；死者没法掩埋也开始腐烂、发臭。对英军密集而猛烈的炮击，德军很快晃过神来，准确判明这不是常规的炮火袭扰而是炮火准备。一旦英军停止炮击，只要地下掩体没被英军坑道工兵炸毁，他们就要架起梯子，爬上地面堑壕，应战英军进攻。

德国陆军第109预备役步兵团的掷弹兵埃米尔·屈里回忆："我们清楚地望见英军升起了16个（炮兵观察）气球，猜测这是英国人要打我们的先兆，可我们却无能为力。英军炮兵猛烈轰击，英国人的飞机也不断在我们头顶飞来飞去。我们完了，死亡或负伤将是我们的命运。"

在前沿堑壕后方，德军炮兵只能眼睁睁地看着一线堑壕表面阵地被英军炮火蹂躏而无能为力。虽然德军在索姆河地区也有很多炮兵连，并依托精心修筑的隐蔽阵地，但每当他们开炮时总会遭到英军密集的炮火反击。英军炮兵观察机也不断临空，要么给炮兵修正目标，要么紧盯德军后方，这让德军炮兵根本不敢轻举妄动。

另一方面，相对英军炮兵的"耳聪目明"，德军炮兵却是半聋半瞎；他们的飞机被英国陆军皇家飞行队驱逐，而炮兵观测气球一升空就被摧毁。即便是在地面的炮兵观察哨也很脆弱。德国陆军第26野战炮兵团的菲利克斯·基谢尔二级上士回忆道："我是一个观察小队的队长。我们的任务就是不分昼夜地监视英军战线后方的一举一动，通过英军炮口焰确定他们的炮兵阵地位置。我们在波济耶尔教堂塔楼、153高地和塞尔附近建了三个炮兵观察所。其中，教堂塔楼的炮兵观察所是（通观条件）最好的；（从这儿）我们可以看到英军战线后方约10公里的情况，比如机场、炮兵阵地和步兵的动态等等。但英军的炮火命中了塔楼，在最后一刻，我们抓住钟绳滑了下来，捡回一条命。"

不过，德军炮兵观察员们在这儿的几个星期已经出色地完成了自己的使命。凭借着地势高的优势，德军熟悉英军各段堑壕的一里一寸，英军绝大部分炮兵阵地和两军战线中间无人地带的各种地貌特征都深深印在德军炮兵观察员的脑海里。很快我们就将看到，当英军展开进攻时，德军的炮兵观察员们充分利用自己对地形的熟悉和准确的坐标测绘，引导炮兵群在一线步兵召唤下进行有力的炮火拦阻。为了那一刻，德军炮兵在英军炮火准备阶段没有还击，让英军误认为自己已经发现并摧毁了德军大部分炮兵群。

除开对铁丝网的炮击效果外，英军对五昼夜炮火准备的总体感觉还不坏。现在，他们忧虑的只有天气状况。在6月26日到6月27日

德军也并非不可战胜，他们也曾在法军75毫米山炮、步机枪火力打击下损失惨重

两天出现了强夏季风暴，6月28日清早还有大雨。虽然进攻日当天天气转晴，但道路和堑壕地面恢复干燥还需要相当时间。因此，英军将领考虑推迟进攻时间，可要下这个决心并不容易。毕竟参加进攻的部分步兵营已经进入了堑壕，剩下的步兵营也在开赴攻击前出发阵地的途中，而且炮兵弹药没有得到补充，如果贸然推迟进攻时间，延长期间的炮火准备能否保持先前的强度也是一个大问题。然而如果不推迟进攻时间的话，泥泞的战场会给拥挤的步兵行进带来很大的困难。另一方面，一线的英军部队也希望推迟进攻时间，这样就能让炮兵进行更长时间的炮火准备，更为系统地摧毁德军的堑壕系统周围铁丝网地带，而且让步兵准备得更充分一些。

1916年6月28日11点00分，也就是零时前21小时，英国远征军总司令黑格上将做出最后的决定：推迟进攻48小时，新的零时定为1916年7月1日07点50分。

随着零时的调整，各项准备工作也随之发生变动：炮火准备又延长了2天，当然炮击力度相对前5天减弱了不少。约200个步兵营和所有作战支援部队的作战进度表也要做出调整。已经进入攻击前出发阵地的步兵营不得不暂时回撤；还没能进入攻击前出发阵地的各营则原地休息，再等上2天。

对于英军大部分士兵来说，多等2天的时间让本来准备在6月29日大显身手的他们感到烦躁不安。不过，也有少数的士兵对推迟进攻日感到兴奋，比如英军第36（阿尔斯特）步兵师的将士们；7月1日是博因河战役纪念日，选在这个纪念日进攻别有一番意义。

1916年6月30日破晓时刻，进攻前一天。计划中的炮火准备进入到了第7天。曾经在德军堑壕系统周围长满了的黄色杂草和红色罂粟花，在炮火轰击下消失得无影无踪。德军防线内的各个村落也在猛烈的炮击下爆出砖红色的尘土，各座房屋被炸得稀烂。蹲在堑壕里的英军士兵，对每隔几分钟飞过头顶呼啸着砸向几码外的德军的数千发炮弹留下了深刻的印象。在长达一个星期的炮火准备阶段，英军共投入1437门各式火炮，发射炮弹1508652发，耗资近600万英镑。

虽然战役准备阶段一切看起来很顺利，但在全军期望的总攻击即将到来的最后时刻还是发出了一些不和谐的声音——泰恩塞德苏格兰旅2营营长、谢菲尔德城市步兵团1营营长和国王属约克郡轻步兵团8营营长因为各种原因离开一线。他们的离去，给部队的指挥权造成了影响，其中国王属约克郡轻步兵团8营不得不由一名上尉带领参加即将开始的总攻击。

为了缓解将士们在战前的紧张，部分英军部队别出心裁。比如林肯郡步兵团2营就在阿贝尔镇外的安克河附近的原野组织了一场别开生面的音乐会。全营800名将士欣赏了诸如《伯灵顿的贝蒂》、《把你的微笑给我》和《如果你是世界上唯一的女孩》等名曲。当演出结束时，营长雷金纳德·巴斯塔德站在安克河附近的一个小土丘上，平静地对将士们说："我不知道明天晚上我们还会有多少人能站在这里。"他的担忧并不过分，很快索姆河战役的残酷就将震惊整个世界，不过开打之前还有一天的时间。这24小时英军又在干什么呢？

|第六章|

最后时刻

6月30日下午，英军参加战役进攻的各个步兵营从战线后方各个村落出发，开赴攻击前出发阵地，留守后方的战友纷纷赶来送别。米德塞克斯步兵团2营的E.E.F.巴克上尉回忆道："做为副连长，我奉命留守后方。我还清楚地记得自己对他们说，'明天下午波济耶尔见。'（看着他们离去）我都快要流泪了；他们都是我的战士，而我却没跟他们一起上战场。"

各步兵营开赴战场，他们的军长、师长也赶来给他们送行。当第7步兵师的将士们行军经过时，一名资深准将控制不住自己的情绪，泪水夺眶而出。尽管场面感人，但利兹同城步兵团1营（Leeds Pals）的A.V.皮尔森列兵还是抱怨道："我的负重已经超出了人类的极限。当我们开赴堑壕，经过路边站着的师长和部分参谋身边时，师长给我们打气，'祝你们好运，孩子们。德国人的堑壕里不会有人幸存，我们的炮兵已经把他们全都送下地狱了。'然后，我猜想，他将钻进车里开回师部，享受美酒佳肴，而我们则像一群笨鹅般摇摇晃晃地踏上荣耀之路。"

当步兵快要进入堑壕时，大家都不约而同地沉默不语。布拉德福德同城步兵团2营（2nd Bradford Pals）的W.斯拉特尔列兵回忆道："当我们共赴危险时，越发强烈地感到战友情的升华。我对行军期间离我最近的士兵留下了特别深刻的印象。当年我才18岁，也就是还不满征兵要求的年龄就参军了，他比我年长几岁。当他对我说话的时候，我感到他几乎触痛了我，他似乎洞悉了我的恐惧并打算安慰我，也是安慰他自己。'别担心，比尔，'他说，'我们都会没事的。'他的语气就像一个妈妈在安抚一个受到惊吓的孩子似的。"

虽然大部分人临近前线都沉默不语，但还是有个别人精神高亢。格拉斯哥少年基督军营的G.E.沃勒列兵回忆道："出发的时候，绝大部分人都沉默不语，有极个别人却在唱歌。我不知道他们是不是神经了，但他们唱歌确实给我们享受和放松。”

当步兵更加靠近堑壕的时候，他们看到了几队骑兵，又开始谈论起突破作战。甚至连1914年就参战的老兵珀西·查普尔，在看到骑兵后就兴奋地认为这次进攻必将取得胜利。

最后，各个步兵营经过炮兵阵地，看到火炮群仍在朝德军阵地射击。看着炮兵们光着膀子、汗流浃背地操作着火炮，经过6昼夜持续不断的射击，炮兵们双眼布满血丝，耳朵也因为震破了耳膜而出血。预备炮手们跑到步兵那里，跟他们握手并祝他们好运。东肯特郡步兵团7营（7th Buffs）的F.P.威斯顿列兵就称：“走过一个炮兵观察所，一名少校给我们打气，‘再见了，孩子们。抱歉我不能和你们同行。’真是第一号玩笑啊！”

对于不少步兵营来说，这天的行军真是很“漫长”，一路上大伙不断停下来歇息。在一次歇息中，英军谢菲尔德城市步兵团1营的官兵们看到几个德军炮兵观测气球，高高升在天空。尽管英国陆军皇家飞行队付出了诸多努力，但德军还是在战前这个关键时刻把炮兵观测气球升上天空，及时看到英军堑壕系统背后公路网上正有数万步兵向攻击前出发阵地开进，准备展开攻击。

夜幕降临，参加第一波进攻的各个步兵营基本集结到位，前沿堑壕的交通壕里挤满了英军的各个单位，将士们都忙着寻找规定的阵地位置。在拥挤混乱中，经常有人找错位置，折回的时候就和其他找位置的将士挤在了一起。夜空中充斥着咒骂和推搡声，参谋们跑前跑后，试图疏导交通，恢复秩序。夜间在堑壕里找寻集结位置的确不是一件简单的事情，伦敦步兵团4营第1本土营（1/4th

▲ 德军原始的防毒口罩

London）的H.C.兰开夏一等兵回忆道："上级的命令是照明弹一升空照亮了周围就要卧倒。有一次，直到照明弹熄灭了我们还没前进。在一阵怒吼"继续前进"声后，一名连资深士官（C.S.M.）沿着堑壕跑过来看看究竟出了什么事我们没继续走。他发现我们的一名少尉在等倒在前面的人起来，但很快就发现（前面趴倒的）不过是一具尸体而已。"

集结过程大体顺利，但也有一些意外。邓恩郡志愿者步兵团C连（C Company of the Co. Down Volunteers）的5名阿尔斯特兵作为先遣队引导剩余力量前往蒂耶普瓦勒对面的森林里的集结堑壕。当他们所在的连队到位后，他们发现9、10、12排皆是全员到位，而自己所在的11排只有1名列兵到位。这名列兵述说的情况让人毛骨悚然——他们五人刚刚离开，德军的一发大口径榴弹就在11排的行军队形中爆炸，造成11排42人死伤，只有1个幸存者，即便是这名幸存者也被确认为是震弹症患者而送往后方。这次灾难让11排只剩这5名带路的幸运儿。更糟糕的是，德里志愿兵团1营（Derry Volunteers，Derry是爱尔兰的一个城市）营长在带队穿过堑壕底铺设的鸭板桥时不慎摔断了腿，不得不送往后方，错过了本营的第一战。

当一线的各个步兵营步履蹒跚地穿过堑壕进入指定集结位置时，英军高级将领也在各自的司令部里焦急地等待战役打响。现在，战役成败完全要靠一线步兵的勇气和技巧，将军们能做的就是等待。在离前线约11英里的博凯讷（Beauquesne）村的英国远征军总司令部前指，道格拉斯·黑格上将在日记里写道：

在上帝的帮助下我充满希望。将士们精神饱满……铁丝网从未如此轻易地被切断，炮火准备也从来没有那么彻底。

在凯里约（Querrieux，位于亚眠市维莱·博卡日县），英国陆军第4集团军司令亨利·罗林森起草了一份给第4集团军全体将士的通报：

愿各级将士好运，集团军司令衷心希望所有步兵单位都能相互协同，紧紧守住每寸既夺土地。炮火准备阶段持续而精准的炮火将极大地支援步兵作战。

22点17分，这份激情澎湃的通报被发往第4集团军各个单位。在拉布瓦塞勒对面的英军第34步兵师阵地，一名急性子的参谋官担心这份通报没法沿着堑壕通过人手传递送到一线各个单位手上，只得违反当时禁止占用野战电话线路的规定，通过电话把通报口头转达给一线各个部队。

签完通报，罗林森意尤未尽，又在日记里写道：

虽然战役结果没法（马上）知道，但我对自己充满信心，当然我明白胜利可能要经过激烈大战（才能获得）……

回到前沿堑壕，经过各师参谋官的努力，集结过程中的混乱逐步消除，参战的将士都抵达了指定的阵地位置。接着，他们坐下来休息一会儿。虽然离进攻时间还有几个小时，但英军还是往德军堑壕组织夜袭和巡逻，试图继续给德军造成今夜和以往没什么区别的错觉。在袭击和巡逻行动中，英军试图在进攻前一刻摧毁剩下的铁丝网。谢菲尔德城市步兵团1营派出的巡逻队就在防线对面的德军铁丝网地带炸开了一个口子，并在中间无人地带铺上白色纸板，引导英军部队在第二天的进攻中找到炸开的口子。第46（北米德兰）步兵师的一个巡逻队甚至在无人地带发现了完好无损的铁丝网群，由于位置隐蔽它们完全没有被英军炮兵观察员发现，幸运地躲过了英军的炮击。

不过，参加巡逻的英军毕竟只是极少数人，绝大部分士兵都只能等待。堑壕十分拥挤，连躺下来的空间都没有。为了打个盹，不少英军士兵只能倚靠在堑壕侧壁上，但大部分士兵都紧张得睡意全无。随着午夜的到来，也标志了1916年7月1日的开始。国王属约克郡轻步兵团10营的金氏兄弟，虽然同在一个步兵排服役，但却因堑壕内人头攒动，没法相见。迪克·金十分想念他的妻儿，特别是那从未谋面的襁褓中的小女儿，而他的大女儿克里斯汀的九岁生日恰好是1916年7月1日。珀西·查普尔，虽是一名身经百战的老兵，但还是很想念留在萨默塞特郡家里的妻子，当他遇到自开战以来就一直留在前线的4名常备军老兵后，他明白要见妻子还有很长的路。五位老兵静静地坐着聊天，谈到这次战役，他们都建议谁能活下来就去战死者坟头献兰花或蒲公英之类的鲜花。

一等兵查尔斯·马修和他的班一整夜都待在一个掩体里，他们将在清晨进入支援堑壕。当他们百无聊赖地等待清晨到来时，一名士官赶来把一名北安普顿兵叫去了后方。大家先是惊诧，然后羡慕地听说这个幸存儿获准回家休假。这名幸运儿刚刚下去，突然传来紧急报告声，紧接着一发子弹打中掩体侧壁；一名士兵的枪支走火。经过一番咒骂和抱怨，大家发现这次枪击事件仅有1人受伤，就是那位擦枪走火人员，他也被送往后方，这是7月1日英军第一批伤亡人员之一。

清晨04点00分，天开始亮了，英军已经可以从己方堑壕看到德军防线了。破晓时刻，天色平静，索姆河附近地区云雾缭绕，但各座高地却清晰可见。不一会儿，天空下起小雨，英军将领不由得担心进攻会不会遇到湿滑的路面。但并非所有人都讨厌这场雨。剑桥步兵营（Cambridge Battalion）的W.加斯科尔列兵回忆道："开始下雨了，我们摘下帽子去接雨水。雨下得并不久，可我们已经获得了足够解渴的水。"

在离拂晓炮火准备前2个半小时、步兵进攻前3个半小时，英军才向一线士兵通报进攻时刻——零时的确切时间。利兹同城步兵团1营的A.V.皮尔森列兵回忆道："清早，我们连长在巡视检查时，通知我们零时是07点30分。在此之前，我们一直以为进攻肯定会在拂晓前发起，这可是标准进攻时间（安排）啊。可现在，07点30分，为什么要选在大白天开打呢！"

此时，正值吃早饭的时间，各单位都收到了各类早餐，有些运气好的单位甚至收到了热腾腾的早饭。泰恩塞德爱尔兰旅3营（3rd Tyneside Irish）的W.J.怀特中尉回忆道："我记得在营部掩体里借助微弱的烛光炒了一盘培根。营长和其他几名参谋军官都在那里，每个人都很兴奋。大家士气很高。"

相对早饭更受人欢迎的是热饮。谢尔伍德森林者步兵团5营第1本土营的W.迪斯尼一等兵回忆道："一个个装满热咖啡和朗姆酒的汽油桶被送来。对站在积水的堑壕里，感觉既冷又苦的我们来说，（热咖啡和朗姆酒）无疑是最受欢迎的；谁会在意那点汽油味呢？"部分单位，甚至给一线将士们送来许多朗姆酒。阿尔伯特·麦克米兰是第一次在堑壕里度过清晨，他兴奋地环顾四周，虽然他从没喝过朗姆酒，但他还是一饮而尽。

有人欢喜有人忧，在许多步兵营享受早餐的时候，也有一些步兵营既没能吃上东西，也没有热饮，更没有朗姆酒——什么都

林肯郡步兵团的新兵

北安普顿步兵团6营的部分下级军官、士官合影，最左边叼烟那位是马修

没有。要么是因为营里的后勤组织太差，要么就是军工在拥挤的堑壕里迷了路送不上去，这意味着他们将饿着肚子上去打仗。菲利普·霍威中尉认为配给给手下的朗姆酒肯定是在途中给弄丢了，于是他亲自去找，还果真给他找到了，这个行为让他更加受全排将士的爱戴。

在吃早饭后，参加进攻的各个步兵营也占领了出发阵地。查尔斯·马修一等兵带着他的班离开掩体，前往支援一线各个步兵营背后的集结堑壕，准备用火力支援步兵冲击。马修不知道的是，他的阵地位置正对即将遭到坑道爆破的德军卡斯诺据点。不过，他并不在前沿堑壕，所以距爆炸点还有相当距离。

清晨05点30分，A.M.雷金纳德·巴斯塔德中校奉命和其他营长一起到旅部开战前的最后一次会议。当简短的讨论会结束后，大家一起对表并互祝好运，接着四位营长返回各自步兵营。

就在这时，前线突然发生了一些不祥的

预兆。原本在夜间还是袭扰规模的德军炮兵突然加大了对英军防线的轰击力度。不少英军士兵认为德军很可能得悉了英军即将进攻的消息或是他们已经怀疑今天是不平凡的日子。虽然部分英军阵地没有遭到炮击，但还是有不少英军的前沿堑壕群、机动路和炮兵阵地遭到了德军猛烈的炮轰。德军突如其来的猛烈炮击让英军感到十分惊诧：不是说德军炮兵已在持续一周的炮火准备中被打掉了吗？怎么还有那么强大的炮火反击能力！

在德军的炮击下，英军士兵只能尽量蹲下来试图减少暴露面积，但堑壕太拥挤了，德军炮兵根本不需要刻意瞄准就可以轻松命中并杀伤目标群。在炮击中被炸死的士兵尸体立即被抛出堑壕，伤员则被紧急后送以免堵塞堑壕。这一时间受伤的英军士兵们，无疑是索姆河战役中最幸运的人士；既避免了接下来残酷的血战，又能在战役打响之初就得到后方枕戈待旦的卫勤部门的及时精心救治。绝大部分没有受伤的将士们只能一边忍受德军炮击，一边希望时间能过得快一点，进攻时刻能早点到来。在英军士兵看来，待在堑壕里放任德军炮击简直糟糕透了。

在持续七天的炮火准备中，英军炮兵每天早上都在06点25分到07点45分进行猛烈的集中弹幕射击。可在7月1日清晨，英军炮兵却从07点30分才进行炮火延伸，比炮火准备阶段结束集中弹幕射击还早了15分钟。英军希望利用突然变更炮击规律，将德军在英军进攻前的一刻抑留在掩体里，防止英军步兵开始冲击时德军蹲在堑壕里准备迎击。

在德军炮击力度一般的地区，英军在己方进攻炮火准备开始前却是一片平静。利物浦同城团3营（3rd Liverpool Pals）的J.G.哈纳格汉列兵回忆道：“这是一个万里无云的蔚蓝色的早晨。连一丝凉风都没有，显然这将是炎热的一天。奇怪的是，我们听不到一声炮响，我们都听说炮火准备是在06点25分开始。（炮击）效果真是糊弄人。”

对绝大部分英军步兵来说，这是他们第一次近距离欣赏英军炮兵的弹幕射击，兴奋极了。他们可以清楚地看到，炮弹呼啸着从头顶飞过，狠狠砸在几百码（有时甚至是200码）外的德军堑壕里。萨默塞特轻步兵团1营的将士们就坐在堑壕的侧壁护栏上，看着密集的炮弹砸向德军阵地，欢呼雀跃。有人评价：“好像他们在伦敦的一个公园里看焰火表演似的”

不过，面对英军猛烈的炮火准备，德军不再像先前那样沉默。在部分地段，德军炮兵对英军炮兵施以同样猛烈的炮火还击。特别是在戈默库尔地区，英军2个步兵师遭到德军炮兵极为猛烈的炮火还击，虽然被轰得很惨，但他们却出色地完成了战役计划中的吸引钳制德军炮兵火力的任务。

英军号兵比尔・索尔在戈默库尔突出部就亲身经历了德军的炮火还击。他身边的一名战友被滚烫的弹片击中，脖子上至今还留着深深的烫伤烙印。幸好索尔受过担架兵业务训练，他反应很敏捷，先给伤员止血，然后协助把他抬下了战场。

戈默库尔地区的英军的痛苦可不止这么一点点。伦敦苏格兰团1营C.J.洛夫少校回忆道：“07点30分前，我手下一位排长和我对表，他刚刚对完离开就被一发炮弹击中身亡。在这种情况下，我别无选择只能（以少校的身份）接替他临时领着他的步兵排参加第一波攻击。这可不是什么英雄主义，纯粹是战场需要，我不得不这么做。”

随着零时的迫近，英军显得越来越紧

张，许多将士跪下来祷告，祈祷自己能活着回去，千万别被那该死的子弹打中。为了缓解大家紧的张情绪，英军军官和士官们以身作则，最大限度地保持冷静，以榜样的力量影响着属下。珀西·查普尔在战前最后时刻检查手下士兵时，发现除了一名年轻士兵不由自主地哭泣外，绝大部分人都很冷静。紧张之下也有少数例外，两名贝尔法斯特士兵就用手榴弹当众玩起了游戏，他们对即将到来的进攻取得胜利充满信心，认为这绝对是一次“阳光下的散步”。

即便是零时将至，德军的炮兵还是打个不停。索尔福德同城步兵团1营（1st Salford Pals）的J.伊斯特伍德列兵回忆道：“德国人用他们的怀兹砰和榴霰弹猛烈还击，他们知道我们要来了，不管怎么说，我们目前仍旧挤在一隅。7点左右，埃尔德中尉对我说，‘伊斯特伍德，去通知左翼的7排。请代我向7排排长问好（他一贯都是很有礼貌的），告诉他零时是07点30分。’当我来到7排，却看到排长中尉躺在地上盖着防潮布。他刚被弹片击中身亡。”

07点20分，英军炮火准备达到顶峰，炮手们采取最大射速猛烈轰击德军战线。英军榴弹炮和加农炮，在射程较近的臼炮配合下，一齐对德军堑壕实施猛烈的短促弹幕射击。德军前沿堑壕、堡垒和强化村落在英军极为猛烈的炮火打击下千疮百孔。目睹英军炮兵威力，即便是对炮火准备最不看好的人也开始充满信心。

在英军炮兵甩开膀子以最大射速轰击德军的同时，部分英军步兵也开始前进。部分英军师长和旅长决定让第一波攻击的步兵利用己方炮火准备压制德军堑壕的有利时机，抢在零时到来前进入两军战线中间的无人地带，进一步缩短对德军堑壕的冲击距离。根据上级的命令，将士们架起梯子，穿过己方铁丝网，然后展开成计划规定的宽大的战斗队形，慢慢摸向开阔地。在强大的炮火轰击掩护下，大胆先于零时出击的大部分英军将士都安全抵达两军中间的无人地带，但还是有部分勇敢的德军操起武器顽强还击。英军米德塞克斯步兵团4营的一名观察军官就估计部队受到至少6挺机枪的打击，其中4挺在弗里库尔村落的废墟，剩下2挺在德军堑壕。

在正式发起步兵冲击前，还有一场好戏上演——引爆坑道地雷。当天07点28分，英军要把埋在德军前沿堑壕各个重要据点底下的3枚大型地雷和7枚小型地雷全部引爆。这个举动将使英军步兵在进攻前只有两分钟时间处理爆炸造成的碎片。当然，还有一个例外，那就是在最北面的地雷，埋在博蒙·阿梅尔附近的山楂岭（Hawthorn Ridge）的德军堡垒下，于07点20分被引爆。对这枚地雷的引爆时间，英国陆军第8军军长亨特–威斯顿中将希望比零时早几个小时，可遭到手下军官一片反对声。大家认为，引爆地雷的时间还是应该遵照英国远征军战役计划的统一时间07点28分进行。最终双方妥协的结果是把地雷引爆时间定在07点20分。亨特–威斯顿打算让手下的将士们在进攻打响前夺取并巩固爆破炸出的弹坑，为即将到来的总攻击打下良好的攻击前出发阵地。但是，他的建议却被英国远征军总部给拒绝了，他们担心过早引爆虽然炸掉了堡垒，但也容易让德军在第一时间迅速反应过来，占领弹坑。

进攻前，英军坑道工兵完成了最后的作业；炸药准备妥当，电路电线也再次检查确认。坑道工兵军官们半跪着焦急地看着手表，以求准时压下起爆器。在地面，英军步兵

◀ 1916年夏在索姆河战线的德军210毫米榴弹炮和炮兵

◀ 1916年春，戈默库尔突出部的德军第91预备役步兵团堑壕阵地，他们在索姆河战役中面对的是英军第46（北米德兰）步兵师

也在紧张地等待着爆破时刻的到来；许多人知道爆破点就在前方不远处，都睁大眼睛想看看结果。

正对山楂岭堡垒的是年轻的英军士兵阿尔伯特·麦克米兰，他打算牢记自己在战争中第一天看到的所有景象。爆破时，他的位置仅距山楂岭堡垒约500码。07点20分，地雷准时起爆，一阵巨大硝烟夹带着尘土和白垩土飞向天空，这个情景给麦克米兰留下了极为深刻的印象。他很快意识到这是他在战争中第一次看到如此猛烈的爆炸。当然，这个“美景”并没有欣赏多久，强烈的冲击波就通过地表传到了他的堑壕，把他震飞撞上两侧壁，然后重重摔在地面。麦克米兰躺在堑壕的地面上直哆嗦，“难道这就是战争的恐怖吗？”还没等他细细品味过来，副排长就站到了他的面前："你这个傻小子。"

做为对英军提前引爆山楂岭堡垒下埋设地雷的回应，德军随即集中强大的炮群对这一地带的所有英军堑壕进行猛烈反击。德军步兵也警觉起来，对英军堑壕组织射击。皇家骑炮兵15旅（15th Brigade R.H.A.）的上尉C.J.P.博尔就回忆道："短短5分钟时间里，我就看到阵前尘土飞扬，似乎德军的每挺博凯机枪（Boche machinegun）都拼命朝我们射击，密集的子弹射击看起来就像冰雹似的横扫我们的阵地。"

07点28分，埋在拉布瓦塞勒公路两侧的特大号地雷——每个都有24吨TNT——按时引爆。这是第一次世界大站中西线被引爆的最大号地雷。可面对如此宏大场面，正对拉布瓦塞勒的英军格里姆斯比密友营的H.本津中士却一点都不兴奋："我们都很清楚它们引爆的时间。一位列兵精神抖擞地倚靠着堑壕一侧，然后一腿搭到另一侧。当地雷爆炸时，强烈的冲击波把他搭在堑壕另一侧的腿从膝盖以下震断，后来我得知他被迫截肢。"

07点30分，沿着18英里宽的英军前沿堑壕，6万多人正准备投入进攻。他们已经做好了充分的准备，步枪装好刺刀、拉栓上膛，最后一次调整了沉重的背包。年轻的军官，许多人一年前还在读书，这个时候却口含哨子，异常紧张盯地着手表，等待最后时刻的到来。

战斗成败就全靠这些普通的将士们了。在头半个小时的战斗中，将领们的作用甚至还不如普通营长。一切全看上尉、中尉、少尉、一等兵和列兵们了。英军贝德福德步兵团7营（7th Bedfords）J.J.卡曾斯一等兵的话代表了当时所有参战将士的心声："看在上帝的份上，我们上路了！"

|第七章|

零时

当时针精确指到07点30分的时候，一阵可怕的寂静突然降临整个战场。原来，英军炮兵结束了对德军前沿堑壕的集中弹幕射击，正在调整射击诸元，准备对德军防御纵深进行炮火延伸。巧合的是，在英军炮兵停止射击的一瞬间，德军炮兵也同时沉默了。战场的突然死寂让双方士兵倍感压抑；不过万里无云、阳光明媚的好天气和鸟儿在堑壕上空高歌翱翔，又使人暂时忘却了眼前的战争。英军巴恩斯利同城步兵团1营的M.阿斯奎斯中尉回忆道："突然间，仅仅几秒的工夫，一切似乎都沉寂下来，射击停止了。我走上走下对士兵们说，'真无趣。'一股失望感涌上心头，尽管持续时间并不长。"

短暂的沉寂不过几秒的功夫，英军炮兵群很快就重新怒吼起来，猛烈轰击德军第二道堑壕线。与此同时，英军堑壕里排班长的哨音和吼声满天飞。一片吵杂声中，索姆河战役拉开了帷幕。

首先接敌的是已经潜伏到两军战线中间无人地带的部分英军部队。他们排成长列，士兵们左右看齐，好像要等着参加一场阅兵仪式似的，按照精心排练的队形在军官的带领下匀速阔步走向德军。既没有冲击，也没有喊杀声。

但对于大部分参加进攻的英军部队来说，他们的第一项任务却是要先爬出堑壕。攀着梯子首先爬上去的是各位排长，接着才是背负沉重武器弹药装备的士兵们，军官们一边扶着护栏沿堑壕走动给将士们打气，一边拉一把那些负重太大、行动不便的士兵助他们爬出堑壕。

爬出堑壕后，英军士兵们面对的第一个难关就是如何通过己方的带刺铁丝网地带。部分部队带着鸭板，很快在铁丝网地带架桥通过，可大部分部队不得不从昨晚在铁丝网地带剪开的狭窄口子通过。这时战斗已经开始，绝大部分士兵不再恐惧；他们很清楚自己

▲零时已到，勇敢的英国大兵们端着刺刀冲出了前沿堑壕

该做什么，周围都是自己的战友，前面还有勇敢的军官带路。他们很快穿过了己方防线前沿的带刺铁丝网地带，并排成整齐的队形一波波走向德军阵地。

对英军的进攻，德军却早有防备；他们的反应迅速而致命。他们迅速进入阵地，组织对英军的致命火力打击。在戈默库尔突出部，一名进攻的英军士兵清晰地听到了德军哨兵吹起的响亮号声，通知掩体里的战友们迅速进入阵地。不一会儿，德军第一批机枪就投入战斗，轻松找到了一群群"活靶子"。不少英军士兵挣扎着爬出堑壕时就被密集的机枪子弹打中而踉跄跌回堑壕，部分英军士兵甚至在跌回堑壕前就一命呜呼了。布拉德福德同城步兵团1营的W.H.T.卡特列兵回忆道："德军的机枪火力十分恐怖。我们的上校沿着堑壕刚刚爬了几步就中弹了。我帮他硬是撑着堑壕侧壁，逐步爬上堑壕顶部。可还没等我站起来，一发机枪子弹就打进了我的钢盔。我感觉自己像是被一个大锤砸了一下似的。我（摘下来）瞥了一眼钢盔，发现它完全被打碎了。"

更糟糕的是，德军很快发现英军铁丝网地带的部分口子，马上集中机枪火力把这些狭窄的走廊变成了死亡陷阱；许多英军士兵试图避开他们死伤的战友，在铁丝网地带的口子不断躲闪却还是接连中弹。

尽管遭到了意料之外的激烈抵抗，但英军士兵还是毫不犹豫地继续出击，越来越多的官兵爬出堑壕，排成整齐的队形走向德军阵地。可这时的英军士兵们感到很困惑，将领们在战前动员时不是说对面的德军已经全被炮火给炸死了么，怎么现在抵抗还这么强烈？德里志愿兵团1营的J.德文涅列兵回忆道："我们不知道为什么情况会是这样，刚刚出堑壕几码，一发怀兹砰就打中了我们排长的脖子，他的脑袋瞬间搬家。"面对突如其来的德军密集火力打击，彷徨的英军士兵也没有时间多想，纪律和训练代替大脑控制着他们的肢体行动。利物浦同城步兵团1营的W.L.P.邓恩列兵也回忆道："当时脑子里唯一的想法就是要快点冲到目的地并守住它，'为了英国'的想法在我的脑海里占据一切。这是当时我的

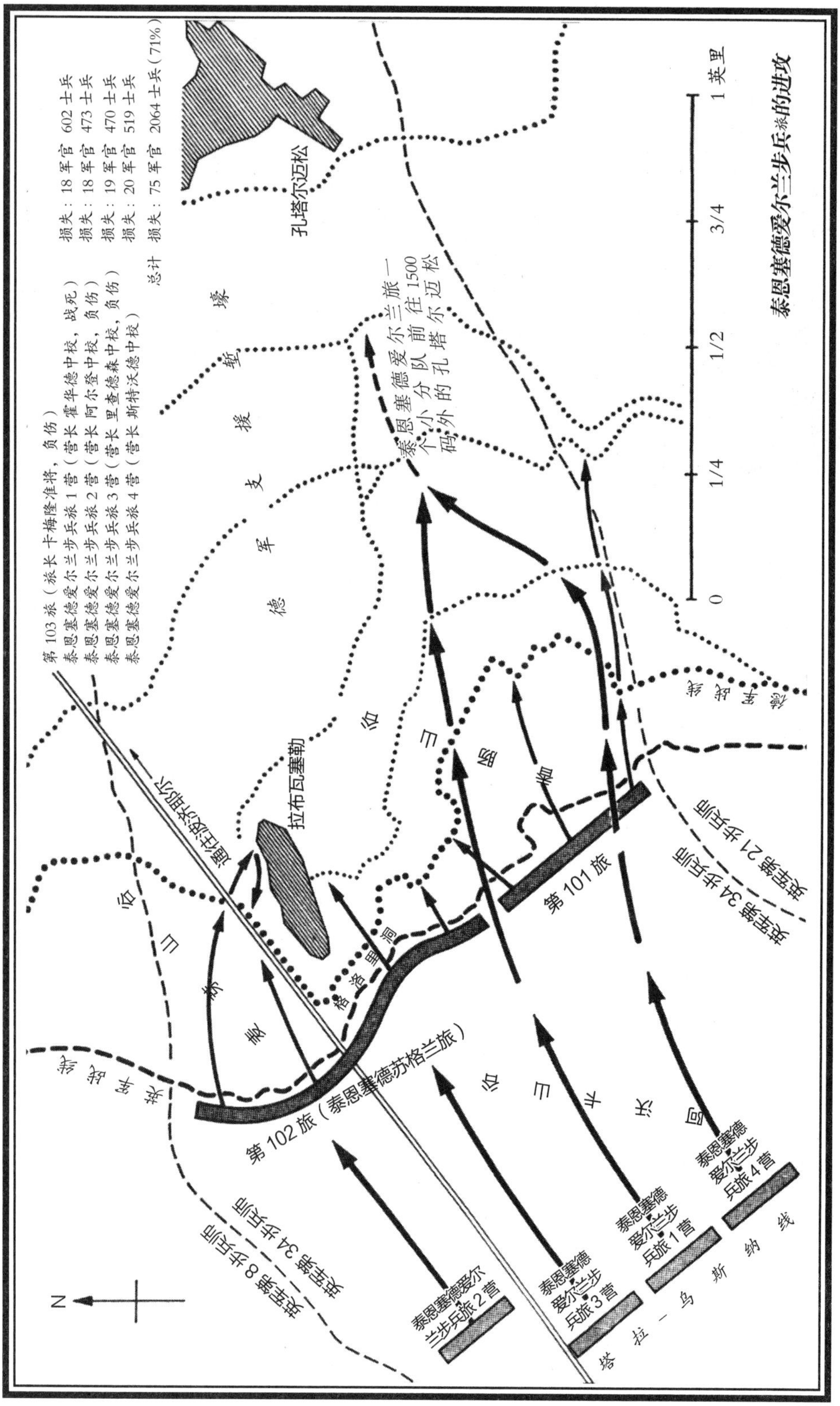

泰恩塞德爱尔兰步兵旅的进攻

真实想法，而不是什么英雄主义。”

在戈默库尔突出部，英国陆军第46（北米德兰）步兵师的进攻一开始就遇到了麻烦；似乎一切都不顺利。刚刚过去的潮湿降雨天气，让该地区的部分将士们在深及膝盖或腰部的泥水里泡了一夜，苦苦等待进攻时刻的到来。当晚德军的炮火十分猛烈，给第46（北米德兰）步兵师造成了许多伤亡。7月1日07点30分，当进攻时刻到来时，虽然该师释放烟幕减少了己方士兵在德军炮火下的伤亡，但也给自身造成了一定的混乱。在戈默库尔的最左翼，号兵比尔·索尔将随同他所在的步兵营的第二波士兵一起冲击，但出堑壕后他们却没法排出整齐的队形。索尔只能和其他士兵临时结伴，利用烟幕带掩护冲向德军堑壕。

在英军东萨里郡步兵团8营阵地上，内维尔上尉的4个步兵排，每个排带上一个足球，争先恐后地爬出堑壕，冲击德军阵地。内维尔亲自“开球”。对内维尔的举动，附近的皇家苏塞克斯郡步兵团8营（8th Royal Sussex）的L.S.普里斯列兵回忆道：“当炮火突然停下来（弹幕射击和延伸射击间歇）的时候，我看到一个人爬上堑壕护栏进入无人地，然后示意其他士兵跟进。接着他一脚开球，这是一脚漂亮的踢球，足球朝着德军战线直飞过去。这似乎是要部队冲锋的信号。”

爬出堑壕且越过己方铁丝网的英军士兵们按照计划，迅速编队，一弹不发地开始前进。目之所及，英军一排排整齐地稳步前进，枪支高举胸前，刺刀在阳光的映照下闪闪发光。格拉斯哥商业步兵团1营的L.C.帕尔默一等兵回忆道：“我们迎着明媚的阳光爬出堑壕，天空中鸟鸣声不断，似乎都要盖过炮声。”在拉布瓦塞勒，4个泰恩塞德苏格兰旅步兵营在悠扬的苏格兰风笛声中投入了战斗。

谢菲尔德城市步兵团1营进攻之初的要做第一件事情就是到处寻找昨晚放的指引德军铁丝网缺口的白纸板。遗憾的是，这些白纸板全都不翼而飞了。精明的德军士兵在夜间发现了英军的举动，把这些白纸板都拿走了。

沿着18英里宽的战线，英军进攻部队很快开始踏上两年来昼间都无人敢来的两军战线中间无人地带。在这里，弹坑并不多见，倒是野花杂草丛生，小动物们也上下蹦跶。在戈默库尔，英军第56步兵师的一位营副官踏进无人地带时，突然碰上一只蹦蹦跳跳从脚下经过的兔子。突如其来的邂逅让两者都吓了一跳。

抵达无人地带中间线时，英军部队再次成为德军机枪手绝好的目标。在一阵阵清脆的“哒哒哒”机枪射击声中，密集的子弹束飞进了英军战斗队形中。在德军密集火力打击下，英军整波整波被扫倒，死伤枕藉一排又一排，幸存的伤员要么躺在地面上装死，要么就寻找隐蔽，由于弹坑太少，英军几乎没有什么地物可依托隐蔽，无人地带成为了名副其实的死亡之地。为了在弹雨下求生，许多人甚至躲在一具战友尸体后，紧紧贴着地面躲避密集射来的机枪子弹。英军剑桥步兵营的W.J.塞内斯科尔列兵回忆道：“士兵们排着长长的队形，像阅兵般地挺枪行进。这时德军也开始射击。他们的机枪子弹漫天飞舞，扫到哪里，哪里就倒下一片。我看到士兵们一个接一个握枪倒下。军官们和身后的士兵们几乎同时倒下。不一会儿，又一波英军士兵上来。这次，德国人照样做好了准备，没有让他们多前进一步。”

布拉德福德同城步兵团2营的W.斯拉特尔列兵回忆道：“一开始，我们还没感觉到要出

◀ 跃出堑壕、艰难前进的英军士兵

事；我们排着整齐的队形就像在公园散步似的（走向德军堑壕系统）。不一会儿，我们突然就走进了密集的机枪火力风暴中央，我看到周围的士兵中弹时以各种各样的姿势倒下——这可不是电影中演员可以做到的。”

在马梅斯外围，德文郡步兵团9营由于前沿堑壕受到德军炮火猛烈轰击而严重受损，不得不后退从支援堑壕跃出攻击。马丁上尉率领他的步兵连在零时出发，期间他们凭借一座长满曼塞尔灌木丛的圆丘得到了一段时间的掩护。当他们冲上圆丘顶部开始下山时，却完全进入了在英军炮火准备中幸存下来的德军的良好视野里。

一挺德军机枪就架在马梅斯村外的一个神祠基座里，其位置和马丁上尉预料的一模一样，距德文郡步兵团9营仅400码，对一名称职的机枪手来说，在这个距离可以轻而易举地干掉对手。（在英军炮火准备中）这挺德军机枪没有受损，机枪手也活了下来，当机枪开火时，火网完全抓住了暴露在下坡面的德文郡步兵团9营，密集的火力当即把英军成排扫倒在地，这其中就包括了马丁上尉，他就死在自己制作的沙盘模型中预估的本连遭厄运的下坡面灌木丛地点。

尽管遭到猛烈的火力拦阻，但英军步兵却没有退缩。虽然冲在最前面的几个英军攻击波已经被猛烈的机枪火力打垮，但幸存的将士还是坚持前进。在他们身后的各波英军也遭到同样猛烈的机枪火力打击，很快也只剩下寥寥幸存者继续前进了。英军将士们清楚地听到了德军机枪的射击声；他们也清楚地看到了四周的战友们要么中弹后一声不吭地倒毙在草地里，要么负伤哀嚎；面对突然遭到如此猛烈的火力打击和惨重伤亡，有些人感到震惊、有些人感到愤怒，有些人感到恐惧，但绝少有人意志动摇。

步兵进攻不顺，工兵也出了问题。本来该在07点28分一齐引爆的地雷却有一枚没有爆炸。皇家工兵军官正等着按下埋在德军卡斯诺据点下的地雷起爆器时，却惊恐看到周围到处都是刚刚爬出堑壕的英军步兵，正排出整齐队形进入无人地带。看着步兵已经拥了上来，他有点犯难了。这枚重5000磅的地雷已经准备妥当，而卡斯诺据点的一挺德军机枪正朝踏进无人地带的英军步兵开火，英军步兵损失惨重。究竟是炸还是不炸，经过短促的思想斗争，他还是压下了起爆器。随着一阵惊天动地的巨响，地雷爆炸了。

在地雷爆炸时，英军埃塞克斯步兵团10营（10th Essex）的一名班长E.J.费舍尔一等兵刚刚走进无人地带，他回忆道："我往左看确定士兵们是否还能保持队形的时候，却望见终生难忘的一幕。一股巨大的硝烟，在我们前面，离我大约100码的地方升起。当时，我一边前进一边紧盯着它，但并不清楚出了什么情况。腾起的巨大硝烟就像纳尔逊纪念柱那么高，然后慢慢消散。在我意识到怎么回事以前，夹杂石块和白垩土的巨块，部分还燃烧着，纷纷扬扬砸在我们前进的部队的头上。"

虽然坑道爆破效果惊人，但皇家工兵引爆太迟，加上安放地雷的位置太浅，炸起的石头和土块没有落在弹坑里，而是超出了弹坑范围，导致至少4个不同番号的英军步兵营官兵被石块砸伤，蒙受了很多伤亡。

迟到的爆炸也让德军大吃一惊。他们在卡斯诺据点的机枪火力点全部被炸飞，机枪手也随之湮灭；附近的据点非毁即破。不一会儿，英军步兵缓过劲来，意识到这是自己工兵的杰作，遂利用这个有利的机会迅速冲到弹坑边，突入德军前沿堑壕。

在距卡斯诺据点300码处，查尔斯·马修和他的火力班仍待在英军预备堑壕里。他对英军工兵爆破卡斯诺据点的计划一无所知。当碎片乱石飞上天空，然后四散砸落时，他们还以为是德军坑道工兵在英军前沿堑壕下实施坑道爆破呢。这枚英军地雷的爆炸威力是如此之大，以致于白垩土和土块远远砸到马修的堑壕边上，接着触地粉碎，散落下来的图埋到了他的腰部。最糟糕的是，他的步枪也被砸坏了，甚至连同他的一袋手榴弹也给埋了；幸运的是，这些手榴弹并没有插引信，所以没炸。倒霉的马修是班里唯一的伤员，但很快就有战友过来帮他刨土。

除了像割稻草般夺去英军生命的德军机枪外，很快又出现了一个新的威胁——德军炮兵。截至目前，德军炮兵都还在稳步轰击英军炮兵阵地、后方和前沿堑壕。可当各种迹象表明英军的总攻完全开始后，德军炮兵迅速转移目标，集中炮火轰击无人地带中间线和英军前沿堑壕地带。德军炮火射击的规模和精度都让英军震惊不已，在他们看来战前持续7天的炮火准备应该把德军大部分炮兵都给收拾掉了，可为什么，为什么他们还在呢，而且还打得又猛又准，简直不可思议！沿着无人地带中间线，德军的炮火几乎形成了一堵火墙。

虽然英军第一波进攻步兵躲过了德军的弹幕射击（但却被机枪火力给收拾掉了），可接下来的第二波和第三波步兵却没能躲过德军的密集炮火打击。皇家沃里克郡步兵8团1营的E.C.斯坦利列兵回忆道："在左边，我可以看到西约克郡的步兵们在前进时遭到大口径榴弹轰击，许多人向前倒下。我的第一感觉是他们似乎在找鼻帽（这是当时英军最感兴趣的德军战利品），过一会儿我才意识到他们是中弹倒下。"贝德福德步兵团7营的J.J.卡曾斯一等兵回忆道："在我两边的士兵纷纷中弹倒下，炮火和机枪火力的尖啸声几乎盖过了我们的炮声。没有人清楚我们该怎么办才好。"诺福克郡步兵团8营（8th Norfolks）的J.诺顿下士回忆道："在我们继续冲击前，德国人的火炮也加入了这首战地交响曲的奏乐，我清楚地看到一发大口径榴弹飞了过来，在半空中爆炸并炸倒了我背后的A连一名士兵……"

到目前为止，迪克·金还是很幸运的。零时到来前他的步兵排就已经潜伏到无人地带，并卧倒隐蔽等待进攻信号到来。07点30分，排长吹响哨子，国王属约克郡轻步兵团8营开始行动。就在这时，德军一挺机枪突然开火，给他们造成很多伤亡。迪克·金的兄弟弗兰克刚刚站起来就被一发子弹贯穿双臂和肺部，身负重伤。

迪克·金躲过了德军的火力打击，带着里维斯机枪班迅速前出到覆满青草的山坡。骄阳似火，让背负着沉重装备的他们汗流浃背。虽然躲过了机枪火力的打击，但他们很快又面临新的威胁。在没有任何警告的情况下，德军炮兵发射的密集弹群在无人地带中间线落下，其中一排大口径榴弹甚至直接在国王属约克郡轻步兵团8营的第一波步兵队形中爆炸。当幸存的英军士兵艰难地在硝烟和尘土中站起来时，却发现迪克·金已经不翼而飞——一发炮弹在他身边爆炸，把他炸了个"粉身碎骨"。

▲ 在堑壕里神色严峻的英军士兵，胜利女神究竟会青睐哪一边呢？谁也说不准

珀西·查普尔所在的萨默塞特轻步兵团1营某连按计划是在先锋营出击3分钟后跟进，可规定时间还没过去，后方的部队又涌了上来，急匆匆往德军防线压。查普尔赶紧问连长怎么办，连长也很果断地答复：马上前进！不一会儿，他们就前出到无人地带对面，在德军炮兵射出的弹群落到他们身后前就差不多冲到了德军铁丝网地带。看着密集飞过来的炮弹，查普尔很庆幸自己先前做出的正确决定，避免遭到德军炮火的"洗礼"。大呼幸运之余，他回头查看，却发现萨默塞特轻步兵团1营剩下各连毫不犹豫地迎着德军的炮兵火力网走过来，虽然不断有部队赶到他身边，但数量却少得可怜。

对英军步兵的举动，我们很容易想到用坚定和勇气等词来形容，可这种几万普通英军步兵背负着沉重的武器弹药装备，穿过几百码的炮火和机枪火力封锁区才能靠近德军防线的举动，准确地说应该用壮举二字来形容。这些英军士兵排着如同阅兵式般整齐的队形，稳步穿过死亡火线，无畏地朝德军防线走去。

这种大无畏的精神甚至让一些在无人地带的弹坑里隐蔽的伤员们也受到了感染，主动爬起来义无反顾地随同战友们一起前进。埃塞克斯步兵团2营的G.T.拉奇列兵回忆道："期间，我曾和一名下巴重伤的士兵穿过无人地带一起前进，他一直坚持着直至倒下来为止。"

那些突破了德军炮火和机枪火力封锁区、冲到德军前沿堑壕跟前的英军幸存官兵，在经历了几个月沉闷的堑壕战后，第一次面对面看到了他们的敌人。埃塞克斯步兵团10营的里维斯机枪手W.G.桑德斯一等兵对在前沿堑壕和德军第一次遭遇的经过回忆道："翻上（堑壕），我注意的到头一件事就是高草顶部为什么尘土飞扬；这是敌人的机枪瞄准我们的腰部高度射击所致。很快，我们就明白德国人干的一切了。我们的人倒了一地，一些人哀号'我中弹了'或'我快完了'，一些人干脆连话都说不出。然后，当我们要继续前进时，一群德国人不知道从哪里冒了出来。我赶紧给了他们一梭子弹，可当我们扑上去要干掉他们的时候，却发现他们全都举手投降了。"

谢菲尔德城市步兵团1营的A.弗雷特维尔列兵回忆："当我靠近德军堑壕时，我发现他们中部分人举着双手走出来，可当他们看到我们居然有这么多人中弹（倒下）时，他们改变主意又溜了回去。"

菲利普·霍威中尉也顺利渡过了无人地带，他的目标是德军第一道堑壕后方一个名叫洛里的堑壕。他奉命率领他的步兵排作为全营第一攻击波，在抵达目标前不准停下来。领命前进的菲利普·霍菲以最快的速度冲刺越过了无人地带。一路上，他听到子弹嗖嗖地从周围飞过，但却像长了眼睛似的没有一发"咬上"他，在没有任何人跟上的情况下他继续前进，很快就冲到德军铁丝网地带，却发现铁丝网已被摧毁，而德军前沿堑壕里也只发现一名德军而已。

这名德军是个军官，他勇敢地冲上来朝霍威和跟进冲上来的全排将士投掷手榴弹，给人的感觉是他好像要一个人对抗整个英国陆军似的。双方隔着弹坑，霍威拔出左轮枪，和那名手持手榴弹的德国军官对峙，结果是霍威排里的一名士兵用步枪准确爆头，射杀了这名德国军官。这段小插曲结束后，菲利普·霍威继续朝洛里堑壕（Lonely Trench）挺进。

最让英军气不过的是，他们在无人地带遭到德军密集的机枪火力和猛烈炮火打击下，蒙受惨重损失的同时，德军官兵竟然站在堑壕的护栏上，傲慢地狂呼和嘲弄倍受打击的英军。格拉斯哥少年基督军步兵营的L.拉梅奇列兵回忆道："当我靠近德军堑壕时，发现德军士兵肩并肩地沿他们的前沿堑壕护栏倚靠着，并（挑衅式）招手让我们过来。"

接着，逼近德军堑壕的英军开始跨过德军阵前最具争议性的障碍——德军的铁丝网障碍带。战前，英军将领曾对手下吹嘘说，己方的炮兵和迫击炮火力已经把德军堑壕前沿的铁丝网障碍带摧毁殆尽，可不少巡逻队却回来报告说德军堑壕前沿的铁丝网障碍带依旧完整。那么，究竟是谁在夸大事实呢？沿着18英里的漫长战线，这个问题确实没有准确的答案；是面对完好的铁丝网还是被摧毁的铁丝网，全看参战将士的运气了。像菲利普·霍威这样的，发现德军铁丝网障碍带已被摧毁，顺利穿过去直抵德军前沿堑壕的例子并不在少数；还有不少是局部炸开口子，但要仔细找才能找到口子通过的。不过，对大部分进攻的英军将士来说，上级军官战前所谓的“铁丝网群已被炸飞”的保证变成了不折不扣的谎言，他们发现自己面对的是毫发无损的完整铁丝网地带，而且还由严阵以待的德军保护！

在戈默库尔突出部，英军北斯塔福斯步兵团6营第1本土营（1/6th North Staffs）的G.S.扬列兵发现了铁丝网障碍带未能有效摧毁的原因。他回忆道：“我参加了第一波进攻。我（对德军防线）的第一个印象就是看到了几百枚白炮哑弹。这些炮弹又大又圆就像足球一样。我怎么看都觉得他们像橙子：橘黄色的。它们本是用来摧毁德国人的铁丝网地带的，可事实却是这些铁丝网毫发无损，我怀疑打到这里的炮弹能否有一发爆炸。”

虽然感到很绝望，英军士兵们还是强行往铁丝网地带突破，但困难重重；他们背负的沉重装备被长长的铁丝网刺钩住，让他们束手无策，而且成为了德军步兵的活靶子。中弹的英军士兵不断倒挂在铁丝网上，痛苦地抽搐。

为了寻隙突破铁丝网地带，幸存的英军士兵疯狂寻找口子，可即便他们侥幸发现了一个口子，也往往是德军布下的死亡陷阱。德军的机枪手以密集的火力封锁了铁丝网地带的所有口子。

在德军的火力打击下，头几波进攻的英军步兵发现冲过了无人地带后自己的战友已经所剩无几，面对受到德军机枪手掩护的完整铁丝网地带，他们要么就是等待跟进的后几波步兵上来再共同突击，要么就等着德军出来把他们击毙或俘虏。

当然，还是有部分英军像菲利普·霍威那样突破无人地带后又顺利穿过了铁丝网障碍带，抵达了他们的第一个目的地——德军的前沿堑壕。按照罗林森的理论，德军的前沿堑壕就像铁丝网一样，应该被长达一周的炮火准备完全摧毁，守卫堑壕的德军士兵也都被炸死才对。可事实却再次让英国人傻眼：前沿堑壕的德军不仅活得好好的，而且还决心死守自己的阵地。虽然前沿堑壕在英军极为猛烈的炮火准备中严重受损，但地下掩体系统却几乎毫无损伤，让大部分德军在英军的炮火下得以幸免。结果英军步兵没能实现“阳光下的散步”，而是通过战斗来夺取德军的前沿堑壕。尽管如此，英军头几波进攻步兵的攻坚战斗还是值得肯定的，正是他们顽强地对德军前沿堑壕展开攻击，打掉了部分德军火力点，才避免了后续各波次步兵过无人地带时遭受一样的厄运。更重要的是，英军已经开始回击对手，再也不用单方面承受打击。

在部分地段上，英军炮火准备效果良好，德军堑壕完全被毁，英军步兵在进攻中仅受到微弱抵抗，使刚刚付出重大伤亡代价跨过无人地带的英军对竟然能够轻易进入德军前沿堑壕感到有些不可思议。不过，他们的兵力太少，只能三三两两临时组队巩固既得阵地，等待后续部队到来。

当然，这部分英军中也并非所有人都固守待援。骁勇善战的苏格兰部队就奉命向第

索姆河战线典型的德军掩体

二道堑壕前进。泰恩塞德苏格兰旅4营的L.杜德列兵就回忆说：“我发现德军的铁丝网地带被炸开，他们的前沿堑壕也被填平，只有一两具尸体躺着。可我们连也只有3个人冲到这里——一名中尉、一名中士和我自己，剩下的似乎都倒在了无人地带。那名军官忍不住哀号，‘上帝啊，上帝，剩下的孩子们都去哪了？’我们继续前进，逐步逼近拉布瓦塞勒；接着，我突然感到手臂被什么东西猛刺了一下，鲜血喷涌出来。其他人赶紧帮我脱下沉重的装备，然后他们再次上路。我当时想‘他们可能不会再回来了’。事实也的确如此。”

第二波进攻部队中的号兵比尔·索尔也碰上了第一波进攻部队中侥幸穿过带刺铁丝网地带前出到德军防线的英军士兵。索尔，和第二波里幸存的（本连）4人跟在第一波幸存者身后前进。当他们越过德军第一道堑壕时，突然发现冲在最前面的第一波幸存者正遭到来自德军第二道堑壕的火力打击，他们五人赶紧隐蔽。索尔环顾四周，却没看到一个谢尔伍德森林者步兵团7营第1本土营的战友跟上。相反，他却看到了3名全副武装的德军士兵从他背后的一个掩体里跳了出来，朝这些来自诺丁汉郡的英军将士们开火。

在避开了德军的射击后，索尔渐渐有些明白了。第一波进攻的英军士兵应该都被杀光了或是当了俘虏，他们这边已经没有战友能赶来支援了。此时，索尔他们正孤零零地暴露在德军的反击下，他的一个最亲密的朋友，腿部被一发枪榴弹打中而血流如注，无法动弹。

像索尔这样的遭遇，在索姆河战役进攻之初是很常见的。不少英军士兵在幸运突破了德军的炮火和机枪火力封锁后，主动结伴形成小分队，勇敢冲向德军堑壕。然而，由于他们的兵力弱小，经常受到德军从背后的攻击，甚至被切断后路。但英军没有选择退缩，而是勇敢地坚持前进或就地组织打敌反扑战斗。

不过在绝大部分地段上，英军都没法轻易突破和夺取德军前沿堑壕。等待他们的是极为艰苦的战斗。英军步兵们在铁丝网外一边到处隐蔽，一边组织还击，和德军对射。英军诺福克郡步兵团8营的J.诺顿下士回忆道："我们继续前进时，我发现前方有一片长满蓟和荨麻的草地。穿过后不久，我很快发现了今天的第一个目标，6到8名德国人正在堑壕里朝开阔地的我军射击，我一串漂亮的点射就打掉了他们。"

英军杜伦轻步兵团15营（15th Durham Light Infantry）的J.G.克罗斯利列兵回忆道："为了躲避密集的机枪火力，我们不得不卧倒在草丛里。当我们都贴地紧趴的时候，旁边的一位战友稍微抬了一下头，问我敌人在哪里。这是他生前的最后一句话。话音未落，砰的一声，他就突然倒下来躺在地上。子弹打穿了他的眼睛。直到这时，我的信念才完全被无情的现实——我很可能要死在这里——击得粉碎。"

在这一阶段的战斗中，双方都毫不留情。德军凭借良好的堑壕阵地工事系统组织火力抗击，给英军造成重大伤亡。如果英军最终强行突入堑壕，那么部分先前顽强战斗的德军也扔下武器，举手投降。每当这个时候，举起双手的德国兵并不会有好下场，他们往往会被愤怒的英国兵射杀或刺杀。在部分德军选择缴械的同时，还是有很多人选择死战到底。伦敦苏格兰团1营的C.J.洛文少校回忆道："一个德国兵，在仅离我10英尺的距离上朝我射击，一枪穿肩而过。虽然我没有受太重的伤，但我还是下意识地开枪还击，他当即中弹倒在我跟前。这个可怜的人就这么死了。他是个勇敢的家伙。"

在对德军前沿堑壕的攻坚战斗中，英军涌现出不少英雄范例。在德军炮火封锁前就幸运突破了无人地带的珀西·查普尔，却看到远处走在他们前面的来复枪旅1营被挡在了德军铁丝网地带前，只得隔着铁丝网和德军对射。突然间，一名来复枪旅的军官站起身来，大声喊道："前进，小伙子们。让他们见鬼去吧！"随即，英军士兵"沸腾"了，纷纷端起刺刀冲击德军堑壕。在来复枪旅1营的突击下，珀西·查普尔所在的萨默塞特轻步兵团1营先锋连受到的压力大为缓解。两部合力进攻，很快打下了德军四面堡垒（Quadrilateral Redoubt），接着留下部分兵力扫荡德军残兵，巩固堑壕、掩体和地道，余部继续朝德军第二道堑壕推进。

然而，像萨默塞特轻步兵团1营和来复枪旅1营那样能够保存有效战斗力冲过无人地带，并强力攻克德军第一道堑壕的部队毕竟是少数。由于英军在突破无人地带时损失太大，因此在许多地段英军只能以单兵或小分队的形式继续顽强突击德军第一道堑壕。英军格拉斯哥商业步兵团1营的R.拉夫列兵回忆道："我发现自己孤零零地站在一条堑壕前，3名德军正在里面举枪射击。我马上还击，并尽可能隐蔽，可（我这种行为）在当时来看，却是多么微不足道。这时，我看到在不远处，我们营里的一名年轻小伙子站起来冲向德军堑壕，但他很快被四五名德国兵打倒并被刺刀杀死。"

在突破攻坚战斗中，英军不仅要夺取德军堑壕，而且连引爆地雷形成的弹坑也不放

在德军猛烈的火力打击下，英军伤亡惨重

过。对英军来说，这些弹坑具有很高的战术价值，弹坑周围的土堆不仅形成天然的胸墙可以“俯瞰”周围德军堑壕，还能有效避开德军致命的机枪火力打击。德军同样也意识到弹坑的战术价值，双方为了争夺弹坑展开赛跑。在博蒙·阿梅尔，英军皇家工兵于步兵冲击前10分钟用坑道埋雷法炸掉了山楂岭堡垒时，皇家燧发枪团2营1个连已经做好了战斗准备。爆炸刚刚结束，他们就冲过硝烟，占领了靠近己方战线一侧的弹坑，但弹坑对面却没能拿下。德军迅速反应过来，占据了弹坑另一半。

在拉布瓦塞勒南面，英军格里姆斯比密友营抢在德军前拿下了洛赫纳格尔弹坑（Lochnager crater）。依靠这个弹坑，该营成功在德军前沿堑壕打下了一个桥头堡。不久，当进攻开始后，在香肠山谷冲击失败的英军溃兵和伤兵陆续转移到这个弹坑隐蔽。然而，人多猬集的洛赫纳格尔弹坑很快成为德军集中火力打击的目标。格里姆斯比密友营的A.迪金森下士回忆道：“我看到附近一名士兵被子弹直接爆头后，连续几个翻滚落到弹坑底部。”

就在头几波进攻的英军顽强冲击德军前沿堑壕时，他们身后的英军各个步兵营继续排成整齐队形，一波波涌上来。这些后续攻击波主要由担任第一梯队各营的营部、通信兵和传令兵，以及战前特地编成的扫荡德军前沿堑壕残兵的清剿分队组成。在部分进攻地带，第一波进攻的英军兵力往往超过了1个营，而跟进的第二波兵力又是1到2个营，因此在开战短短几分钟时间里，就有多达20个波次的英军进攻部队涌进开阔地，向德军防线冲击过来。

在弗里库尔北面，格林霍华德步兵团10营紧跟在萨默塞特轻步兵团1个营身后，冲上战场。为了支援进攻，格林霍华德步兵团10营把机枪全部架到堑壕顶，其中一位连长劳登-

尚德少校，跳上堑壕护栏，沿着堑壕走动鼓舞将士们前进，直到他中弹跌回堑壕。尽管如此，他还是勇敢地站了起来，继续鼓舞将士们前进，直到英勇战死。他的英雄事迹获得了英国政府的追认，他被追授一枚维多利亚十字勋章。

在蒂耶普瓦勒山嘴对面，有一个俯瞰无人地带的城堡废墟。负责进攻的英军第一梯队由索尔福德同城步兵团1营和纽卡斯尔商业团1营组成。英军2个营照例一上来就把6个连展开成6个波次投入战斗，结果遭到了德军猛烈机枪火力横扫，6个连几乎没有一个人能冲到德军铁丝网地带。虽然德军的机枪火力打击十分致命，但这两个营的两位营长却做出了明智的决定，不让本营的最后一个连上去送死。相反，他们命令本营最后一个连迅速占领英军前沿堑壕的各个火力点，朝对面堑壕露头的德军开火射击。在两位营长的眼里，可恶的德国兵正朝卧倒在无人地带瑟瑟发抖的幸存士兵打活靶，必须压住德军的火力才可能冲过这个死亡地带！两位营长的命令及时挽救了许多士兵的性命，但却使英军计划中对最为重要的蒂耶普瓦勒山嘴的攻击进度被推迟了。

靠近卡斯诺据点，正当查尔斯·马修一等兵被爆炸掀起的尘土埋至腰部时，进攻的哨音吹响：现在，轮到他的班上去了！查尔斯·马修最好的一位朋友，贝尔特·史密斯，准备违抗命令留在后面照顾马修。可马修却命令史密斯参加进攻，并向他保证另一位担架员或其他臼炮手（现已停止射击）会把他抬下堑壕的。史密斯不放心地叹了口气后，跟其他人一起出发了。

从这时起，英军后续的各波也开始踏进无人地带。在部分地段，英军干得不赖，组织有效的火力压制、削弱了德军机枪火力的效能。但在无人地带中间线的德军弹幕仍然是英军挥之不去的梦魇。结果，英军后续各波次过无人地带中间线时还是损失了不少兵力，但仍有绝大部分部队能保存足够的兵力继续进攻。越过中间线的英军开始进入德军步枪的有效射程范围。在这里，他们遇到了头几波进攻的

典型的德军堑壕

幸存者，有恐慌至极撒腿跑路的，也有身负重伤一瘸一拐走向后方的，幸存者的各种神态和举动不一而足。除了幸存者，展现在他们面前的还有大片尸体，他们不得不踏过被炮火炸死的战友尸体、残肢和躯干碎片，或是被机枪火力成片扫倒的一排排尸堆继续前进。然而他们也没走出多远，粉碎了英军头几波进攻部队冲击后，基本没有太大损失的德军机枪手们很快调整了状态和部署，集中火力猛扫。在猛烈而密集的机枪火力打击下，英军再次被成片扫倒，进攻被瓦解了。幸存将士只得纷纷跳到最近的弹坑。讽刺的是，由于德军绵密的炮火封锁，无人地带的弹坑变得越来越多，给这些幸存者提供了容身之地。

在奥维莱尔对面，雷金纳德·巴斯塔德中校目送他的步兵营头几波部队踏上征途。最初一切进展良好，他们几乎没遇到什么困难就越过了无人地带中间线，但很快就饱尝了德军火力打击的苦楚。德军，特别是隐蔽在前沿堑壕背后的加固村落的各个德军火力点，立即朝林肯郡步兵团2营泼洒猛烈的机枪火力。与此同时，德军前进炮兵观察员还对空发射红色信号弹，呼叫炮兵猛烈轰击无人地带。在密集的炮火打击下，英军进攻队形出现了极大的混乱，许多将士被炸倒在地，第二和第三波进攻部队的士兵拼命冲击，不少人突破了德军炮火封锁区，冲到无人地带彼端，顽强战斗，硬是在德军前沿堑壕打下了一个楔子。

虽然损失不小，但巴斯塔德中校看到的仅仅是战场一角而已，很快他也带着营部和手下最后一个连进入无人地带。前方，他清楚地看到德军密集的炮弹炸起的飞扬尘土，也听到了嗒嗒嗒的机枪扫射声，但己方将士冲进德军堑壕的喊杀声更吸引他的注意。

虽然英军各波进攻部队前赴后继勇猛冲击，可做为德军前线的一个显著的目标，弗里库尔村却并没有遭到英军的攻击。对于这个重要的目标，英军自然是希望通过强有力的正面进攻迫使德军主动放弃。正对弗里库尔村的是来自约克郡的一个步兵营——格林霍华德步兵团7营，他们接到上级通知在没有明确命令前不得擅自前进一步。如果弗里库尔的德军主动撤退的话，他们就要迅速上去占领小村；如果德军没有受到侧翼挤压退却的话，他们将在当天晚些时候等到上级的明确通知后再对弗里库尔展开攻击。

格林霍华德步兵团7营右翼的A连连长正密切注视总攻击的进展情况；看样子，一切顺利，弗里库尔死寂般地沉默。也许是他认为所有守备这个村子的德国兵都死于炮击，也许是他觉得上级的命令不妥，不管是因为什么，他都公然违反了上级的命令，下令A连进攻。似乎是正在等待这一刻到来，英军刚刚离开堑壕，冲上无人地带，德军就组织猛烈的机枪火力迎击，很快就封锁了这个连的前进路线。一场突如其来的灾难降临到格林霍华德步兵团7营的头上，营长R.法伊夫中校回忆道："我接到消息称右翼的A连已经在08点20分展开攻击。我简直不敢相信自己的耳朵，但还是马上派副官去核实。他向我报告，情况属实。对这种表现，我只能理解为A连连长已经疯了。不一会儿，新的报告传来，称该连的幸存者都横卧在我军铁丝网前沿地带，他们受到了（德军）机枪和狙击手极为猛烈的火力攻击。"这次战斗对格林霍华德步兵团7营来说是个不折

索姆河战役一开始就十分残酷，许多英军士兵还没有冲上战场就已经负伤后送了

不扣的悲剧；参加战斗的A连战前共140人，就此损失了108人，连长也身负重伤。

由于整体计划对敌情判断出现了严重的错估，致使英军进攻部队在德军绵密的火力打击面前痛苦挣扎。虽然有不少英军幸存将士躲在弹坑里，把头和躯干深埋，避开德军密集的弹雨和不断砸下来的炮弹，但还是有很多英军士兵勇敢地继续前进，不畏死亡冲击德军防线。这是索姆河战役第一天英军进攻的特点，虽然反映了上级拟定计划的无能，但也充分表现了英军的大无畏英雄气概。

在香肠山谷，一名年轻的通信兵和另外4人组成的通信小组随同第一波部队前进，他们带着装满电话线的大筒一边前进一边拉电话线。在德军密集的火力打击下，同组的4名通信兵先后倒下（非死即伤），幸存的来自剑桥步兵营的J.W.塞内斯科尔列兵稍加考虑，又继续前进。多年后，他回忆起往事时侃侃而谈："噢，当时我想起了我们的纪律，我可不敢停下来；我还没负伤；我只能前进。我没法既带着筒子又带着枪前进，于是我犯了个错误，把枪给扔了。好吧，我抱着电话线一路疾走，被迫越过尸体，哀号的伤员和地面到处隆起的土堆继续前进。我一路气喘吁吁地跑了很久，渐渐地，我的速度慢了下来。最后，我想我得看看周围情况。结果，我看到自己距德国人的堑壕不过30码左右。我甚至可以看到德国兵顶着的钢盔在堑壕里来来去去……"

离香肠山谷不远，正上演着当天最悲壮的战斗。拉布瓦塞勒，古罗马军事干道上通往波济耶尔和巴波姆的锁钥之地，也是德军的重点防御村之一。夺取拉布瓦塞勒的任务落到了英戈维尔-威廉姆斯少将指挥的英国陆军第34步兵师的身上。为了完成这个重要的任务，他一上来就在前线展开2个旅的兵力，锐意要夺取拉布瓦塞勒两翼的德军堑壕，然后再打下拉布瓦塞勒。第34步兵师的第3个旅——泰恩塞德爱尔兰旅的4个营，留作第二梯队，他们的任务是在第一梯队夺取了拉布瓦塞勒后，跟进打击扩大战果，在德军防线撕开突破口。一旦英军第34步兵师突破得手，那么英军第19步兵师和骑兵部队就将在泰恩塞德爱尔兰旅背后跟进打击，高夫的预备集团军就有大显身手的机会了。

英军第34步兵师师长英戈维尔-威廉姆斯少将本来就是个直爽的人，他拟定的计划也和他的个性差不多。零点时刻，第34步兵师所辖各营要迅速跃出堑壕，展开攻击。他可不打算留什么预备队，甚至连泰恩塞德爱尔兰旅也要投入战斗。他的目的很明确，那就是集中全师兵力坚决突击，摧毁沿着军事干道通往波济耶尔的德军防御体系。07点30分，泰恩塞德爱尔兰旅3000名士兵准时从塔拉—乌斯纳线出发，然后一波波跨过开阔的阿沃卡山谷，他们要在开阔地行进约1英里，才能抵达英军前沿堑壕。

然而，英戈维尔-威廉姆斯少将所不知道的是英军炮火准备的效果并没有想象中的那么好。拉布瓦塞勒的德军守备部队并没有被英军的炮火准备消灭，而且德军机枪手还控制了周围的制高点。当英军第34步兵师排出整齐的队形走向拉布瓦塞勒时，在周围制高点占领阵地的德军机枪手马上组织火力，编织起一张张火力网。诺森伯兰燧发枪步兵团18营的R.伍德上尉目睹了泰恩塞德爱尔兰旅的冲击，他无不惊恐地回忆道：“当他们前进时，阳光穿透薄雾照耀大地，刺刀闪闪发光。可不一会儿，他们就蒙受了损失，每当有人倒下，后面的人就加速跟上，保持队形。没有人试着停下脚步救助伤员。在声调单一的鼓声中，将士们持续前进。”

德军猛烈的火力打击效果十分显著。一波波英军士兵被德军机枪火力像割稻草一般成片扫倒在地，但英军第34步兵师的将士们同样继承了英军的光荣传统，继续前赴后继地朝德军防线步步进逼，没有后退半步。泰恩塞德爱尔兰旅3营的J.加洛威中士回忆道：“我看到，在我左右两侧是一长排的士兵。接着，我听到远处打来的“嗒嗒嗒”的机枪射击声。截至此时，我才走出10码，就看到两边只剩下寥寥几人；走出20码，似乎就剩我一个了。不久，我也中弹了。”

德军机枪手朝着这个梦幻般的目标疯狂射击，子弹链一条接一条打光。泰恩塞德爱尔兰旅2营、3营很快就被消灭，只有少数幸存将士抵达英军前沿堑壕。（而不是冲到无人地带！）尽管德军火力十分猛烈，但右翼的泰恩塞德爱尔兰旅1营、4营却仍继续前进。他们行进的地形没有2营、3营那么暴露，避免了行军过程中的重大损失。

最终，在德军炮兵火力网和机枪火力打击中“沐浴”了20分钟后，泰恩塞德爱尔兰旅1营、4营终于抵达英军前沿堑壕。可他们还没喘过口气，就接到了紧随前面2个旅继续进攻的命令。于是，这两个营进入无人地带，准备跨过香肠山谷，冲向拉布瓦塞勒。在前进路上，泰恩塞德爱尔兰旅1营、4营损失了不少将士，但还是跨过了宽达500码的无人地带，穿过了德军机枪火力封锁地带。两个营的残部编成的2个小群冲进了德军前沿堑壕。在那里，他们发现了担任第一梯队的两个旅正在夺取的部分阵地里躲避弹雨。勇敢的爱尔兰人没有和他们一样蹲在弹坑里瑟瑟发抖，而是忠诚地履行自己的使命，继续向德军后方冲击，在德军战线纵深处，1营、4营残部会合，并在泰恩塞德爱尔兰旅4营营长的指挥下坚持战斗。不幸的是，由于泰恩塞德爱尔兰旅旅长负伤，这位营长只得离开前线，临时接替旅长职务。

此时，泰恩塞德爱尔兰旅战斗兵力只剩不到50人。他们已突入德军堑壕系统700码。从出发点算起，他们在德军猛烈火力打击下已经运动了3000码。他们已经超额完成了任务，却并不满足，他们要打下最后的目标——孔塔尔迈松（Contalmaison）。这里是德军一个师的指挥部，周围还有几条堑壕保护。尽管力量对比悬殊，勇敢的爱尔兰人还是无畏地展开了冲击。基钦纳的新军虽然经验不足、缺乏技巧，但勇气却是无与伦比的。

截至目前，沿着18英里宽的战线上，英军仍在努力进攻德军前沿堑壕。英军第一梯队基本损失殆尽。第二梯队也很快冲了上来，他们希望完整夺取德军前沿堑壕，保障无人地带免受德军机枪火力威胁。双方都清楚德军前沿堑壕的得失对己方至关重要，因此不惜一切代价争夺。而在争夺堑壕的战斗中，士兵的技战术水平和坚定的信念才是制胜的关键。

由于过无人地带损失太大，英军只能以小股兵力突入并夺取德军前沿战壕部分地段，可这样并不保险；德军利用对自身堑壕系统的熟悉，很快从隐蔽的地下工事或附近堑壕冲过来，突然出现在英军背后。在激烈的战斗中，英军突入堑壕的部队经常发现子弹，特别是手榴弹很快打光，而携带子弹和手榴弹的军工却没法迅速穿过无人地带。许多军官也在战斗中阵亡，致使突入堑壕的英军各个小分队常常群龙无首，各自为战，对整体战斗发展毫不知情。在他们眼里，所熟知的情况不过是自身的战斗和控制的短短几码堑壕而已，关于下一段堑壕情况如何，他们并不知晓；他们既不知道德军前沿堑壕的空档处，

从远处看英军冲击的场景

也不知道附近一段堑壕究竟是在德军手中，还是在友军手中。此时，太阳也不再像初升时那么明媚，天气开始炎热干燥，甚至有些火辣辣的感觉，周围尘土飞扬。伤员处理问题逐步突显，他们常常没法从无人地带撤走。为了处理伤情，英军救护兵和卫生兵只能给伤员们紧急包扎一下，然后给他们喝点水，让他们尽量感到舒服。

在部分情况下，由于兵力不足，英军小分队即使打下堑壕后在德军的激烈反击下也不得不放弃。

谢菲尔德城市步兵团1营的A.弗雷特维尔列兵回忆道：“我们一共约12人冲进了德国人的堑壕，马上就遇到了苦战。我被一枚手榴弹砸中面部，可德国人却忘了拉开保险环，因而手榴弹没有爆炸。战斗仅仅打了3分钟，我们就损失了9个人，不得不放弃了堑壕。”

雷金纳德·巴斯塔德中校率营部安全穿过德军炮火封锁区，冲到德军前沿堑壕。他发现本营的将士们还在激烈战斗；自己手下的残部和皇家伯克郡步兵团2营残部一起夺取了一段长200码的堑壕段。由于皇家伯克郡步兵团2营营长在穿过无人地带时身负重伤，巴斯塔德中校没有推卸责任，迅速接掌两个营指挥权，并权衡了一下当前态势。在他们两翼德军还牢牢守着堑壕；在当面，虽然自己的部队在第二道堑壕打下了一个楔子，但却没法继续前进。紧随林肯郡步兵团2营身后的皇家爱尔兰来复枪团1营在过无人地带时损失大半兵力，只有少数人穿过炮火封锁区赶来支援。此时，该营营长也战死了，于是巴斯塔德中校顺理成章地负起指挥3个营的残部的责任，不过加起来兵力也不过100人而已。在这种情况下，巴斯塔德中校决心守住既得地带，暂停攻击。如果有增援部队赶来的话，他就继续展开攻击。巴斯塔德很清楚，他所在的步兵旅所属的第4个步兵营正充当预备队，旅长随时可能把这个营派上来支援他们。他命令部队迅速组织防御。在两翼，士兵们拉起铁丝网，准备打敌反扑。同时，巴斯塔德中校

◀ 被炸得满目疮痍的森林堑壕地带

还命令在控制区内搜索德军地下掩体，防范德军“中心开花”，并积极寻找德军手榴弹储备点，准备利用德军的武器打击对手，三个营在进攻中耗尽了手榴弹。

虽然巴斯塔德中校很快把3个营紧捏成一个有效的战斗部队。可当德军展开反扑的时候，他才意识到这100人根本不是德军的对手。在打敌反扑战斗中，巴斯塔德手下的伤亡不断攀升，弹药基本耗尽，急得他不住回头看无人地带，盼望援军早点到来。

至08点30分为止，英军第一梯队已经全部投入了战斗，第二梯队也开始陆续参战。在部分地段，英军好不容易突入了德军前沿，各部进展不一，但他们都受到了德军的反击，援军能否及时赶到，就成为接下来战斗的关键。

|第八章|

08点30分

如果英国远征军总司令黑格上将和他手下的各个集团军司令，在索姆河战役头一个小时得知战场的混乱情况并看到所部微弱的进展，以及持续飙升的伤亡数字的话，他们会感到失望的。在第一个小时的进攻战斗中，英军投入了84个营，计66000人。可仅有三分之一的部队经过苦战，拿下了所有的预定目标。还有三分之一的官兵除了在德军堑壕打下一些微小的楔子外，白白流血牺牲。最后三分之一的兵力完全被德军击退，这批人没有一个突入德军堑壕前沿的铁丝网地带。原本计划要在开战的头一个小时就夺取德军防线上9个村子中的5个，可实际打下来却一个村子都没拿下。

从各个方向的战斗来看，英军第4集团军右翼突击最成功。在索姆河L形战线水平段，英军三个师——第30、第18和第7步兵师都几近达成了各自的初期目标。在最右翼的第30步兵师所辖的曼切斯特和利物浦同城各营，和法军并肩展开攻击，他们的进展相当顺利，预定在上午攻克蒙托班村。在他们的左翼，第18步兵师尽管受到皇家工兵延迟对卡斯诺据点爆破的影响，但还是达成了他们全部的初期目标。高夫的老部队，英军第7步兵师虽然夺取了德军前沿堑壕，但却遭到在马梅斯村内据守的德军的顽强抵抗，进攻受挫。为了喘口气，第7步兵师师长下令暂停进攻，等待炮兵摧毁马梅斯村内的德军据点，并投入新锐部队换下突击部队，然后再继续进攻。

罗林森上将最失望的莫过于第4集团军中央地带的进攻。前面说过，第4集团军中央地带进攻的主要目的是打通波济耶尔和巴波姆之间的古罗马军事干道；在英军进攻部队后方，是大群等待跟进打击的高夫的骑兵机动集群。如果说要彻底达成突破的话，那唯一期待的就是这里（第4集团军中央进攻地带）了。

负责这个宽4.5英里正面进攻的是英军5个师的兵力。在侧翼的两个师突击取得了一些进展，但在中央并肩沿着通往巴波姆军事干道突击的三个师却在蒙受了惨重损失后被击退。无人地带的山谷和山嘴成了死亡陷阱，来自英军第34、第8和第32步兵师的将士损失惨重。在第32步兵师进攻地带，格拉斯哥商业步兵团1营战前拟定了周密的兵种协同作战计划，在炮火延伸的一刹那，步兵迅速冲击夺取了莱比锡突出部（Leipzig Salient），可他们剩下的兵力也和雷金纳德·巴斯塔德的临时战斗群差不多，只能往德军防线打进去一个楔子，没法扩展。

在中央地带最初进攻完败的时候，罗林森上将没有及时调上预备队继续突击。虽然第19步兵师早早占领了阵地并做好战斗准备，只要上级一声令下，他们马上就会组织冲击。在他们的身后，高夫的机动骑兵群也磨刀霍霍，准备参战。遗憾的是，他们没有等到罗林森上将的命令。

相对中间倒霉的三个师，负责中央地带进攻的5个师中最北翼的一个表现倒还可以。第36（阿尔斯特）步兵师，负责在蒂耶普瓦勒北面展开攻击，拿下德军防线并突入施瓦本堡垒（Schwaben Redoubt）。该师的进攻并不轻松；德军组织了顽强的抵抗，并持续不断从英军右翼的蒂耶普瓦勒村组织侧射火力，给予第36步兵师沉重的打击。右翼遭到密集火力打击的同时，第36步兵师左翼也是门户洞开。尽管如此，该师仍然在德军防线撕开了一个深深的狭窄突破口。他们顶着德军猛烈的火力打击，朝德军防线一步步顽强深入。虽然该师打得很出色，可他们的两翼完全暴露在德军的兵锋下。如果两翼友军不能赶在德军组织反击前迅速到位的话，第36（阿尔斯特）步兵师就有三面受敌、被切断后路并遭歼灭的危险。

在安克河北岸，也就是亨特-威斯顿的第8军负责提供侧翼掩护的进攻方向，也面临着一场灾难。第8军投入了3个满员步兵师展开攻击，其中2个师是前常备军。他们在宽达3公里的战线上拼命冲击，所获的战绩不过是其

爬上堑壕顶端试图射击德军、支援友军冲击的英军战士

中4个营打下了德军的四面堡垒，但却无力前进只得就地固守。第8军其他参战的各个步兵营除了一个连冲到山楂岭爆破的弹坑外，进攻全都受挫。

在戈默库尔突出部，英国陆军第3集团军的第46（北米德兰）步兵师和第56（伦敦）步兵师奉命对戈默库尔两翼展开攻击。从南面展开攻击的第56（伦敦）步兵师表现很出色，他们利用堑壕延伸战法于进攻发起前潜伏到无人地带，然后在烟幕掩护下实施冲击。该师第一梯队的4个营很快夺取了当面完整的德军前沿堑壕。接着，第二梯队的5个营迅速跟进，越过第一梯队战线，实施超越攻击，朝戈默库尔后方攻击前进，意在和第46（北米德兰）步兵师会合。

可在戈默库尔突出部北面，进攻结果却截然不同。第46（北米德兰）步兵师以6个营的兵力展开突击，但打得并不顺利，只有小股步兵冲进了德军堑壕，并很快被消灭或切断了后路。由于进攻连续受挫，第46步兵师没法改善态势，更别说和第56步兵师会合、完成对戈默库尔村的包围了。

不过，对英军而言，能否夺取戈默库尔其实并不重要。对戈默库尔突出部的进攻已经完成了一个重要任务，那就是把德军预定对英军第8军的部分拦阻火力吸引到第46（北米德兰）步兵师和第56（伦敦）步兵师身上。尽管这两个师为了这次牵制作战付出了惨重的代价，也完成了上级交付的任务，但他们支援的亨特-威斯顿中将的第8军进攻还是没能取得成功。在这种情况下，牵制作战的下一步就看第46（北米德兰）步兵师能否重新组织起攻势，和第56（伦敦）步兵师在戈默库尔村后方会师、合围村内守军了。如果第46步兵师进攻失败的话，第56（伦敦）步兵师的进展也就到头了。

随着戈默库尔突出部的战斗也陷入了僵持状态，索姆河战役头一个小时基本结束。虽然没法统计出这个致命时间段英军的确切伤亡数字，但可以肯定的是参加战斗的66000名英军士兵已经伤亡了半数——30000名步兵在头60分钟的战斗中非死即伤！

战役开始阶段，英国远征军总司令部和第4集团军对作战起不到什么作用。由于没法获得前线战况的可靠报告，胡乱下达命令只会让前线情况变得更糟。退一步说，就算通信联络畅通，从远征军总司令部到集团军司令部的各种命令在战役发起第一小时内对前线影响的后果也只差不好。当时，对英军来说唯一有意义的就是英国远征军总司令黑格上将把指挥权下放给集团军司令。黑格打算到下午战况明朗后，再下到第3、第4集团军司令部了解情况。与此同时，他待在博凯讷的远征军总司令部前指里，听到远处传来的隆隆炮声，战地救护车也已经从前线开下来，穿过村庄抵达附近的伤患处理站。对黑格来说，这可是他就任英国远征军总司令以来的第一次战役，他对战役寄予了很高的期望，不过黑格生性就不是一个容易激动的人，他耐住性子，冷静地度过了堪称英军战争史上最难熬的一个早晨。

在第4集团军司令部，罗林森上将早在06点30分开始炮火准备的时候就开始紧盯手表，他站在阿贝尔附近的一个高地上的观察所，距前线约4英里。从这个有利的观察位置，罗林森可以清楚地看到密集的炮弹在马梅斯、弗里库尔和拉布瓦塞勒附近的德军堑壕落下。他可能在这个观察所待了一个小时，一直等到皇家工兵队引爆了拉布瓦塞勒的坑道地雷，步兵进攻的哨音响起才离去。接

▲ 背着伤员走下战场的英国大兵

着，他听到了远处德军机枪密集的扫射声，阿贝尔附近英军炮群持续不断地射击也没能盖住清脆响亮机枪声。

当罗林森返回凯里约的第4集团军司令部时，正巧经过第2印度骑兵师阵地。他看到骑兵们威风凛凛地在原野和树林里待命，细心地进行战前准备工作。早餐后，罗林森回到设在城堡的集团军司令部办公室，坐下来看手下5位军长给他的第一批战报，在他桌子上有一部和手下5个军长直联的电话。在邻近的屋子里，第4集团军司令部的参谋们一早就忙开了，正和各军军部的作战参谋部通电话询问情况。虽然此时战斗刚刚打响，不可能收到详细的战况报告，但在07点40分，第4集团军的作战参谋还是在当天作战日记的第一行就记下："敌人的炮兵据报很弱。"这句话很快就传为笑谈，因为步兵在跨过无人地带时的损失狠狠给了第4集团军这群狂妄自大的参谋们一记响亮的耳光。

不仅远征军总部和所属的集团军司令部"无力"，各军军部和师部也没法在第一时间准确了解情况，也就谈不上对战役发展有什么影响。虽然有许多伤员从战场上抬下来撤到后方，但这些伤员的口头报告却不可全信，许多负伤后送的老兵往往夸张声称自己是全排唯一的幸存者。当然，撤下来的不少伤员也大肆吹嘘自己是如何英勇夺取德军堑壕和抓获战俘的。将领们对诸如此类的报告，自然是特感兴趣。

相对来说，旅部才是战役开始头一个小时里最能了解情况的，也是对战斗发展感到焦虑的指挥机构。对一线各旅来说，他们在头一个小时就投入了两三个营的兵力实施攻击，但这些兵力很快就被德军的炮火和机枪火力消灭。接到进攻受挫的消息，各旅的下意识反应就是迅速把剩下的步兵营投入战斗。根据最初的计划，这些做为各旅预备队的步兵营应该越过安全的无人地带，协助第一梯队巩固夺取的德军前沿堑壕或超越攻击。

不过，此时最焦急的却是这些担任各旅

预备队的步兵营营长们，他们不断给旅长打电话，询问命令是否有变。为什么在形势如此绝望的情况下还要把他们的营拉上去送死呢？此时各旅旅长也是处于两难境地。他们很清楚自己第一梯队的进攻已经失败了，可他们既不了解侧翼友军的情况也没空去获悉整体战况的发展，他们所要做的就是执行师部的命令。各师师长给旅长的命令也是老调重弹：“务必按计划，务必执行命令。”旅长们别无选择，只能命令手下的预备队也投入战斗。英军第70步兵旅（70th Infantry Brigade）的W.C.威尔逊少校对当时旅部的气氛回忆道：“戈登准将完全意识到要谢尔伍德森林者步兵团11营继续前进这道命令的沉重。在他下达这道命令后，指挥掩体里沉默了好一会儿，这是他从来没有碰到过的窘境。”

对于第4集团军右翼进攻地带的英军各旅旅长来说，由于攻势进展顺利，他们可以毫不犹豫地命令预备队投入战斗。

这时，第一梯队各营留在后方的人员得知了所部损失惨重的消息；部分人甚至亲眼目睹了悲剧。英军阿克宁顿同城步兵团1营在进攻前把部分通信兵留在了后方，这些人在前沿堑壕里亲眼目睹了进攻的惨状。H.伯利一等兵回忆道：“我们可以清楚地看到战友们试图跨过两军中间的无人地带时，像镰刀割稻草似的被（成片）扫倒。这幕屠杀镜头让我感到恶心。我们确实看到了塞尔村附近一面信号旗飘扬（示意占领该地），但仅仅飘扬了几秒钟，这面旗就消失了。”

对攻击进展感到失望的不仅是步兵，还有一直兢兢业业支援步兵战斗的皇家炮兵队。零时到来，英军炮兵开始延伸射击，弹幕逐步往德军防御地带纵深推进。可展开攻击的英军步兵在大部分地段都没能迅速突破德军的前沿堑壕，导致了步炮协同脱节，并出现了这样的奇观——这边是英军步兵苦战攻坚，那边是英军弹幕不断延伸，两个兵种之间完全没有协同。

皇家野战炮兵第170旅的T.雷利少尉回忆道：“我是配属给西约克郡步兵团18营（即布拉德福德同城步兵团2营）的炮兵联络官，炮兵观察所设在英军战线背后约300码处。当我军步兵进入开阔的无人地带时，德军在堑壕护栏架起机枪朝第93步兵旅侧翼横扫过来，给步兵造成了很大的伤亡。德军机枪和机枪手是显而易见的目标，可我们的炮兵却在实施弹幕延伸射击，根本没法调整射击诸元，除非第8军司令部下令。”雷利说的没错，其实暴露的德军机枪手对一名经验丰富的英国皇家炮兵军官而言是个绝好的目标。只要调整射击诸元，英军炮兵就可以轻易摧毁这些德军机枪火力点，抑或是迫使德军机枪手隐蔽，极大减少英军步兵突破的压力。可惜的是，这些炮兵只能眼睁睁地看着德军机枪手对英军步兵进行大屠杀，自己却毫无作为。

另一方面，英军炮兵几乎丝毫没有遭到德军炮兵的反击，因为德军炮兵的作战目标很明确，那就是集中火力封锁无人地带中间线和英军前沿堑壕，最大限度杀伤英军冲锋集团。显然，德军已经放弃了反炮兵作战这项各列强炮兵最重要的任务，而是专注于密切支援己方步兵这一更迫切的任务，专打英军步兵。尽管部分英军炮兵阵地因位于浅近纵深防御地带，过于靠近一线而遭到德军炮兵的轰击，但绝大部分英军炮兵阵地还是安然无恙。

在炮兵看来，他们已经竭尽全力支援步兵了，“没什么可指责的”。当瞄准手逐步调整射击诸元，延伸射程之际，经历七昼夜

攻下德军部分前沿堑壕后，小憩的英军士兵

装填和射击的炮手们已经累得筋疲力尽，只能是条件反射般机械地按照动作要领操作火炮。在这种麻木的情况下，他们当然不知道自己射出的炮弹落点离实际上迫切需要支援的战线有多远。在盲目延伸的同时，部分炮兵连甚至接到命令，准备前进。为了跨过己方堑壕，炮兵们开始架桥，弹药也开始前运。不过，炮兵前进的正式命令终究没有到来。

现在，战斗进入白热化，沿着18英里的战线，英军为了达成突破，继续展开苦战。在戈默库尔突出部，第46（北米德兰）步兵师的部分将士自清晨开始就从一个废弃堑壕往无人地带扔发烟手榴弹。他们很快在无人地带制造出了更浓密的烟幕带，并把德军炮弹吸引到一些空无一人的废弃堑壕里。虽然这些投掷发烟手榴弹的英军将士也遭到了德军炮兵猛烈轰击，但却毫发无损。

有人欢喜、有人忧。生活如此，战场亦然。在开战头一个小时，部分英军部队确实完成了上级交付的任务，可对大部分英军来说任务根本无从谈起。查尔斯·马修一等兵被困在堑壕里，目睹战友们全部冲出堑壕杀向敌阵，他身边就仅有3名刚刚停止开炮的臼炮手正在休息。马修希望他们能过来帮帮自己，恰在此时，德军密集的弹群瞬间砸进了英军堑壕，一发炮弹就在这3名臼炮手附近落下，2人当场被炸死，第三名炮手则发疯似地沿着战壕狂奔，经过马修身边时踏了他的胸一脚。看着如此疯狂的举动，马修咒骂不停，可当这名炮手越过马修后，马修惊讶地看到这名可怜的炮手后脑勺竟然被弹片削掉了一大块。

此时此刻，活跃在战场上的不仅有步兵、工兵、通信兵、炮兵，还有各个卫勤单位，他们从开战的第一时刻起就忙里忙外，跑遍战场各个角落，抢着后送伤员，许多伤员被沿着堑壕迅速抬下战场，撤到后方。野战救护处理十分迅速，有时仅仅是简单的包扎而已。能行走的伤员，沿着特别路标标示的道路行进，躺在担架上的重伤员则统统由战地救护车后送，所有的伤员都统一送往伤患处理站。

抵达伤患处理站后，在那里的护士和勤务兵会迅速检查伤员们的伤势情况并作出分级。轻伤员将予以最低级别的护理待遇，一杯茶和处理伤口很快就让轻伤员恢复精神。重伤员被标号后转移到手术帐篷；外科军医忙个不停，不断做手术挽救伤员的生命。最坏的情况下只能截肢。即便是重伤员要做手术，也需躺在手术帐篷外排队等候，漫长的等待对重伤员来说不谛是煎熬。当然，还有更糟的，那就是躺在担架上乘战地救护车后送到伤患处理站的部分重伤员咽气了，他们的尸体只能暂时放在一边等待掩埋，宝贵的单架则得腾出来给其他的伤患。

不出所料，伤患处理站在开战后不久就人满为患，超过了预计。能否及时疏散后送伤员到基地医院，就全靠救护专列了。

后送下来的伤员是幸运的，可并非所有的伤员都如此幸运。许多担架员随同英军部队冲出堑壕，进入无人地带时自己也成了德军炮火和机枪火力的牺牲品；剩下的担架员根本没法从拥挤的英军堑壕中挤出空隙上战场，自然也就无所作为。还有几万英军伤员躺在无人地带，他们要么躲在弹坑里瑟瑟发抖，要么就躺在草地上被炽热的阳光暴晒。虽然有部分伤员得到救护，但还是有很多伤员躺在开阔地没法得到急救护理，许多人就这样流血过多而死。

在两军战线无人地带的另一头，德军方面对英军突然发动索姆河战役并不感到吃惊。德军将领早就预计到英军为了解除盟友法军在凡尔登承受的压力会主动发起进攻战役。自卢斯战役后，英军已经整整8个月没有发起过大型进攻战役了。虽然德军并不知道黑格上将在1915年12月担任英国远征军总司令，更不知道索姆河战役的精确时间地点，可一系列偶然的事件，却让德军理出了头绪，特别是两大重要消息更让德军警觉。

虽然前面几波进攻部队伤亡惨重，但后续的英军还是坚决跃出堑壕继续冲击。论勇气，英军也是无与伦比的

其中一条是英国军需大臣劳合·乔治的副手亚瑟·亨德森对英国弹药工业的产业工人关于推迟圣灵节假期的讲话。这个讲话内容很快见诸英国国内报端，不到几个小时，这个消息就传到了荷兰媒体，德国情报部门很快注意到这条消息，并意识到英军将在近期发起大规模战役进攻。不久，德军在前线的观察员注意到英军在索姆河地区活动异常频繁，显然英军在准备实施一场大型战役。甚至在英军炮火准备开始前，德军就已经判明索姆河地区很可能是英军未来大型攻势的地点，但德军没有判明法军是否会加入。德军认为，法军在凡尔登战役中损失太大，“失血过多”，已经没有足够的力量和英军一起参加索姆河战役了。

因此，在1916年6月中旬，德军就大致判明了英军夏季攻势的时间和地点。在海外的德国情报机构网络也尝试获得更详细的情报和各种报道，特别是从流言满天飞的伦敦；可不管德国情报机构驻海外各地的网点如何努力，也没法获得准确的英军攻势发起“时间”和“地点”。

虽然德军统帅部预测到了英军的夏季攻势，但德军高级将领对英军具体的进攻地带判断不一。德军第2集团军司令认为本集团军防御地带将是英军攻势的重点，可德军总司令法肯豪森却认为英军的主攻方向是德军第2集团军北面的第6集团军防御地带，因此第2集团军防御的索姆河地区没有获得增援部队。事后不少人对法肯豪森的这个疏漏提出批评，但请不要忘记，法肯豪森在做出这个判断的同时，正全力以赴地指挥凡尔登战役。

6月24日，当罗林森的第4集团军开始炮火准备的时候，索姆河地区的德军第2集团军已经肯定他们就是英军进攻的目标。猛烈的炮火轰击和密集升起的英军炮兵观测气球，都清楚无疑地显示出英军即将进攻的地带正是德军第2集团军防御的索姆河地区，虽然此时的德军还是没想过法军会参战。不过，第2集团军司令正确的判断并没有对法肯豪森的判断造成影响。往北，英军牵制作战的成功，让法肯豪森认为，罗林森的第4集团军如此

在蒙托班方向，英军炮兵猛轰德军防线

明显的战役准备只不过是英军的战役佯动而已，法肯豪森继续错误地判断英军不会对索姆河地区展开攻击，也没必要把预备队和物资调往索姆河战场。也就是说，德国陆军第2集团军必须依靠自身的一线兵力和少量预备队顶住英国陆军第4集团军的进攻。双方之间兵力对比是7：1，英军占绝对优势。

当1916年6月30日过去的时候，德军将领都在研究最新的报告，德军士兵也待在地下掩体里焦急地等待英军进攻时刻的到来；所有人都想知道最后一个问题的答案，那就是进攻何时到来。这个重要的答案借由英军参谋的疏忽获得了。1916年7月1日凌晨02点45分，当罗林森上将的进攻命令通过电话传达给英军第34步兵师前线单位的时候，一个德军监听站成功截获了命令的最后一段内容。德军很快就知道进攻将在7月1日清晨开始，这个消息迅速传遍了第2集团军各部。

除了监听英军通话外，德军还有别的手段“撬”到英军的进攻时间。德军第109预备役步兵团的保罗·施埃特一级下士回忆道：“6月30日夜到7月1日凌晨，英军一支小型巡逻队被派出来检查我们的铁丝网地带，结果被我军捕获。从他们口中，我们得知了进攻时刻。”

战役发起几天后，英军在奥维莱尔的一个德军地下掩体里缴获了一份电话监听记录册，里面的记录表明远至戈默库尔和蒙托班的德军早在6月30日夜就已经知道到英军要展开大规模进攻了。

清晨07点20分，当英军引爆了山楂岭堡垒下埋设的地雷时，德军将士都松了口气，他们受的英军炮击煎熬宣告结束，该是让英军尝尝铁拳的时刻了！

德军第109预备役步兵团的埃米尔·屈里掷弹兵对临战前夜回忆道：“我们的食物在那晚吃光了，我被派出去找吃的。在野战厨房，我被告知‘告诉你们的战友们，英军将在清晨攻击’。搞到食物前后花了我7个小时的时间，当我返回阵地时，却发现地表样貌变了，我没法找到我的掩体。接着，我才看到战友们朝我打信号示意。我告诉战友们，‘我们务必做好准备；英军很快就要进攻了。’我们操起机枪架在掩体顶部，并把所有装备都拿了上来；然后，我们开始等待。我们估计自己都会战死。我们想到了上帝并祈祷。这时，有人喊道，‘他们来了！他们来了！”我们冲了上去，迅速架起机枪。我们看到英军士兵正朝我们冲过来，几千几千地冲过来。我们猛烈开火还击。”

在经历了七个昼夜的炮火准备后，德军结束了在炮轰下无止境的忍受，他们做好了一切准备，打算把7天自己受的所有苦难全部还给英国人。进攻打响后，德军很快就发现英军步兵没法跟上延伸的弹幕，利用英军步炮协同脱节，德军抓住机会，迅速进入堑壕各个阵地据点。德军不仅决心不让堑壕的各个地下掩体变成自己的坟墓，而且还要集中步机枪火力狠狠地打。

德军第109预备役步兵团的保罗·施埃特一级下士继续回忆道：“在猛烈的炮火打击下，我们熬了7个昼夜，我们既愤怒又无助；因此，当进攻时刻到来时，我们都很兴奋。终于可以还击了。我们没人认为自己会牺牲或挂彩。现在，我们要让他们付出代价……我们听到了坑道爆破声，接着是一阵短暂的死寂。英军朝我们走来，就像去剧院一般或是在阅兵场行进似的。我们都觉得他们疯了。我们都接到命令要保持完全冷静，所有人都要冷静瞄准目标，千万别浪费子弹。”

在一线的德军步兵迅速对空打出彩色信

号弹，示意炮兵准备战斗，很快炮兵开始实施猛烈的弹幕射击，封锁两军战线中间的无人地带。在密集的炮火和机枪火力打击下，德军对英军的大屠杀开始了。第169步兵团的卡尔·布伦克回忆道："当英军开始前进时，我们都很担心；他们看起来对行进间突破我军阵地志在必得。我们都很震惊地看到他们就这样走过来，以前可从没有过这种景象。到处都是英国兵；成百上千。军官们冲在最前面。我注意到其中一人柱着拐杖，冷静前进。当我们开始射击时，我们要做的仅仅是装填子弹，打光后再装填。他们成百成百地被射杀。我们几乎都不用瞄准，随便扣动扳机就可以打进他们的队形。如果他们跑起来的话，其实是可以凭数量优势突破我们（防线）的。"

更让德军感到兴奋的是，德军炮兵密集的炮火轰击完全封锁了整个无人地带。在炮兵的支援下，德军机枪手们打得更欢了，部分兴奋的德国兵跳上堑壕边上的护栏，朝着英国兵肆意地挖苦讽刺。德军第99预备役步兵团的威廉·朗格三等兵回忆道："我爬上堑壕，把步枪架上一个小坎，不经瞄准就朝穿过无人地带的拥挤的英军士兵开枪射击。他们人多势众，就像森林中的一棵棵树似的。虽然我们把敌人挡在阵地外，但在左翼敌人还是取得了突破。我站了起来，开枪射击，这时我的军官喊我'蹲下来'，可我太兴奋了，我告诉他'他们还没还击呢'。这名军官回答，'你蠢啊，你没听到嗖嗖飞过的子弹声吗？'"

总的来说，在索姆河战役开始的头一个小时里，英军损失惨重，德军在杀伤了大量英军后，堑壕系统的阵地态势基本稳固。可这天的日子还长着呢，英军是否还有机会实现突破呢？虽然，英军投入战斗的84个营已经损失了半数兵力，但还有43个营又即将投入战斗，他们身后还有70个营随时可以奉命参战。另一方面，德军几乎都跃出了地下掩体，上到前沿堑壕投入战斗，这是英军炮兵群发挥威力的绝好机会。如果英军能用好炮兵的话，是可以重创德军的。不过，这一切都是假设，在接下来的战斗中双方又开始了新的决斗。

▲ 扛着维克斯重机枪上战场的英军机枪兵们。遗憾的是，他们在战斗中没有发挥出应有的作用

|第九章|

上午血战

和07点30分大规模总攻击不同的是，后续突击的各个步兵营没有排出整齐的攻击队形。根据原定计划，08点30分以后投入的43个步兵营的任务要根据他们负责进攻地带的重要性、预估的对方抵抗力度，以及距最终目标的距离和其他各种因素而定。虽然这43个步兵营并非同时出击，但按照计划进度表，他们都必须在09点00分到10点00分之间投入战斗。由于第一梯队进攻受挫，英军索姆河战役计划进度表实际已经作废，但由于战役规模宏大，后方各级司令部没法在第一时间收到确切完整的一线战况报告，在这种情况下英军是不可能取消原定计划的。这43个步兵营只能硬着头皮上。

如果说第一梯队的英军84个营的将士们在出击时既紧张又害怕的话，他们至少还充满必胜的信念。第二梯队投入战斗的43个步兵营却已毫无幻想。当第二梯队的英军各营穿过往往还遭到猛烈炮火轰击的交通壕时，他们可以听到或亲眼看到第一梯队的惨状。第二梯队的许多英军步兵营还没有抵达己方前沿堑壕就在德军的猛烈炮轰下蒙受了惨重的损失。一路上，他们碰到了源源不断地抬下来的第一梯队伤员，这些伤员都向他们述说着德军凶猛的防御。尽管已经充分意识到战斗的惨烈，第二梯队的英军各营还是毫不犹豫地投入了战斗。

由于第二梯队参加战斗的步兵营数量也不少，先让我们把镜头聚焦到谢尔伍德森林者步兵团11营身上。该营隶属于英军第70步兵旅，是旅长戈登准将手上的最后一个营。正是在师长的压迫下，戈登准将无奈地把它投入了战斗。按照指示，谢尔伍德森林者步兵团11营的任务是超越第70步兵旅第一梯队的3个营，对第70步兵旅的终极目标——德军防线纵深2000码处的穆克农庄实施突击。为了鼓励将士们奋勇战斗，戈登准将承诺派野战炊事兵在他们身后跟进，打完仗就给他们煮

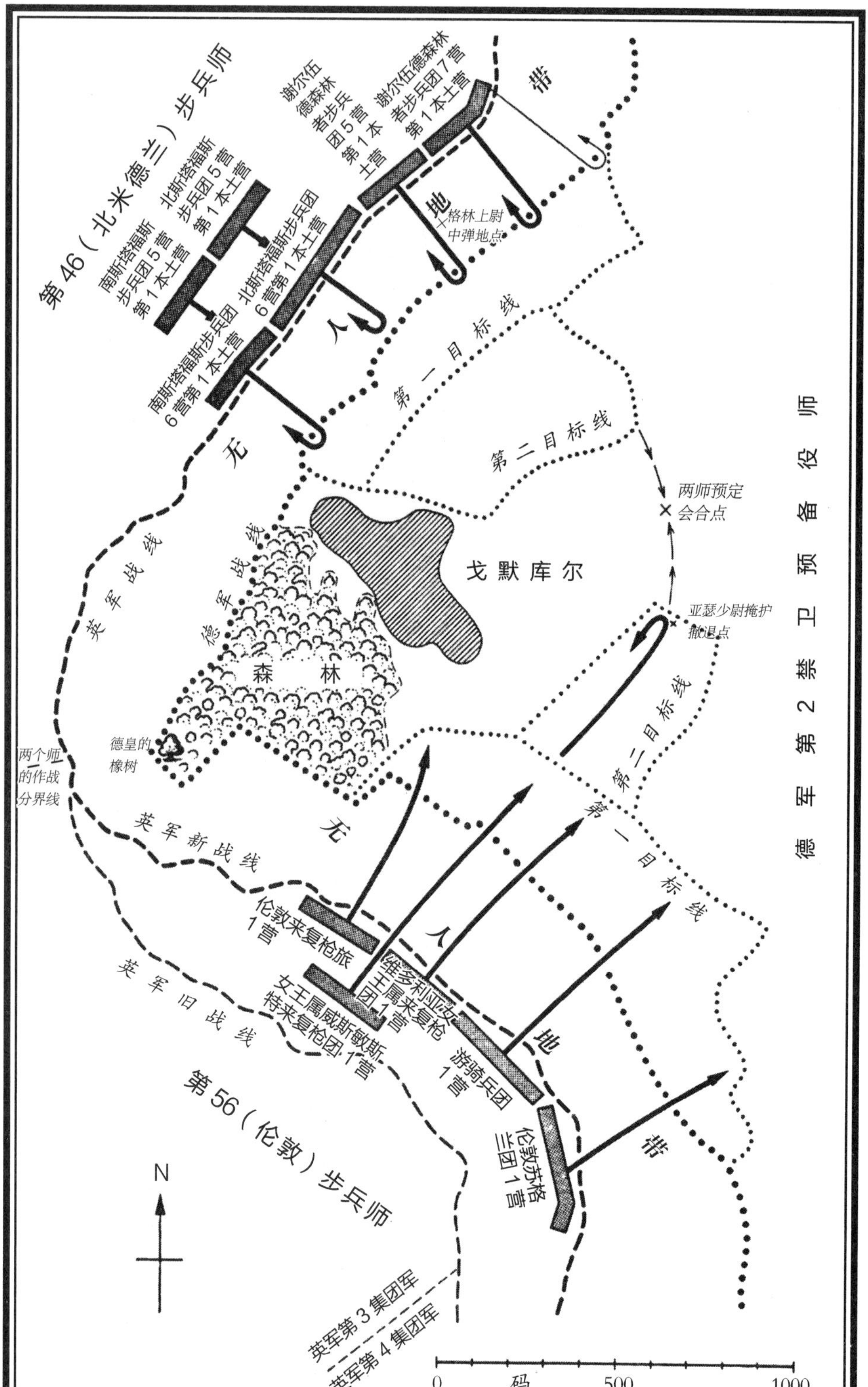

对戈默库尔突出部的佯攻

一顿可口的热饭吃。

踏上战场时，谢尔伍德森林者步兵团11营发现德军炮火正给冲在他们前面的约克和兰开夏郡步兵团9营造成可怕的伤亡。谢尔伍德森林者步兵团11营的F.W.A.特纳列兵回忆道："进攻前我们协助在交通壕边上挖了一些集结掩体。这些掩体并不深，高出头部约2英尺，不过却足以容纳1个排的兵力。当我们前进对敌人展开攻击时，却发现许多人被德军炮弹击中。不一会儿，掩体里就躺满了死尸、撕裂的四肢和到处求救的重伤员，可我们却不敢停下来。交通壕浸满了鲜血。"

参加进攻的第二梯队英军各营也有不少花絮。诺森伯兰燧发枪团13营的G.布朗布里奇列兵回忆道："我发现自己并非孤单一人，我旁边有一名中尉站着，正像果冻似的在摇晃，这让我有些战战兢兢。他看起来很年轻，年纪和我相仿，刚刚在几天前加入我营。我喊他爬上堑壕顶部，可他却冷漠地看了我一眼就没再说什么了。我打开了我的酒瓶，里面是我攒了几天的朗姆酒，递给了他，而他一定是个禁酒主义者，因为他仅仅咂了一小口。我告诉他痛快喝一口，他照做了。（奇迹出现了）我从未见到过一个人如此快地找到自己的勇气。他拔出自己的左轮枪，爬上梯子，像兔子似的飞奔着冲上战场。如果没有朗姆酒的话，我们可能要输掉战争了。"

在绝大部分进攻地带，英军第二梯队的许多步兵刚刚跃出堑壕，仅仅前进了几码就遭德军猛烈火力打击而倒下大片死伤者。皇家都柏林燧发枪团2营A.塞恩斯伯里中尉回忆道："09点00分，我们开始穿过开阔地。伤亡，当然很快就发生了。我的印象是，尽管爆炸声四响且尘土飞扬，但机枪火力也给我军造成了不小的损失。我没走出多远，也不确定自己是否走到了我们的铁丝网地带，密集的炮火轰击让整个地表都变了样，我只听到砰的一声，大腿就挨了枪子。"

▲ 英军士兵们把负伤的战友从战场上给抬了下来，这里处处能感受到温暖的战友情

英军公共学校步兵营的E.休斯顿列兵回忆道："（你可以）想象一下在暴风雨天绊倒在一片犁过的地里，炮火轰鸣，前方有无数道炮弹爆炸的闪光。这一切加在一起，宛如地狱般的恐怖场景正是我们行进的战场。对我来说，战场上的枪林弹雨比起任何一场暴风雨都要恐怖百倍。在这场风暴中，我们损失了很多士兵。噢，不，应该说是损失了很多小伙子们，因为我们都来自公共学校步兵营。他们很多都是好小伙，想起让他们去对抗训练有素的德意志帝国陆军官兵，我都心生厌恶。"

当然，也总有少数人比其他人要幸运和坚韧，他们突破了德军炮火和机枪火力封锁的无人地带，突至德军堑壕系统前的铁丝网地带，可就是他们也不得不和第一梯队各营的幸存者们一起卧倒在弹坑里躲避德军密集的火力打击。在部分地区，英军的进攻完全受挫，第一梯队的冲击失败了，第二梯队的进攻也没有成功。

在博蒙·阿梅尔附近，年轻的阿尔伯特·麦克米兰列兵对自己在战争中第一天的表现充满期待。公共学校步兵营的将士们以敏捷的动作跃出堑壕，冲上无人地带，试图支援第一梯队的各个步兵营进攻战斗时，同样也遭到了德军绵密的炮火和机枪火力拦阻。虽有少数幸运儿冲到德军铁丝网地带，但却无法继续前进一步，其中就有麦克米兰列兵。和他一起待在弹坑里的是一位背部受到弹片伤的士兵。由于这位伤兵没法自行包扎，因此麦克米兰过来帮他一把，不过弹坑太浅了，为了安全谁也无法自由移动。由于动作太粗鲁了，麦克米兰一下把碘酒瓶打开将整瓶碘酒全都倒在了伤口上，疼得那位伤员直喊。不过，麦克米兰很快意识到自己的错误，并迅速给他包扎起来，然后目送这位战友趁着落弹间隙爬回英军战线。

在英军看来，德军似乎专守防卫，只是守住自己的堑壕，并没有组织反击将突入铁丝网地带的英军赶出去。沿着索姆河宽达18英里的战线，德军仅仅对利兹同城步兵团1营组织了一次软弱无力的反击，试图把英军赶出堑壕前沿的铁丝网地带，一赶走，德军就又很快撤回自己的堑壕。经历这次战斗的利兹同城步兵团1营的A.霍华德列兵回忆道："左翼，德军一个小分队爬出堑壕。他们踢开了一两具尸体，并朝任何有生命迹象的人补枪或刺杀。"

在索姆河战线其他各个地段，德军主要还是以防卫为主，虽然部分德军表现出十足的信心，继续站在堑壕护栏上瞄准目标或嘲笑英国兵，但他们却没有选择出击。两军战线中间的无人地带已经挤满了采取各种姿势良好隐蔽的英军官兵，他们跨着步枪并带着充足的弹药。虽然他们没有继续前进，却可以瞄准射击站在堑壕护栏上的德军步机枪手。从这时起，部分英军士兵从清晨的错愕中醒了过来，开始大胆而冷静地还击。在他们准确的射击下，不少站在堑壕护栏上的德军士兵纷纷中弹跌回堑壕。不一会儿，先前还嚣张地站在堑壕护栏上放肆朝英军射击的德军步机枪手们再也不敢如此露头，纷纷隐蔽。如此，无人地带的英军冷枪活动还是持续了一个上午。

在参加攻击的英军第一和第二梯队官兵中，最失意的人莫过于各营营长。进攻受挫和敌火下往来运动的高危性都极大地限制了他们指挥能力的发挥。在当天上午的战斗中，许多营长只能眼睁睁地看着这些优秀的志愿兵们被德军的炮火和机枪火力撕成碎片。不过，能担任英国陆军步兵营营长的他们也并非都是一群"不作为"的人，他们也在努力采取各种措施扭转不利局面。

按照英国陆军的标准，营长的军衔通常都是中校，他们应该待在自己的堑壕里，让手下的连长和排长指挥最初的进攻；结果部队在无人地带突然遭到德军火力打击而陷入混乱时，根本找不出一个能够指挥营以上部队的合格军官。许多营长接到上级的特别命令，严禁参加战斗，只有在所部拿下预定目标后才能过去和部队会合。不过，这些营长并没有执行上级的这道命令，而是跟随后几波部队踏上了战场。

战斗中，部分幸运地穿过无人地带的英军步兵营营长在夺取的德军堑壕里建立了自己的指挥部。可接着他们却遇到了一个新的问题，那就是缺乏及时可靠的通信网络。虽然他们采取了各种通信联络手段试图和后方取得联系，但在索姆河战役第一天硝烟弥漫的情况下却效果不彰。英军采取的通信联络方式有视觉通信法、信号旗联络法、信号灯联络法，这些方式在硝烟弥漫的索姆河战场上消息传递效率慢得惊人，许多通信兵耗费几个小时才勉强向后方传递一个信息，而且还往往因为在信号传递过程中自身暴露而战死。很多情况下，英军只得采取对空发射信号弹的方式和后方联络，可这种联络方式却因德军也使用信号弹联络而效率降低。从英军堑壕，英军观察员没法判明在德军防御地带升空的信号弹究竟是德军打的还是英军打的。野战电话联系也不可靠，因为德军炮火太猛，经常炸断电话线。为了保障有线通信联络畅通，英军电话架线兵只得不断跑回两军战线中间的无人地带，在炮火下修补电话线并因此蒙受了惨重的损失。最后一种消息传递办法就是各个步兵营或步兵连往往采取人力传递方式，派通讯员徒步传达

▲ 尸横一地，索姆河战役第一天对英军来说是永远无法抹去的痛

报告和请求指示，这是步兵单位中最危险的行当，不仅通讯员伤亡率高，而且消息还往往无法传达到位。

前面提到的雷金纳德·巴斯塔德中校就备受通信联络问题的困扰，他的那支混编部队陷在德军堑壕里遭到德军三面反突击，被迫步步退却，可援军却苦候未至。最终，由于损失太大，雷金纳德·巴斯塔德中校被迫率残部退出了德军堑壕，在铁丝网附近组织防御。巴斯塔德生性就喜欢进攻，他先是命令大伙就地组织防御自己返回后方求援然后再组织攻击，决不让德国人逞威。

巴斯塔德设法穿过了德军炮火和机枪火力封锁的无人地带，安然无恙地回到英军堑壕却发现他所在的步兵旅的第4个营，也就是他一直期待的援军并没有上路。无奈之下，他只得把林肯郡步兵团2营、皇家伯克郡步兵团2营和皇家爱尔兰来复枪团1营留在后方所有能上的人都集合起来，组成一支临时战斗群，带着他们前去增援困在德军铁丝网地带所部。可当巴斯塔德中校带他们进入无人地带时，他们却不肯前进了。在进也不是、退也不是的当头，德军一阵准确的火力打过来，给他们造成了惨重的损失，巴斯塔德手下的兵力一下子变成了只剩30人。

说起来，雷金纳德·巴斯塔德中校可真是个幸运儿。在许多营长因履行指挥职责，成为德军狙击手明显的目标而中弹倒下的时候；或是侥幸活下来的营长不得不隐蔽在弹坑里的时候；雷金纳德·巴斯塔德却两次跨过无人地带而丝毫未损。

虽然营长们都知道他们待在安全的英军堑壕里所起的作用和上两军战线中间无人地带指挥被压制住的己方步兵营相差无几，可本能却驱使他们继续前进。边防团11营的F.埃兰一等兵回忆道：“我是一名随同马切尔上校和副官行进的野战文书。昨天（战役爆发前一天），营长就说，‘如果事情搞砸了的话，我就会上来亲自搞掂。’由于没有收到（手下）各连的报告，所有人都很紧张。上校有些坐立不安，紧盯着所部的进展，最终决定亲自出马，可他刚刚离开堑壕就被一发子弹爆头，当即丧命。接着，副官抢回上校尸体时也负重伤，副营长也很快挂彩……仅仅几秒钟的功夫，全营就变得群龙无首。”

命运不济的营长不少，但也有人运气很好。纽卡斯尔商业步兵团1营的S.亨德森一等兵就回忆道：“里特森上校目送各连进入了无人地带。我清楚地记得，他站在英军前沿堑壕里，泪水夺眶而出，一遍遍地说，‘我的上帝啊！我的小伙子们！我的小伙子们！’我不得不扑上去把他按倒在地。如果他再这样的话，肯定会被打死的。”

这些上战场的营长们伤亡率很高。谢尔伍德森林者步兵团7营第1本土营的A.H.汤姆林森列兵回忆道：“我奉命无论如何要和海德上校待在一起。当我们冲到德军铁丝网地带时，我惊讶地看到铁丝网竟然还是完好无损的，而进攻前我们被告知铁丝网地带已被摧毁了。上校和我隐蔽在河岸边，不一会儿上校起身想看得更清楚点，前额马上就被一发子弹命中。”

米德塞克斯步兵团2营营长桑迪斯中校，战前最担心麦芽山谷的德军铁丝网完好的他也不幸负伤。米德塞克斯步兵团2营的部分将士顽强冲过了750码的无人地带，甚至一小股将士一度占领了德军前沿堑壕，可该营的伤亡却十分惨重。桑迪斯紧跟着手下将士前进，很快就中弹了。虽然伤势并不严重，但他还是不得不被送往后方。

索姆河战场今貌

不仅营长损失很大，旅长也出现了一些伤亡。C.B.普劳斯准将对该旅进攻连番被德军的顽强抵抗所阻感到异常沮丧，因此他决定亲临一线重新组织攻击，不幸重伤。一份报告声称，他是柱着拐棍攻击德军机枪火力点时被打中的，可他负伤的真正原因是炮弹所致。在送到伤患处理站后不久，他就咽气了。

总之，在当天的战斗中，英军损失了2位旅长、50位营长和1位皇家陆军卫生队的中校，其中31人战死。换句话说中级军官的伤亡率颇高。

现在，德军也开始组织反突击，逐个拔掉英军在德军前沿堑壕打下的部分楔子。德军士兵在遭到英军攻击后反应很快，相反英军因为突破无人地带时损失惨重，只能临时拼凑小分队突入德军前沿堑壕战斗，寡不敌众的英军不得不让出部分战果。

在巴斯塔德带领残余的30人组织第二次冲击后，他的旅长意识到继续攻击只是徒劳无益，决定停止进攻。在接到命令后，巴斯塔德第三次穿过两军战线中间的无人地带，把留在德军堑壕前沿铁丝网地带苦守煎熬的部队给带了回来。国王属约克郡轻步兵团8营的K.E.波伊瑟尔上尉负伤倒在附近的弹坑里，目睹了巴斯塔德和战友们的撤退："我在弹坑里又待了几个小时，亲眼目睹了林肯郡步兵团2营1个排排着整齐的队形，撤回我方战线。"

雷金纳德·巴斯塔德中校现在又开始第四次穿过两军战线中间的无人地带。令人惊叹的是，他的运气是如此之好，以致于在往返穿过死亡陷阱无人地带竟然毫发无损。他的故事充分说明了一位干练军官的决心，不过他的努力却因为上级的无能和倒霉而白白浪费了。

在战场的最左翼，也就是戈默库尔附近，号兵比尔·索尔和来自谢尔伍德森林者步兵团7营第1本土营的4名官兵被隔在德军战线后方。这次攻击已经完全失败，3名德军出现在他们背后的一条堑壕里，既封住了他们的退路，又朝他们发射枪榴弹。索尔的一位号兵战友腿部中弹负伤，他催促索尔赶紧离开他逃命去吧。

可索尔既不想就这么把战友扔下，也不敢停留太久，否则等待他的就是战死沙场或成为德军俘虏。他站起身全速朝德军所在的堑壕跑去。尽管他背负沉重装备，但还是从3名德国兵头顶上跨过；落地时，他听到了3名德国兵的一片惊叹之声。他继续撒腿狂奔，从一个口子穿过了德军的铁丝网地带，奔向无人地带的一个芦苇丛。震惊不已的德国兵没能及时反应过来，目送索尔完成隐蔽却一弹未发。

德国兵不相信索尔真的要跑，他们还"真切"地对索尔喊话："过来啊，汤米！过来啊！"看到没法说服索尔投降，德军开始对索尔隐蔽的地方发射枪榴弹。虽然其中一发枪榴弹打中了索尔的手臂，令他负伤，但索尔还是忍住剧痛，一声不吭。

在拉布瓦塞勒，泰恩塞德爱尔兰步兵旅尽管只剩50人而且被完全孤立在德军防线纵深，但还是决定继续扑向孔塔尔迈松。当时，第34步兵师已经意识到进攻失败并下令暂停攻击。不幸的是，这道命令没能传达给泰恩塞德爱尔兰旅。指挥这个旅残余50人的可能是一名下级军官，他勇敢地带领剩下的爱尔兰士兵们，沿着德军堑壕和部分开阔地交替跃进，冲击孔塔尔迈松。虽然在冲击过程中，他们避开了德军大部队的阻击，可在抵达孔塔尔迈松时，他们的好运到头了，只剩30人（另20人倒在了冲击的路上）的他们是不可能攻下一个被德军加固成堡垒的村庄并活着守下去的。

当他们冲进了德军火力网时就意识到自己是在飞蛾扑火，赶紧转身准备撤退，可一切都晚了。最终，这些泰恩塞德爱尔兰旅的勇士都倒在了德军防线纵深2000码处。从出发点起算，他们整整前进了4000码，是1916年7月1日英军突破德军防线最远的部队。

除了知名的泰恩塞德爱尔兰步兵旅残部被全灭外，还有不少英军以小分队的形式，在没有任何军官指挥的情况下，顽强冲进德军防线，结果都被反击的德军消灭。根据最终统计的伤亡数字显示，这类英军投降人数极少。他们大部分都战斗到底，倒毙在德军堑壕一角里。

在部分地段，英军虽然以足够的兵力

孔塔尔迈松周围堑壕阵地

突入德军前沿堑壕并牢牢守住了既得阵地，但却无力进一步发展进攻。特别是在四面堡垒，这个堡垒由于周围地势狭窄，嵌入了无人地带，双方战线离得很近。德军早就决定，一旦遭到英军进攻就弃守该地，并在四面堡垒只留下1名机枪手，他尽可能地给进攻的英军造成了大量的损失，当这名机枪手被迫撤退时，德军工兵引爆了四面堡垒里埋设的炸药。由于操作失误，炸药比预定时间提前爆炸，致使德军工兵和机枪手一起被炸上西天。

离四面堡不远，珀西·查普尔和连长，以及连里的部分将士，突破了德军堑壕的头两道，抵达了第三道堑壕，却发现空无一人。眼看部下累得气喘吁吁，上尉连长赶紧命令大伙儿休息一下喘口气，并巩固既得阵地。同时，大伙也紧急搜查地下掩体确认没有藏匿德军，然后在夺取的阵地两端拉铁丝网。除开查普尔和上尉连长，跟他们在一起的还有1名中士和9名士兵。虽然周围枪炮声响个不停，但他们已经确保了阵地空无德军，一切都很平静。

不过，连长可不是甘心安于现状的人，他决定组织进一步侦察，并命令查普尔、中士和他一起出发。他们沿着一条空交通壕行进，很快抵达了下一个德军堑壕，可还是没有发现德军迹象。随着他们逐步深入德军防线，大伙儿也开始紧张起来，都担心自己孤立无援。不久，一名负伤的萨默塞特轻步兵团1营军官也加入进来，经过两人协商，查普尔奉命在两名军官返回（连长和这名军官独自前去侦察）下达进一步命令前，要负责带好这个小型侦察队。

查普尔面带忧郁地望着两位军官离去，他赶紧和中士一起讨论下一步该怎么办。他们的意见是，如果背后响起密集爆炸声的话，就表明他们肯定被切断了后路，留守的将士也必定正遭到德军的猛烈反击。与此同时，一群德军突然出现在他们面前的一个小高地，并开始朝他们砸手榴弹。幸运的是，手榴弹的落点很近。此时，查普尔正和中士一起夹在两路德军之间。他可不能在这里坐以待毙，于是他叫中士和他一起朝着他认为安全的方向狂奔。冲上开阔地，他沿着一个个弹坑逐次跃进，最终跳进一条空的堑壕。回头一望，他却没有看到中士随行！这可如何是好啊！

查普尔又谨慎地往周围望了望，看到150码外有一群英国士兵，可他和这群英国士兵之间却隔着一条挤满德国兵的堑壕。他有些犹豫，不知道该怎么做，可当一枚手榴弹在身旁爆炸时，他马上做出决定——和这群英国士兵会合。他爬上堑壕护栏，再次撒腿狂奔。虽然子弹嗖嗖地从耳边飞过，但冥冥之中似有天佑，子弹像长了眼睛似的就是没有和查普尔亲密接触。命大的查普尔在德军的注视之下，飞身跃过德军堑壕，然后扑倒进英军所在的堑壕里。

其实，查普尔跃进的是被英军炸毁的四面堡垒，他很快发现自己站在英军希福斯高地团1营（the Seaforth Highlanders）的一名中校身旁，这名中校此时正在组织防御。查普尔飞身跳进四面堡垒的举动让德军恼羞成怒，迅速组织对英军堑壕的射击。一时间，四面堡垒弹雨横飞，希福斯高地团1营的中校营长决定立即出击，把对面堑壕的德军给赶出去。命令很快传达下去：哨音响起，希福斯高地团1营每人都要射5弹，然后冲击。可当命令传达下去后，该营的一位下士马上怀揣一堆手榴弹，冲出堑壕走向德军，一边用苏格兰语骂脏话，一边猛砸手榴弹，给德军造成了很大的混乱和伤亡，但当他抵达德军堑壕时不幸

▲ 英军坑道工兵连20勇士，他们全部都在爆破战斗中壮烈牺牲

中弹倒下。在他英勇举动的鼓舞下，希福斯高地团1营全体将士爬出堡垒残骸，冲向德军堑壕，到处射击和刺杀，直至将德军扫荡殆尽，巩固四面堡垒为止。

战斗结束后，四面堡垒恢复了平静，里面挤满了至少来自5个不同番号营的英军士兵，希福斯高地团1营中校营长命令每组防守一角，组织环形防御。查普尔很高兴地找到了50名群龙无首的萨默塞特轻步兵团1营士兵，因此他负责指挥他们并组织防御。这群英军经过连续不断的战斗后，弹药消耗很大，但在搜查德军地下掩体时他们发现了一个储备大量德军手榴弹的弹药库。

在一整个上午的时间里，四面堡垒的英军连续击退了德军几次漫不经心的反击，自身损失不大。

虽然英军在进攻初期损失很大，但他们还是达成了3个实质性的胜利：第56（伦敦）步兵师在戈默库尔突出部的牵制攻击获得胜利，第36（阿尔斯特）步兵师在蒂耶普瓦勒达成突破，右翼的4个英军步兵师和法军一起在蒙托班方向达成突破。

英军第3集团军所辖的第46（北米德兰）步兵师和第56（伦敦）步兵师分别负责从北面和南面对戈默库尔突出部实施对进突击。按计划，在进攻第一阶段两个师就要占领戈默库尔突出部南北两翼的德军堑壕系统，然后在戈默库尔村后方会师，合围戈默库尔突出部的德军。

第56（伦敦）步兵师也许是当时驻法英军中最好的本土军部队。该师的各个步兵营不仅经历过许多战斗，而且拥有一批战前训练有素的志愿兵。这些士兵们绝大部分受过良好的教育，这些精英很多是伦敦的从商人员，他们许多人后面都成为其他各师的军官。

第56步兵师最初进展良好。不到1个小时，该师的4个步兵营——伦敦来复枪旅1营、维多利亚女王属来复枪团1营（Queen Victoria's Rifles）、游骑兵团1营和伦敦苏格兰步兵团1营——从他们在战前延伸到无人地带的新堑壕出击，很快拿下了所有预定目标。伦敦苏格兰步兵团1营的C.J.洛夫少校回忆道：“09点00分，我们拿下了最后的目标，可德国人的堑壕千疮百孔，我们没法知道自己的确切位置。我连里的150名官兵中只有35人未伤。这段最后的堑壕，同时也是整个原野地带最安全的地方，因为无论是我们的炮兵，还是德国人的炮兵都没有朝这里开炮；他们（指德国人）没法确定自己人是否还在。”

第56步兵师下辖的第5个步兵营——女王属威斯敏斯特来复枪团1营（Queen's Westminster Rifles），作为第二梯队准备展开第二阶段突击，任务是打到戈默库尔村背后和第46步兵师会师。虽然第56步兵师的步兵全都是伦敦人，但师先锋营却是柴郡步兵团5营第1本土营（1/5th Cheshires）。该先锋营的部分先锋排紧随第56步兵师各营在占领的德军堑壕地带修筑据点。奉命配属给女王属威斯敏斯特来复枪团1营作战的该先锋营先锋排由乔治·斯图亚特·亚瑟少尉所率。

09点00分，女王属威斯敏斯特来复枪团1营要派一个投弹组前出到一条直接通达戈默库尔村后方的德军堑壕，意在和英军第46步兵师会合。可女王属威斯特敏斯来复枪团1营损失太大了，已经抽不出军官来领导投弹组。这时，斯图亚特·亚瑟少尉已经赶到，他留下自己的先锋排筑城，然后不顾手臂轻伤就率女王属威斯特敏斯来复枪团1营投弹组参加战斗。

投弹组沿着德军堑壕一路攻击前进400码，不一会儿他们就逼近了预定会合点。遗憾的是第46步兵师没来。相反，亚瑟少尉和他的投弹组遭到一股德军的强力反扑。在激烈的手榴弹战斗中，女王属威斯敏斯特来复枪团1营投弹组的手榴弹很快耗尽。亚瑟少尉命令投弹手们后撤到安全地带，他自己留下拖住德军一会儿。当投弹手们安全撤下来的时候，却听到了持续传来的爆炸声。英勇的斯图

德军第111预备役步兵团，他们在索姆河战役中表现得同样很出色

亚特·亚瑟少尉为了掩护大伙撤退，自己英勇捐躯。

对英军来说，最大的胜利莫过于在罗林森上将的第4集团军右翼的4个英军步兵师全部拿下了各自的预定目标，只有弗里库尔还在德军的手上。接着，这几个师稍做调整，又继续准备朝他们下一个目标进发。

在他们夺取的弗里库尔附近的洛里堑壕里，菲利普·霍威中尉的西约克郡步兵团10营在一整个上午的时间里，连续击退德军多次反扑，牢牢守住阵地，可他们的弹药也消耗很大，到中午的时候已所剩无几。霍威有些绝望了，遂认真地问下属，究竟是撤回己方堑壕呢，还是投降为好。让他感到欣慰的是大家都同意只要打光子弹就投降。仿佛是上天有意要考验霍威似的，左侧堑壕响起了密集的爆炸声。霍威和手下的将士们都忐忑不安地等待着对方的到来。如果来者是德国人的话，那么一切就结束了。

可让他们感到惊喜地是，来者竟然是英军约克和兰开夏郡步兵团10营的战友。至此，霍威和手下将士们才知道，他们左侧的战壕已经完全落入了英军之手。既然后续部队上来了，那么这支小小的部队继续留在前线也就没有必要了。霍威在把防务移交给友军后，带着自己的战士穿过无人地带，返回了己方战线。当他们疲惫不堪地走回去清点兵力时才发现原本满编800人的西约克郡步兵团10营现在只剩下40人而已。

往北5英里，英军第36（阿尔斯特）步兵师也获得了辉煌的胜利。该师下辖的6个步兵营夺取了蒂耶普瓦勒村与安克河之间宽大而开阔的德军防线；其中的2个营还跨过了安克河，在对岸攻下了安克河泛区边缘的部分德军阵地。在第36步兵师主攻地带的德军战线后方，是德军在索姆河地区最大的堡垒之一——施瓦本堡垒，在该堡垒的后面是德军的第二个主阵地。这个地区是黑格说服罗林森囊括进作战目标的德军第二道防线的一部分。德军防线地段。为此，英军第36步兵师的第3旅（贝尔法斯特旅）超越先头2个旅，承担起攻克施瓦本堡垒和进攻德军第二道防线的重任。

进攻伊始，第36（阿尔斯特）步兵师就享有一个极大的优势：他们的防线在蒂耶普瓦勒森林边缘，因此德军无法观察到他们的兵力集结地。清晨06点00分，第36步兵师所辖的10个步兵营在森林完成集结；德军实施的炮火反击行动，虽给该师造成部分伤亡，但大部分将士皆安全无恙。

和其他英军部队不同的是，第36（阿尔斯特）步兵师的将士们异常兴奋地期待战斗时刻的到来。该师第一梯队各营奉命在07点30分前首先跃出森林，然后充分利用一条沿着无人地带延伸的下沉公路，潜伏到德军前沿堑壕附近。零时，英军开始炮火延伸。号兵吹响进攻号声。第36步兵师没有像其他英军步兵师那样排出整齐队形走向德军防线，而是一跃而起勇猛冲击。在他们面前，德军堑壕前沿的铁丝网地带已被摧毁，而德军士兵也只是迟缓地从地下掩体钻出。经过短促而激烈的战斗，阿尔斯特步兵师夺取了指定目标区的大部分德军前沿堑壕。合理的战术和及时冲刺相结合，让阿尔斯特步兵师很快达成了最初的目标。

接着，该师继续朝施瓦本堡垒前进。不过，突如其来的两件事却阻滞了第36（阿尔斯特）步兵师的进展。在他们的右翼，英军第32步兵师刚开始进攻就失败了，读者应该没有忘记第32步兵师两个突击尖刀营在蒂耶普瓦勒山嘴的血战，由于投入战斗的6个连伤亡

虽然德军防御战斗打得很不错，但损失也不小

殆尽，两位营长认为进攻已经失败就没有把最后一个连投入战斗，导致蒂耶普瓦勒山嘴最终还牢牢掌握在德军手中。在蒂耶普瓦勒村废墟和山嘴的城堡里，德军布置了大量机枪火力点进行绵密的拦阻射击。他们在粉碎了英军第32步兵师的冲击后，迅速调转火力打第36（阿尔斯特）步兵师。不一会儿，德军猛烈的机枪火力就打到了蒂耶普瓦勒森林外的无人地带，担任第二梯队跟进打击的贝尔法斯特旅将士不得不冒着极大危险穿过火力地带，增援第一梯队。这是第36（阿尔斯特）步兵师面临的第一个障碍。

第二个障碍就是施瓦本堡垒守军的激烈抵抗。施瓦本堡垒的德军反应很快，迅速钻出地下掩体拼死抵抗，让第36步兵师第一梯队的6个营陷入苦战。但他们发挥了爱尔兰士兵勇猛的作战精神，拼死突击。不一会儿，他们就打下了德军一条堑壕，并逐步夺取了施瓦本堡垒。

就在第一梯队6个营苦战施瓦本堡垒时，贝尔法斯特步兵旅的4个营也冲了上来，突击德军第二道堑壕。然而，他们在试图跨过无人地带时遭到了蒂耶普瓦勒的德军的猛烈机枪火力和炮火拦阻，死伤惨重。在猛烈火力打击下，部分官兵有些动摇了，这时西贝尔法斯特步兵团1营（West Belfasts）的一名连长——乔治·加菲金少校，脱下了他的橙色腰带，高高举起挥动，让全体将士都看得一清二楚，然后他模仿博伊河战役中的吼声，大声说道："来吧，小伙子们！绝不投降！（Come on, boys! No surrender!）"他的举动振奋了全体将士，大家都紧紧跟着他跨过了无人地带。

不过，贝尔法斯特旅无法轻易就抵达德军第二道堑壕，而是先得参加对施瓦本堡垒的攻击。现在，英军至少有8个营的兵力围攻施瓦本堡垒。根据第36（阿尔斯特）步兵师师部的命令，不允许一个营部跨过两军战线中间的无人地带，可还是有两位中校营长违抗了这道命令；其中一人一走出蒂耶普瓦勒森林就被击毙，另一个中校也没能冲到施瓦本堡垒。战斗打得毫无协同，完全就是残酷的近距离混战而已。贝尔法斯特青年城市者步兵营的J.格兰奇列兵回忆道："我们遭到一位狙击手的射击；在我们靠近前他已经干掉（我们）五六个人。我们的军士长冲上去从德国兵手里抢下枪，然后一把砸碎了他的脑袋。”

东贝尔法斯特志愿兵团1营（East Belfast Volunteers）的R.S.德雷恩回忆道：“另一名战友和我隐蔽在（德军）堑壕附近的一个弹坑里，我们看到一队德国兵正蹲在堑壕里，仅露出晃动的钢盔。我对战友说，‘我先干掉第一个，然后你打第二个。’我们等了相当长时间，直到他们进入堑壕较浅的一段，才开火射击，把他们统统打飞了……不久，我听到100码外传来爆炸声，我扭头一看发现不到20码远竟然有一支德国步枪正瞄着我，于是赶紧撒腿逃跑。”

德里志愿兵团1营的J.德文涅列兵回忆道：“我们冲到三个据认为有德国兵藏匿的地下掩体旁，沿着梯子往里面投下3个装满手榴弹的袋子，然后小伙子们对下面又是喊话又是脏话怒骂。德军的地下掩体有带烟囱的壁炉或通风口。臼炮连的部分官兵也赶了过来，拔掉臼炮引信顺着通风口往下砸。不一会儿，我们就听到了接二连三的爆炸声。”

贝尔法斯特青年城市者步兵营的J.A.亨德森一等兵回忆道：“我发现了一名德国兵，身负重伤。他看上去已经渴疯了。我把水递给他，虽然这是严重违反命令的举动。接着，我发现了我方一位战友；他伤势很重，头部中弹，腿几乎没了。他求我给他来个痛快，可我没那么做。”

在这次激烈的战斗中，英军第36（阿尔斯特）步兵师赢得了当天该师的第二枚维多利亚十字勋章。埃里克·贝尔上尉，配属给臼炮连的一名泰隆志愿者团军官，随同步兵一起冲进施瓦本堡垒。他勇敢地率领失去自己的指挥官的步兵们在施瓦本堡垒中战斗，并向德军砸臼炮弹，不幸中弹战死。

10点左右，战斗结束了。英军第36（阿尔斯特）步兵师拿下了整个施瓦本堡垒，抓获了500名德军战俘。接着，该师往两翼派巡逻队搜索。其中一支巡逻队试图突入蒂耶普瓦勒村时被击退，另一支巡逻队前往蒂耶普瓦勒村背后的堑壕搜索德军时，却发现堑壕里空空如也。然而，第36步兵师的计划中没有进行大胆侧翼包抄的行动，在施瓦本堡垒里也缺乏统一指挥，使得他们没能沿着两翼迂回，丧失从背后攻克蒂耶普瓦勒村的机会。

尽管如此，英军第36（阿尔斯特）步兵师还是对德军第二道堑壕组织了攻击。不过，阿尔斯特师锐气不再，由于伤亡和混乱，他们没有按计划投入1个旅的兵力，而是只上了2个小分队展开攻击。当时就在施瓦本堡垒方向第二道防线的德国陆军第26野战炮兵团的菲利克斯·基谢尔二级上士回忆道：“09点00分，我刚钻进斯图普堡垒（Stuff Redoubt）的地下掩体，就有人用惊讶的语气朝我喊‘汤米在这儿’。我赶紧冲过来看（情况），恰在铁丝网外，10到20名英国士兵顶着扁平的钢盔行进着。我们没有步枪，没有左轮枪，没有手榴弹，没有子弹，什么都没有；我们仅仅是炮兵观察员而已。似乎我们只有投降一条路，很快英军炮兵开始轰击我们的堑壕；但炮火打得太近并击中了英军步兵，迫使他们后退。如果英军突破过来的话，他们的对手仅仅是文书、炊事兵、传令兵之类的角色。在我们左右各几百米地段，都找不到哪怕一位德国兵。这真是极其危险的时刻。”

遗憾的是第36（阿尔斯特）步兵师的攻击正面太狭窄了，他们在突破无人地带和攻下施瓦本堡垒时损失太大，没法继续组织有力进攻。西贝尔法斯特志愿者步兵团1营的

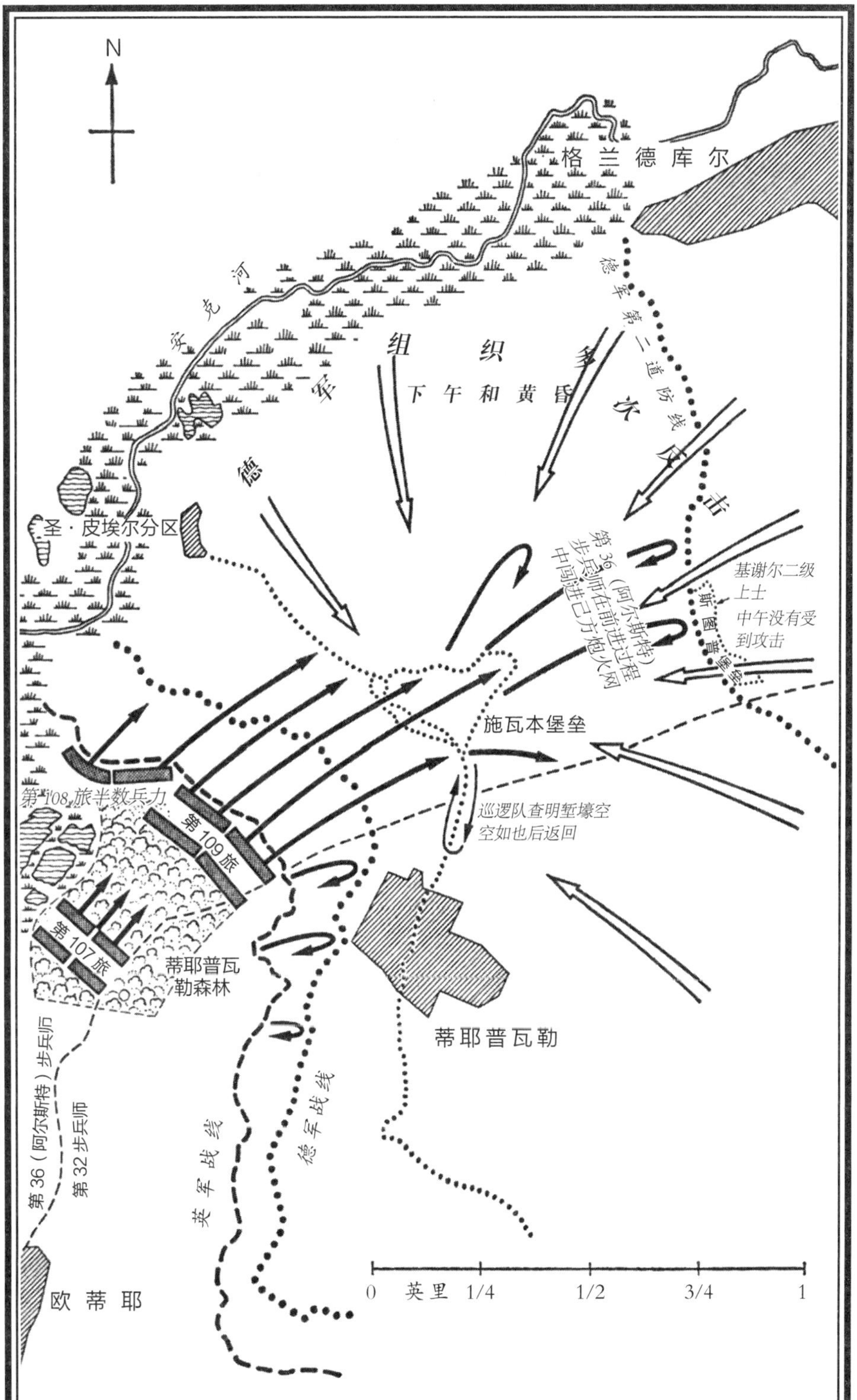

第36（阿尔斯特）步兵师的进攻态势图

英军在第一次世界大战中广泛使用的米勒斯手榴弹

G.A.劳埃德下士回忆道："在德军（第二道防线）铁丝网前沿的开阔地我们被压住了。感觉那真是一片地狱；英军炮兵朝我们猛烈开火，德军炮兵也朝我们射击，步机枪火力也朝我们猛打过来。"

东贝尔法斯特志愿者步兵团1营的R.S.德雷恩继续回忆道："我们就寥寥几个人冲向德军第二道堑壕；他们的铁丝网几乎完好无损。透过格兰德库尔村的残骸，我清楚地看到一群德国兵正在那里，准备反击。我们试着突破铁丝网但没有成功，被迫撤了回来。"

尽管因为组织问题进攻受挫，但第36（阿尔斯特）步兵师却还是成为整个索姆河战线唯一一个抵达德军第二道堑壕线的部队。他们的突破纵深幅度，几乎和泰恩塞德爱尔兰步兵旅和皇家苏格兰步兵团一样远。英军第36（阿尔斯特）步兵师做为新军的一个步兵师，建制内并无常备军的步兵营，索姆河战役是该师的第一战。但他们已经把所有的营都投入了战斗。由于损耗不小和组织混乱，目前他们已经无力恢复进攻；更糟糕的是，该师虽然取得了突破，但却没能动摇德军的防御态势。结果，德军很快组织起猛烈的炮火、迫击炮火和机枪火力猛打施瓦本堡垒，并重新封锁第36步兵师后方的无人地带。在让英军第36步兵师陷入困境的同时，德军还迅速调来预备队准备反击。

在英军第4集团军最右翼，第30步兵师的进攻也备受瞩目。该师下辖4个利物浦和4个曼切斯特同城步兵营，以及4个自1914年战争爆发以来就在法国经历过多次战火考验的常备军步兵营。第30步兵师最初的进攻获得了完胜。3个利物浦和1个曼切斯特同城步兵营以敏捷的动作拿下了德军第一道堑壕。与此同时，在他们右翼的法军和左翼的英军第18步兵师也成功展开了第一阶段的攻击。在勇猛的攻击下，联军迅速打开了通往蒙托班村的道路。

接着，英军第30步兵师马上调3个营——曼彻斯特同城步兵团1营和2营，以及皇家苏格兰燧发枪团2营（2nd Ryoal Scots Fusiliers）超越第一梯队，对蒙托班村展开攻击，这3个营由皇家苏格兰燧发枪团2营营长统一指挥。

帕迪·肯尼迪和两名战友从己方战线的臼炮爆炸事件侥幸逃生后，也自发参加了战斗。虽然没有人给他们三人下达任何命令；他们也不知道自己的步兵营究竟在哪。当曼彻斯特同城步兵团1营和2营开始冲击蒙托班村的时候，三人也决定随大部队一起行动。冲锋前，肯尼迪卸下了自己沉重的背负装备，并记下了这些装备的位置，想打完仗后再取回来。

起初，一切进展顺利。当3个营排成整齐的队形上坡时，只有寥寥几发德军炮弹砸进队伍中，不过地面却在英军炮火准备过程中被炸得很松软，导致德军炮弹爆炸后只造成很小的伤亡。不过，随着这3个营继续前进，他们的两翼开始逐渐暴露。因为拿下预定目标后法军即转入防御，而英军第18步兵师也因遇到顽强抵抗而停滞不前。

在左翼，一名德军机枪手发现了这3个营，遂猛烈开火射击。在突如其来的机枪火力打击下，英军进攻受挫。曼彻斯特同城步兵团2营的海德曼一等兵回忆道："德军机枪火力将我们成百地扫倒在地，当我们抵达一条沉降公路时，（被迫）停止前进就地隐蔽，虽然这么做是错的。幸运的是，我们的军需士官——他的年龄比我们大多数人要大一倍，并曾在寒溪禁卫营服役（常备军）——赶了过来，迅速大吼命令我们离开这儿。"

虽然从错愕中惊醒的一名曼彻斯特同城团的里维斯机枪手用一记准确的射击打掉了德军机枪手，可在此之前，德军机枪手已经给3个营造成了重大伤亡，特别是军官更是伤亡惨重。各营尖刀连连长非死即重伤，一位少校双目失明。

德军的机枪火力打击让3个营战斗队形陷入一片混乱。英军将乱就乱，临时以2个互不协同的战斗群对蒙托班村发起攻击。令人惊

▲ 死伤惨重的英军，索姆河战场成了名副其实的修罗场

讶的是，德军没怎么抵抗就在村外的一条堑壕里举手投降了，蒙托班村也成为英军的胜利果实。在法军一个重型臼炮连长达一个星期的轰击下，蒙托班村化为了废墟。在村子里，英军发现的唯一一个活物不过是一只狐狸而已。接着，曼彻斯特同城步兵团1营和2营继续朝最终目标——蒙托班村后方的一条堑壕挺进，同样很快攻克并抓了不少战俘。

然而，还没等英军冲上来，德军就已经从这条最后的堑壕（“蒙托班巷子”）逃上了一条宽大的山谷。随同曼彻斯特同城步兵团1营和2营的炮兵前进观察员，马上指示炮兵轰击这些“活靶子”。英军步兵也加入射击行列。曼彻斯特同城步兵团2营的A.A.贝尔列兵回忆道：“出蒙托班村口时，我卧倒在地并朝一个撤退中的德军机枪组开火，（有趣的是）这名机枪手正用绳子拴住枪拖着撤退……”曼彻斯特同城步兵团1营和2营的部分士兵还冲进了这个宽大的山谷，击毙或俘虏了全部德军机枪手，缴获大量机枪并把俘虏押回了蒙托班。

与此同时，皇家苏格兰燧发枪团2营正逐个扫荡肃清蒙托班村内的地窖和周围堑壕。他们共抓到200名战俘。其中一名操着流利英语的德国军医奉命参加对英军伤患的急救工作，不少英军士兵对他的精湛急救技术赞不绝口。

这时，在“蒙托班巷子”的英军凝视着眼前惊人的一幕。在他们面前，是一片开阔而平静的森林。这里根本看不到任何德军组织防御的痕迹，只有远处在疯狂逃命的德国人。难道这就是他们在战前被告知的大突破的开始吗？他们会收到命令继续前进拿下这片看起来空荡荡的森林和原野吗？或是派骑兵上来，穿过森林和原野，痛击德国人的后方？

毋庸置疑，英军第30步兵师获得了伟大的胜利。他们抓了许多俘虏，缴获了3门野战炮并攻下了指定目标——蒙托班村，这是索姆河战役中英军攻克的第一座村庄，虽然整个村庄已经化为一片废墟，价值不大。夺取蒙托班村的伤亡接近700人，绝大部分伤亡人员属于第30步兵师曼彻斯特同城步兵团的2个营，大部分是左翼的一挺德军机枪扫射所致。

对第30步兵师胜利最感到喜出望外的莫过于英国陆军第4集团军司令罗林森上将。战前，罗林森上将还一度怀疑第30步兵师的能力而要把他们换下去，不过最终他们的战绩证明了罗林森上将看走眼了。

在第30步兵师和第36步兵师的突破地带，英军在夺取了德军堑壕后第一件事就是清剿德军残部——扫荡德军堑壕，特别是他们的地下掩体。英军特别行动小组的官兵们，主要携带手榴弹，采取各种办法清剿地下掩体。英军诺福克郡步兵团8营的W.C.本内特列兵回忆道：“德军的地下掩体通常由2个出口组成，清剿时，我们先蹲在出口边上喊话让守军出来投降。如果没有反应的话，我们就用一块巨石堵住其中一个出口，然后从另一个出口往下扔手榴弹（消灭敌人）。”

泰隆志愿者团的T.麦克雷也回忆道：“我的排长和我钻进一个掩体；我们猜德国人就在里面。我顺着梯子用一挺里维斯机枪往下面一扫，他们就投降了。共有23名德军，可他们并没有抵抗，他们看起来很怕我们。”

虽然肃清了不少德军的地下掩体，可还是有漏网之鱼，造成这种后果的一个重要原因是英军往往高估了手榴弹的效果，光投手榴弹是没法全歼一个大型地下掩体内的守敌的。正是因为手榴弹的肃清效果不是“万能”的，所以经常发生不遇期的事件。英军米德塞克斯步兵团12营的W.B.比德列兵就发现了问题：“我记得排里的军士长揭开了一整框手榴弹的引信，猛往掩体里砸，可我却没看到什么效果。”

经过了几个月都未曾和对手谋面的堑壕战后，英军总算抓到了第一批德军战俘，这才意识到对手是真实存在，而且还是可以活捉的。英军曼彻斯特步兵团2营的海德曼一等兵回忆道：“我和一个突然从一个弹坑里钻出的大个子德国兵迎面相望。他的步枪和刺刀已经‘就绪’。突然间，我感到自己的枪不过是小孩的玩具枪，头顶着的钢盔也不过是个锡罐而已。接着，当我回过神来明白当前状况的时候，德国人扔掉枪支，举起双手，大喊一句‘长官！’我简直不敢相信自己的眼睛。”

毫不奇怪，在经历了苦战和上头高级军官给他们的意见后，部分英军士兵拒绝接纳俘虏。格林霍华德步兵团2营的T.S.弗兰克列兵回忆道：“在进攻战斗白热化阶段，一名德国兵朝我们走来，举手投降。我们的一位战友往他的背包里塞了一枚拉开保险环的手榴弹然后挥手让他回去。当手榴弹爆炸时，包括我在内，所有人都笑了。”

贝德福德步兵团7营的J.J.卡曾斯一等兵回忆道：“我们（对敌人）充满了憎恶。我们的战斗就是（给敌人）制造恐惧，求得（自己）生存。部分德军高举双手离开他们的堑壕向我们投降；其他人则撒腿奔回他们的预备堑壕。对我们来说，必须杀掉他们。要么他们死，要么我们亡，我们没有选择。”

第22步兵旅旅部的A.W.李中尉回忆道：“我看到部队押解德军战俘归来，试图让他们沿着一条交通壕边上的开阔地行进。可德军却坚持进堑壕。这种行为很快惹恼了押解兵。最终，他们朝战俘中投掷了手榴弹，把他们都炸倒了。”

有时候，英军用更为冷酷的手段来屠杀战俘。皇家伯克步兵团6营的J.H.哈尔伍德列兵回忆道：“我看到部分德国兵从一个地下掩体里走出来投降。他们拿出许多家庭生活照和手表，以及其他有价值的物品想得到怜悯，可当德国人上台阶的时候，一名英军士兵（并

英军攻克的麦芽山谷的德军堑壕

非来自我们营）用他的里维斯机枪打了一个点射，打中了每个敌人的肚子。”

不过，屠杀战俘的例子仅是例外，大部分情况下英军还是较为善待战俘的。许多英军士兵会在战斗结束后，和德军战俘友善相处。英军边防团2营的W.斯特罗德上尉回忆道：“我们捉了许多德国俘虏，当俘虏队伍从我们身边经过时，我们的士兵会给他们递香烟。我听到我们中的一名士兵同一名德军伤员说，‘请给我们你母亲的地址，朋友，我会给她寄信的。’”

一名负伤的贝尔法斯特士兵在一个夺取的德军地下掩体里躲避德军炮击时，发现自己独自和10名德军战俘待在一起。这些德军战俘待他很好，给他包扎伤口并让他舒服地躺在床上。这名叫J.格兰奇的列兵很快就和一名操着熟练英语的德军攀谈起来：“我问他，你认为哪个国家能赢得这次战争。他说没有哪个国家是胜利者。如果德国或英国失败了，他们还会东山再起，两个国家都太强大了，根本没法压制。”

虽然抓了不少德军战俘，可要把他们安全押回英军战线也并非易事。在戈默库尔，德军一整个上午都对无人地带进行猛烈炮击，英军第56（伦敦）步兵师一共抓获了约300名战俘，可最终送到英军战线的俘虏只有178人而已；其他人都在过无人地带的时候被德军炮火击毙或是在混乱中逃脱。同样的，英军第36（阿尔斯特）步兵师也抓获了很多德军战俘，以至于押解的阿尔斯特兵和德国俘虏的比例是1:16。不过，据第36（阿尔斯特）步兵师报告，这些德国兵在过无人地带的时候还是比较听话的。英军德文郡步兵团8营的H.E.巴瑟斯特列兵回忆道：“我奉命独自押解60名德军战俘回去。当他们被押解回去的时候，我在想他们人数那么多，要拿下我可是轻而易举的，毕竟我才16岁。”

一旦安全通过无人地带，德军战俘和押解他们的英军都会松一口气。德军战俘将排队集合，然后徒步前往战俘收容点。长长的俘虏纵队极大地鼓舞了马上就要投入战斗的英军部队士气。英军诺森伯兰燧发枪团12营的J.P.特纳列兵回忆道：“我看到一大群俘虏被国王属约克郡轻步兵团某营给押了回来……看到如此多的战俘，我以为战争就要结束了。”

当然，也不是所有德国战俘都老老实实的。皇家伯克步兵团6营的J.L.亨特列兵回忆道：“我们看到一些德国战俘朝这儿走来。领头的是一个非常高大的家伙，当他走过我们身边时，和其他德国战俘说看到我们都是伤兵的样子，惹起了德国战俘阵阵笑声。我们就站在一门野战跑旁，一名矮个子炮手立即扔下手中的炮弹，冲上去揪住那个德国人的衣领狠狠地揍他。最终，他们都举起双手，停止了嘲笑。看着这一幕，我感到很自豪（解气）。”

在突破地带，英军结束扫荡后，又开始忙活别的——搜寻有价值的战利品：德军钢盔、望远镜和左轮枪都是他们的最爱。当然也不是所有人都顾着“搜刮”，英军皇家伯克团6营的邮政士官抵达所部夺取的德军前沿堑壕，平静地给大家发家信。

除了搜寻战利品外，英军士兵还悠闲地检查德军的尸体或被俘人员，以及研究德军的防御阵地结构。其中，英军利物浦同城步兵团3营的将士们就在夺取的前沿堑壕里，把德军尸体中体格最大和最小的找出来，然后摆放在外面进行比例“展示”。

在夺取这些德军堑壕的战斗中，英军各营甚至一整个旅经常遭到德军一挺机枪的火力阻挠和封锁。这些德军机枪手，特别是阵

德军的地下掩体出口

地选择良好和训练有素的，常常战斗到最后，战死在自己的机枪旁。英军第53步兵旅机枪连（53rd Brigade Machine Gun Company）的J.K.登鲁普少校回忆道："我们发现德军一挺机枪歪倒在底座上，它的机枪手，一位头发灰白的上了年纪的德国兵，仍握着机枪把，头往前倒就像睡在机枪前似的，一堆空弹坑堆得几乎和机枪一样高。"

同样，在不远处，女王步兵团（即皇家西萨里郡步兵团，Royal West Surreys）7营（7th Queens）的将士们俘获德军布雷斯劳堑壕（Breslau Trench）里的一名机枪手时，发现这个人竟然用锁链把自己的脚踝和机枪锁在一起。该营的M.韦尔奇上尉回忆道："他的大腿负伤；这是一名'顽强'的战士；显然他并非出于上级严令或者虚张声势才把自己锁起来。他很可能是一名巴伐利亚兵。"战役结束后，英军师长有些不相信德军机枪手的勇敢，下令调查这个事件的真实性，结果发现这名德军机枪手确实在没有任何上级命令的情况下自发把自己锁在机枪上，战斗到底。可这件事情却越传越离谱，最后到了严重脱离事实的地步，称德国人非要用锁链把机枪手锁在机枪座上，防止他们逃脱。

相对德军机枪手的坚定意志，最让英军士兵感到惊叹的是，德军地下掩体的深度和豪华程度。许多英军士兵挨个检查德军地下掩体，看到这些掩体是如此舒适和安全，他们充满了羡慕。多尼戈尔和弗马纳志愿兵团1营（Donegal and Fermanagh Volunteers）的A.麦克马伦列兵回忆道："我们钻进一个地下掩体，却发现掩体里依旧灯火通明。这可是在我们进行了如此猛烈的炮火准备之后，还能保持（通明）。"更让英军士兵"羡慕妒忌"的是，他们在地下掩体里发现了不少双人床和女人的衣服、香水、脂粉。看到这些，英军都相信德军将士竟然把他们在法国的女朋友带上一线，这种战地生活实在让人"羡慕"。

对英国陆军第4集团军右翼的4个英军师来说，索姆河战役的第一天无疑很顺利；可在其他许多地段上，英军的进攻都被德军击退了，从09点00分到10点00分开始英军各师长和军长抱着挽回面子的心态，驱赶下级继续前进，仓促组织了一连窜小规模突击。

在博蒙·阿梅尔对面，英国陆军第29步兵师师长虽以2个步兵旅并肩展开攻击，可却没有一个人能突破德军铁丝网地带。按计划，第3个旅奉命在一个小时后跟进打击。当第3个旅的出击时刻到来前，师长虽然知道第一梯队的进攻失败了，但却不明白情况的严重性。他蹲在后方的指挥所里，不断看到德军堑壕上空交错升空的信号弹，却没法辨明这些信号弹究竟是德军打的还是英军打的。最终判明情况后，第29步兵师师部对他们参加第一梯次进攻的8个营竟然没有一个营能冲进德军的堑壕的情况感到不可思议。匆忙间，第29步兵师修改了计划，取消了第3个旅的原定任务，改为命令第3个旅以2个营的兵力直接对德军前沿堑壕展开攻击。这道突如其来的命令让第3个旅的旅长措手不及，只能命令最靠近前线的埃塞克斯步兵团1营和纽芬兰步兵团1营展开攻击。

从清早起，纽芬兰步兵团1营的将士们就听到了进攻前炮火准备的轰鸣声和山楂岭坑道爆破的巨响，后来又听到第一梯队2个旅进攻时遭到密集的机枪火力拦阻的射击声。在焦急的等待中，纽芬兰步兵团1营的将士们看到了一排排伤员抬下战场的情景，谣言满天飞舞，进攻失败的消息已经传开。

在指挥掩体里，纽芬兰步兵团1营营长哈多中校接到旅长的电话命令，内容很简单：纽芬兰步兵团1营马上出发，攻打德军前沿堑壕。在他们的右翼，埃塞克斯步兵团1营也将投入战斗。哈多中校决定先了解一下情况，他问旅长德军前沿堑壕里是英军还是德军，旅长的答复也很简洁：情况不明，无可奉告。心有不甘的哈多中校又问他和埃塞克斯团1营是否各自行动。结果得到的答案却是肯定的。哈多很不爽，但旅长已经下了命令。军令如山，哈多中校除了执行，没有别的办法。短短几分钟，纽芬兰步兵团1营做好了战斗准备。

从后方集结地，英军纽芬兰步兵团1营要行进300码才抵达英军前沿堑壕，然后还要跨过几乎相同距离的无人地带。由于时间紧、任

▲ 被轰成废墟的奥维莱尔村

务急，纽芬兰步兵团1营没有采取沿着拥挤的交通壕抵达前沿堑壕的常规做法，而是直接从一条预备堑壕的地表跨过去。当他们在开阔地运动时，被德军机枪手发现，瞬间就遭到了密集火力打击。由于英军炮兵没有压住德军机枪手，埃塞克斯步兵团1营也没有出现，让兴奋的德军机枪手集中火力猛打跨过半英里开阔地的纽芬兰步兵团1营。在全营752人进入无人地带前，他们还必须要穿过横亘在英军前沿堑壕前方的几层带刺铁丝网。当纽芬兰步兵团1营开始从铁丝网地带的几个狭窄口子钻过去的时候，再次遭德军机枪手疯狂扫射。一瞬间的工夫，铁丝网地带就变成了死亡陷阱，纽芬兰步兵团1营将士血肉横飞，战死者和重伤者纷纷倒下，很快堵住了每个口子，但剩下的官兵仍在继续前进，跨过战友的尸体或身上，冲向无人地带。

在这种绝望的情况下，许多经验丰富的老兵或是意志不坚定的士兵往往都会下意识地寻找弹坑隐蔽，但勇敢的纽芬兰步兵团1营却没这么做。活着踏上无人地带的官兵不过几十人，但他们还是继续朝德军前沿堑壕冲击。可再勇敢的人毕竟也是血肉之躯，他们终究倒在了德军的机枪下，没有人抵达德军前沿堑壕。在他们附近一个弹坑里目睹这一切的国王属苏格兰边防团1营（1st King's Own Scottish Borderers）的F.H.卡梅隆列兵回忆道：

“纽芬兰步兵团1营一大群官兵冲了上来，可（德军的）火力太猛了，他们很快就在我眼前被消灭。我诅咒将军们让他们这样徒劳无益地损失掉，他们似乎根本不明白到底发生了什么。”

这次进攻战斗持续了40分钟，纽芬兰步兵团1营在这么短的时间内几乎被全歼。全营参加进攻的人员损失了91%——26名军官和658名士兵。所有离开堑壕的军官非死即伤。那么，在如此巨大的伤亡率的背后，纽芬兰步兵团1营做到了什么？他们可是一年半前从圣·约翰满怀希望坐船开赴西线战场，可在战场上交出的答卷却令人沮丧，他们的进攻既没有毙伤哪怕一名德国兵，也没有支援到任何友军部队。作战经验更为丰富的埃塞克

◀ 索姆河战役中被英军炮兵摧毁的德军重型榴弹炮

斯步兵团1营坚持沿着拥挤的交通壕上一线展开攻击；可沿着交通壕机动耗费了他们整整2个小时，当他们踏上无人地带时，纽芬兰步兵团1营的战斗已经结束了。埃塞克斯步兵团1营的进攻虽然也没有突破德军的前沿堑壕，但他们的伤亡仅及纽芬兰步兵团1营伤亡的三分之一而已。

随着中午的临近，战场逐渐平静下来，喊杀声和枪炮声渐渐远去。在突破成功地段，英军各部队就地转入防御，没有受到太大的火力干扰。在其他地段，突入德军前沿堑壕的英军各个小分队，还幸存下来的只能努力确保自己的阵地，不过暂时没有受到德军猛烈反击。英军的炮火依然在怒吼，但炮弹的落点离真正的德军阵地甚远，给德军造成的损害微不足道。与此同时，德军炮兵在部分地区也降低了炮击力度，但仍保持着警惕，随时准备根据一线步兵的请求恢复炮火支援。

在两军中间无人地带的大部分地区，除了倒在地上横七竖八的尸体堆外，再无任何战斗迹象。太阳当空高挂，阳光炙烤着大地。1916年7月1日是一个非常炎热的夏日，几乎没有一丝微风。头顶，英国陆军皇家飞行队的飞机不时掠过，寻找地面的生命迹象。

对还躺在无人地带的英军伤员而言，可谓度秒如年且危险仍在。德军对无人地带的英军伤员持续不断的冷枪狙击行动感到十分恼火。在地下掩体里忍受了英军长达一个星期的炮击后，他们已经受够了。通过当天上午的战斗，德军一扫心中的闷气，亲眼目睹了英军进攻的惨败。无人地带不断狙击的英军，特别是英军伤员的“反抗”，对志在获得全胜的德军来说是不可忍受的。

愤怒的德军决心还击。他们朝一切移动的目标射击，不再对英军伤员有丝毫怜悯。他们认真检视无人地带的一举一动。只要发现英军伤员胆敢动一动马上就会送去一记准确的射击，让其不敢再放肆动弹。

英军格里姆斯比密友营的H.坎普列兵回忆道：“进攻之初，我的双腿就负伤了，失血过多昏了过去。上午，我发现钢盔也不见了。没有钢盔就太暴露了，于是我缓慢挪动身子爬过去试图拿回钢盔戴在头上，可当我挪动爬行的时候，肩膀又吃了一颗子弹。”

在戈默库尔突出部，德比步兵团1营（Derby Territorial battalion）的军医官约翰·格林上尉，在无人地带搜寻伤员时中弹负伤。尽管如此，他还是努力爬到德军铁丝网障碍带，救下了一名身负重伤的英军机枪军官。格林上尉冒着德军投出的密集手榴弹，顽强地把他拖到附近的一个弹坑，给他包扎了伤口。接着，格林上尉冒险把这名负伤军官拖过无人地带，快要抵达安全区时，他不幸再次中弹，身亡。这位机枪军官也在当晚因伤势过重而死去。舍己为人的勇敢行为让格林上尉被追授一枚维多利亚十字勋章。

在痛苦的煎熬中，交战双方迎来了1916年7月1日的中午。

|第十章|

中午的回顾

经过了4个半小时的残酷战斗，这天的结局几乎已经决定了。对英国远征军而言，尽管他们已经向战场投入了129个营共计10万大军，可战场态势还是没有任何改善。

罗林森上将的第4集团军的右翼，是当天上午唯一完成任务的进攻地带。在北面展开攻击的英军各师，从L字下臂起延伸的进攻地带，都获得了良好的进展，但没有一个师能做到像第30步兵师夺取蒙托班那样的战绩。第30步兵师是当天参加攻击的英军13个步兵师中唯一一个圆满完成任务的师级单位。

在L字拐角到塞尔长达9英里的战线，英军第4集团军却没有哪怕一次成功的突破，只有第36（阿尔斯特）步兵师在蒂耶普瓦勒附近获得了胜利。可沿着连通波济耶尔和巴波姆之间的军事干道的主要突击，却没有取得任何进展。负责掩护北翼的亨特-威斯顿中将所率的第8军3个师的突击也完败而归。不过，英军第4集团军在中央地带的主要突击都没有胜利，第8军是否完成北翼掩护之责也就无关紧要了。沿着18英里的战线，除开右翼蒙托班方向胜利外，英军在中央地带和左翼（北翼）也有不少小分队冲进了德军前沿堑壕并打下了一个个楔子。可随着时间的推移和德军不断组织反击，部分“楔子”里的英军小分队要么就像雷金纳德·巴斯塔德的队伍那样被赶了出来，要么就是像泰恩塞德爱尔兰旅的50勇士那样惨遭歼灭。

在戈默库尔突出部的战斗中，英军第46（北米德兰）步兵师打得很糟，只有少数官兵冲进了德军前沿堑壕，但很快就被德军歼灭、俘虏或赶回去了。在突出部南面，英军第56（伦敦）步兵师仍然顽强守住大部分既得地区，但却没法继续前进了。

虽然第56（伦敦）步兵师隶属于英国陆军第3集团军，而第36（阿尔斯特）步兵师隶属于英国陆军第4集团军，一个是佯攻任务，一个是主攻任务，可除了第4集团军右翼的英军第30步兵师外，全线只有他们基本或说大部分完成了预定任务。虽然两个师的任务不相同，可面临的困难都一样：如何才能确保本师守住既得地带。两个师都牢牢控制着一段前沿堑壕，但正面却比较狭窄。当前，第56（伦敦）步兵师和第36（阿尔斯特）步兵师急需适当的增援和上级指导，继续往两翼扩展战果，进一步动摇德军的防御体系。来之不易的初胜果实可不能轻易放弃。除了直接增援外，第二个扩大他们战果的方式就是让第36步兵师和第56步兵师侧翼的友军重新组织攻击。如果说罗林森上将和艾伦比上将认为在第36步兵师和第56步兵师地段继续进攻也没有多大胜算，而拒绝增兵或是让侧翼友军重新组织攻势的话，就应该果断把这两个师给撤回来，避免更大的损失。最糟糕的决策莫过于“不做为”，让第36步兵师和第56步兵师在既没有获得增援也不准后退一步的两难境地下，坐等德军反扑。两师未来悲惨的命运将是注定的。

▲ 端着维克斯机枪的英军士兵素描画

再次回望整个索姆河战场，英军在三分之二的进攻正面上遭到完败，而第4集团军右翼蒙托班获得了胜利，在蒂耶普瓦勒、戈默库尔和中央、左翼取得了部分小突破口。为了这点胜利，英军付出了近5万人伤亡的代价。无论下午发生什么，都无法改变一个事实——1916年7月1日是英国陆军最黑暗的一个日子。

做为战场的“配角”，英军炮兵和工兵，都按计划出色地完成了自己的任务，可忙活半天却悲哀地发现自己根本没法帮上步兵战友半点忙。

英军新编的各个机枪连在上午的战斗中几乎毫无作为。他们的维克斯重机枪太沉了，没法扛到开阔地，而从英军前沿堑壕里隔着无人地带射击则根本没法给步兵提供有效的火力支援。即便是部分英军机枪手冲过了无人地带，在占领的德军堑壕展开火力也没法有效支援步兵。因为在德军前沿堑壕的争夺战主要用手榴弹和刺刀进行。同样的，英军臼炮部队也在步兵冲击前最后一刻加入射击行列，可由于没法辨明德军前沿堑壕的敌我位置，因而也就谈不上给予有力的炮火支援。光是支援不力就算了，最糟糕的是机枪手和臼炮手还遭到了德军极为猛烈的炮击，损失惨重。

皇家工兵和英军先锋营的主要任务是往无人地带挖一条新的交通壕，保障英军第一梯队攻克德军前沿堑壕后，第二和第三梯队能从交通壕越过无人地带，运动到夺取的德军前沿堑壕，然后跟进打击。在步兵进攻打响前，这项工作就已经开始了。在战斗进展顺利的地段，皇家工兵队和先锋营还是完成了任务。可在大部分地段上，皇家工兵队和先锋营常常遭到德军绵密的炮轰和机枪火力打击，致使他们没法继续作业，要么是交通壕被炮火炸垮，要么就是交通壕塞满伤员而没法落脚。除开往无人地带挖新交通壕外，一些皇家工兵队和各师先锋营奉命用鸭板在堑壕上架桥，并在己方铁丝网地带清出口子让英军野战炮和骑兵通过。然而，工兵和先锋营的将士们白忙活一场，野战炮兵和骑兵都没能上路。

在无人地带变成地狱的同时，英军的前沿堑壕也好不到哪去。在德军猛烈的炮火轰击下，英军前沿堑壕里伤员众多，拥挤到路都走不过去的地步。许多英军担架员抬着重伤员沿着堑壕是步履为艰，死伤者躺满了堑壕的各个角落，机枪子弹不断嗖嗖地贴着堑壕顶部飞过，周围密集的爆炸声此起彼伏，这一切都给抬送重伤员的担架兵带来重重困难。

对伤员来说，与其躺在担架上慢慢等着通过，倒不如自己走过去方便。第23旅机枪连的E.格林列兵回忆道：“我看到一队伤员沿着我们的堑壕走来，让我震惊的是，其中一人竟然是我的兄弟，他的膝盖被弹片击中负伤，只能用步枪和工兵铲做拐杖一瘸一拐地沿着堑壕走下去。我还记得他问有没有烟，可遗憾的是我们谁都没有了。他给了我们50盒绞盘。”

诺福克步兵团8营的J.诺顿下士回忆道：“伤员们撤下来，从距离我们的里维斯机枪阵地不到2码走过。其中一名中士对我大喊，‘让他们下地狱；他们把我的耳朵都打飞了。’果不其然，他的耳朵确实被撕成了碎片。”

中午，随着战场的枪炮声渐渐稀落，英军各卫生勤务单位忙活开来。各师团的包扎所和野战救护所全面张开，接纳从战场撤下来的伤员。参加进攻战斗的各个步兵师还得

索姆河战役中后送伤员的英军战地救护马车

到了附近担任预备队的各个步兵师的野战救护所的支援。在野战救护所，医护人员会组织战地救护车，迅速把伤情重的伤员后送到伤患处理站，以保障各师卫勤单位能源源不断地接纳伤员。

然而，从伤患处理站再往下一级单位，也就是基地医院后送的环节却出了问题。尽管第4集团军司令罗林森上将战前一再请求7月1日给第4集团军辖区开18趟救护专列，可截至7月1日中午只有一趟到站。09点00分，第20号救护专列从韦克凯蒙（Vecquement）启程，载着487名伤病员，其中半数是病员（即便是伤员大多也是昨天负伤的）开往鲁昂的基地医院。

战役爆发后，几乎所有伤患处理站都从参加战斗的各师接收了大量伤病员，战地救护车流送来的伤患与时俱增。在各个伤患处理站，绝大部分床位和帐篷都人满为患，新送来的伤员只能躺在外面，一排排躺在毯子或稻草上，等待救护。如此多的伤员超出了伤患处理站的收容和治疗能力，头痛万分的皇家陆军卫生队的军医们除了拼命救治外，只能不断质问当地铁道部门官员，急救专列究竟何时能来！伤员和军医都等不及了！

对在一线战斗的英军而言，炮兵仍然对战斗发展具有潜在的决定性作用，只要用得好，他们可以打掉封锁无人地带的大量德军机枪火力点，病在德军组织反击集结阶段就将其打垮。为了发挥炮兵的作用，部分英军旅长和师长不顾上级的命令，让部分炮兵重新对德军前沿堑壕地带实施轰击，压住德军机枪火力。不过，这种做法也很冒险，因为英军突入德军前沿堑壕的部队的具体位置不明，突然转移炮火轰击有误伤友军的危险。所以，师长和旅长们在下达命令的时候，特别指示炮兵不要打敌我无法识别的目标区。结果，塞尔和蒂耶普瓦勒这两个给英军造成惨重伤亡的德军据点村落，就因为英军误报说己方部队正在这两个村子里，而没有吃到英军一发炮弹。塞尔和蒂耶普瓦勒这两村猬集了大量德军，他们给英军进攻部队造成了惨重的伤亡，可在7月1日英军因受到误报说己方部队正在两个村子里，而没有往这两村砸下一发英军炮弹。不过，塞尔村却遭到德军炮兵的猛烈轰击。看来犯糊涂的不止是英军。

当参加上午进攻的英军各师离开前沿堑壕展开攻击后，部分阵地被理论上要伴随高夫的机动集团军骑兵群突破的英军各个步兵师填补。当泰恩塞德爱尔兰步兵旅从塔拉-乌斯纳（Tara-Usna）出发，沿着阿贝尔镇外的主要公路前进时，英军第19步兵师的8个营迅速穿过已是一片废墟的阿贝尔镇外，于10点00分进入泰恩塞德爱尔兰步兵旅原来的堑壕阵地。虽然堑壕距战场不过1英里，可弥漫的烟尘遮挡了他们的视野，导致他们根本没法看清战场；不过，密集的德军机枪射击声，一个俘虏也没抓回来以及撤下来的长长的英军伤兵队伍都无言地述说了在这一地带进攻战斗的失败。他们在这里等了一个上午，也没有接到出击命令，只能期待下午再战。

在英军后方，除了预备队各营占领前沿堑壕外，卫生勤务单位的战地救护车流、运输卡车（也投入抢运伤员作业）和担架兵在硝烟掩护下，往来战场抢救伤员。自行车传令兵也不断报告新的“消息”，当然流言不少。英军格洛斯特步兵团6营第1本土营（1/6th Gloucesters）的J.T.布列维尔下士回忆道：“起初，谣言都是好消息。‘戈默库尔已经拿下来了。’‘塞尔攻克了。’‘法军也突破了。’可仅仅一会儿，就变成了坏消息。‘国王属苏格兰边防团1营仅打下一个桥头堡。’‘伦敦苏格兰团1营在戈默库尔被孤立了。’‘第46步兵师遭歼灭。’‘两名将领自杀。’”

在战线背后待机的英军3个骑兵师，早在拂晓前就已经做好了战斗准备，并尽可能靠近第一线。骑兵们坐在马鞍上，挥舞马刀，等待着他们“出场”的机会。可等了半天也没等到步兵突破的好消息，只得下马并让马也休息一会儿。其中一个骑兵师——印度第2骑兵师就在罗林森上将的第4集团军右翼各师背后展开战斗队形，随时准备在步兵达成突破后于下午投入战斗。

清晨的大雾消散后，天气放晴。英国陆军皇家飞行队的战鹰升空，他们的任务是飞往索姆河战线的各个地带，尝试和第一波进攻的英军各师保持目视联系，并将战况进展报告给后方英军指挥所，以及修正英军大口径炮的弹着点和驱逐德国空军战斗机。

一整个上午，英国陆军皇家飞行队的战机群不断飞临无人地带和德军堑壕系统上空，希望能尽可能全面详细地报告战况进展。然而，战场上空弥漫的硝烟却遮挡了英军飞机的视线，让他们没法仔细观察。除了地面战况报告外，皇家飞行队的其他任务都完成得比较圆满。英军战机在1916年7月1日具有压倒优势，迫使德国空军没有哪怕一架战机胆敢挑战英军的制空权。英军诺汉普顿步兵团6营（6th Northampton）的W.R.汤姆森列兵回忆道：“当我们巩固自己的阵地时，3架德军飞机从他们战线升空，说时迟、那时快，我们的一架飞机不知道从哪里冲了过来，扑向‘弗里茨’的飞机。他们赶紧掉头，一瞬间就消失得无影无踪。”根据英军的统计，当天一共发生了9次空中格斗战，1架德军战斗机被击落。

▲ 英军公立学校步兵营的将士们

在德军战线后方，英军炮兵观察机也在忠实地履行自己的责任，发现了大量暴露位置的德军炮兵阵地。在炮兵观察机上的观察员也用原始的摩尔斯“蜂鸣器”向后方炮兵发送电码信号，然后由陆军皇家飞行队配属给各个炮兵连的电信员解译。正是这些电信员的不懈努力，沟通了炮兵观察机和炮兵之间的联系。

在波济耶尔上空，英国陆军皇家飞行队第3中队的T.W.斯塔利布拉斯中尉在他的日记里，对引导己方炮兵打掉德军暴露目标的情况记载道：“一个隐蔽在树篱背后的德军4.5寸炮兵连仍在持续不断射击。这个炮兵连打得很出色，他们的指挥官看起来就像一位运动员，即便遭到我们（飞机）轻重机枪几次猛扫，炮弹在他的炮兵连阵地周围和阵地上爆炸，他也没有停止射击。最终，在被打到只剩1门炮的情况下他还坚持战斗到我们返回己方空域为止。”

除了给炮兵校正目标外，皇家飞行队还干了不少其它“活儿”，他们一共出动了40架次执行轰炸任务，对德军兵力集结地、炮兵阵地、堑壕和各类运输目标投弹共计4吨。据称，英军战机投下的一枚炸弹在距战线25英里的后方的康布雷直接命中了一趟德军弹药运输列车。一名英军飞行员滞空长达5个多小时，创造了1916年敞开式座舱飞行的最久滞空记录。当然，英军在轰炸，德国空军也组织了抵抗。英军皇家飞行队第27中队的J.C.特纳中尉在轰炸巴波姆时就遭到了德国空军2架战斗机的攻击，尽管如此他仍然两次飞回目标上空，最终用膝盖顶住驾驶杆操作飞机的情况下，完成了投弹。

到了中午，离前线较远的英军各级指挥部开始陆续收到前线进攻各师较为准确的情况报告，他们的决定将直接影响到下午的战斗进程。在某些地段，他们会命令预备队投入战斗；在其它地段，受到重创的各个部队因指挥链消息、命令传递受阻而未能收到命令的，现在却又收到了上级不合时宜地要求继续进攻的命令。英军第70步兵旅旅长戈登准将在3小时前就被迫把手上最后一个营投入毫无希望的进攻战斗中，而到了中午师长又强令他继续发起攻击。面对师长这道“极不合理”的命令，戈登准将在电话中冷冷地回答道：“您可能忘了，这里已没有第70旅了。”

指挥对蒂耶普瓦勒和戈默库尔地区战斗的英军各军军长倒是很快做出了增援突入德军前沿堑壕的第36和第56步兵师的决定。虽然莫尔兰中将和斯诺中将都承认全胜希望渺茫，但还是决定继续进攻。莫尔兰中将命令担任预备队的一个师抽调部分兵力进入蒂耶普瓦勒森林，准备跨过无人地带增援在施瓦本堡垒的第36（阿尔斯特）步兵师。与此同时，第7军军长斯诺中将也命令上午进攻失败的第46（北米德兰）步兵师，在下午重新组织攻击，求得和第56（伦敦）步兵师一起合围戈默库尔村的德军。斯诺很清楚，他的第7军已经圆满完成了黑格上将赋予他们的佯攻牵制任务。之所以命令第46（北米德兰）步兵师继续进攻，是因为斯诺和他的集团军司令艾伦比上将都想在戈默库尔干得彻底一点，为第3集团军赢得自己的荣耀。

在第4集团军司令部，虽然罗林森上将一整个上午都接到了各军传来的雪片般的战报，可手下各军军长却不愿意重复真相，报告里充斥着较为乐观的态度。第4集团军作战日记记载道：

08点46分，林肯郡步兵团10营的一名负伤上尉报告：“德军蒙受惨重损失……林肯郡步

如果英军拥有更多大口径榴弹炮的话，索姆河战役或许是另一种结局

兵团10营以微弱伤亡突破了无人地带。”（可实际情况却是该营损失了近500人，只有寥寥官兵冲进了德军前沿堑壕。）

09点00分，西约克郡步兵团10营（10th West Yorks）已突到弗里库尔北部边缘。（可实际上除了菲利普·霍威和少数官兵外，没有人知道西约克郡步兵团10营到底在哪里。他们失踪了。）

09点00分，英军第29步兵师在德军铁丝网地带前受阻。（这是第4集团军收到的第一份战况不利的报告）

11点08分，奥维莱尔和巴波姆公路北面十分平静，几乎没有任何炮击。

在第4集团军司令部，预备集团军司令高夫中将也带着他的参谋们焦急地等待着罗林森的命令。至11点30分，罗林森终于给高夫下达了当天第一道命令——3个骑兵师至少在14点00分以前不得轻举妄动。当高夫看着第4集团军作战参谋们在地图上标绘双方最新态势时，他肯定想知道罗林森是否会允许他让手下的第2印度骑兵师出击，扩大步兵在右翼的战果。当时，他的第2印度骑兵师部分单位已经靠近了蒙托班方向的英军旧前沿堑壕。虽然高夫急不可耐，但罗林森却不做此想。英军骑兵部队所能做的，除了等待还是等待。

战争对交战双方都是公平的。在英军损失惨重（蒙受了50%的伤亡率）仅得局部突破的同时，暂时获胜的德军一方也不好受。对德军来说，这天上午过得也很漫长。虽然德军在绝大部分地段粉碎了英军的进攻，但在顽强冲击的英军波浪面前还是不得不努力拼死奋战，花了好大功夫才勉强确保自己的阵地不失。

在英国陆军第4集团军战线右翼，德军进行的是一场注定失败的战斗。不少德军部队战斗到底，可还是有不少人主动投降，成了英军的俘虏。在马梅斯和蒙托班之间，德军来自巴登的1个步兵团在英军第7和第18步兵师的攻击下，逐步被打垮。

德国陆军第109预备役步兵团的掷弹兵埃米尔·屈里回忆道：“当我看到一名英国兵出现在我们左侧约20米处后不久，我们机枪小组中最年长的士兵，一名来自普福尔茨海姆（Pforzheim）的画家被爆头，一声不吭地倒地身亡。接着，我胸部也中弹，我感到血一直顺着我的背部流下，自己也倒在地上；我知道对我来说，战争结束了。他（指那个英国兵）甚至在我摸枪前就干掉了3个我们的人。我很高兴能碰上这样的英国兵。他真是个神枪手。”

德国陆军第109预备役步兵团的保罗·施埃特一级下士回忆道：“因为口渴，我们组的一名士兵完全疯了。他口吐白沫，完全不听我们的喊话，疯狂冲出堑壕朝英国兵跑去，瞬间就被击倒在地。”

德国陆军第109预备役步兵团的古斯塔夫·鲁特格一级下士回忆道：“突然间，我们遭到背后射击。一开始，我们还以为是我方步兵的误击，因此我们跳出堑壕，挥动双手高喊，‘（打）高点！（打）高点！’接着，我们亲眼目睹又有两三名战友负伤到下，马上意识到我们身后的是英国兵，赶紧跳回自己的堑壕。我们开始讨论是否要投降。其中一两个人打算战斗到底，可我们团许多人都是40多岁的老兵，他们很多人都有家庭有牵挂的，自然建议投降（保命）。最终，我们顺从了他们的决定，把一块白手帕绑在步枪顶端挥舞示意投降。我们都很紧张，但心里很清楚一旦我们投降，英国兵是不会朝我们射击的。我们可以望见他们轻松欢快的面孔，对我们来说战争结束了，可他们还是把我们的手表都拿走了。”

▲ 尽管英军消耗了这么多炮弹，可还是离摧毁德军防御体系相差较远

虽然右翼战斗德军失败了，可在大部分地段德军打得十分出色。在塞尔的德国陆军第169步兵团的卡尔·布伦克回忆道：“无人地带传来了阵阵哀号和英军伤员徒劳呼叫卫生兵的喊声。他们成堆地躺在那里，不过还是有人依托战友尸体朝我们开火。接着，英国人又再次尝试进攻，他们虽然竭尽全力，可在冲到尸堆那之后就再也无法前进一步了。我看到英国军官们疯狂打手势，试图调上预备队继续冲击，但只有少数人动身。通常，我们在打掉5000发子弹后换机枪枪管。然而在当天我们换了5次枪管。”

从进攻开始到现在，白昼还剩9个多小时。英军仍然没有取得决定性的突破。下午的战斗又将如何发展？一切都拭目以待。

| 第十一章 |

下午

14点30分，在英军第4集团军中央进攻地带，英军又开始重新组织攻击，试图挽回败局。英国陆军第15军军长H.S.霍姆中将下令对弗里库尔展开攻击。在上午的战斗中，弗里库尔并没有遭到直接进攻，英军认为只要能从旁边突破，那么弗里库尔村就如同桃子似地轻易落入英军之手。遗憾的是，英军的设想并没有实现。下午，英军第17（北方）步兵师所属的第50步兵旅奉命投入战斗。这个旅的进攻对第15军的成败具有重要影响。借助这个旅的情况，我们可以看出第15军指挥结构的混乱。

霍姆中将指挥的第15军，以第21步兵师在左翼、第7步兵师在右翼展开，第17步兵师（师长 T.D.皮尔彻少将）担任预备队。然而，在上午的战斗中霍姆中将就从第17步兵师抽调了第50步兵旅配属给第21步兵师，而且位置是插到第15军战线的中间，正对弗里库尔村。

截至7月1日中午，英军第50步兵旅只有1个营参加战斗，就是西约克郡步兵团10营，但该营进攻遭遇惨败，只有菲利普·霍威中尉率少数人返回英军战线。由于军长霍姆中将下令准备正面攻取弗里库尔村，接到命令的第21步兵师师长只得命令第50步兵旅于14点30分对弗里库尔展开攻击。

14点00分刚过，菲利普·霍威中尉就吃惊地看到大群英军士兵进入他的堑壕。这些士兵都来自东约克郡步兵团7营C连和D连，他们奉命参加下午的进攻。东约克郡步兵团7营营长是霍威中尉的老相识，两人见面就攀谈起来，霍威不无担心地向这位营长介绍了西约克郡步兵团10营上午的情况。当东约克郡步兵团7营营长邀他参加第二次进攻时，霍威有些不安。短短几个小时，霍威就已经"升级"为新军中的老鸟，东约克郡步兵团7营需要他的经验。于情于理，他别无选择只能遵从。

14点33分，东约克郡步兵团7营一切准备就绪。哨音响起，进攻开始。骄阳似火，正值一天气温最高的时刻，英军没有组织任何炮

▲ 参加索姆河战役的英军大口径榴弹炮

火准备就冲出阵地；对面的德军也做好了战斗准备。东约克郡步兵团7营营长首先攀上梯子，霍威紧随其后。在他们左右两边，东约克郡步兵团7营将士们也陆续爬上堑壕，开始前进。德军一挺机枪首先开火，刚走出不到20码的东约克郡步兵团7营将士当即被密集火力猛扫。一发机枪子弹擦着霍威中尉的脸部而过，周围的将士在火力打击下死伤一片。显然，继续冲击的结果注定是重演上午西约克郡步兵团10营的悲剧。在这种情况下，东约克郡步兵团7营只得撤回自己的堑壕。短短3分钟，东约克郡步兵团7营就死伤123人。

东约克郡步兵团7营撤下来以后，菲利普·霍威集合人马（西约克郡步兵团10营）向第50步兵旅旅部报告。途中，他碰上了另一位中校，格林霍华德步兵团7营营长，该营也参加攻击了，并比东约克郡步兵团7营损失更大。

格林霍华德步兵团7营曾在上午无端损失一个连的兵力。为了避免再度发生类似灾难，营长一直到进攻发起时刻才向各连连长下达命令。这个决定当然也有个小小的“负面作用”，那就是让部分将士在进攻前错过了痛饮心爱的朗姆酒的机会。该营的A.W.阿斯库列兵回忆道：“我们在掩体里存放了一加仑的朗姆酒，可从来不碰它。我们的军官只让我们在零时到来前才能享用。下午2点30分，（格林霍华德步兵团7营的）零时到来；一名传令兵沿着堑壕跑过来通报，‘零时到了。我们上啊。’可一名士兵却说，‘长官，你给我们承诺的朗姆酒呢？’‘没时间喝了，’他答道，‘我会带着它的。我们去德国人的前沿堑壕里喝吧。’我怀疑他是否真的带了这玩意儿。我们站上堑壕护栏，部分人爬了上去，部分人还没出来，就遭到了机枪火力的猛烈攻击。我们就像古罗马九柱滚球似的纷纷被打倒在地。”

格林霍华德步兵团7营营长邀请菲利

端着明晃晃的刺刀、枕戈待旦的英军步兵

普·霍威中尉和他手下的将士一起参加他们的攻击。霍威感到震惊。他已经两次从死神的手上逃脱；事不过三，第三次还能否有那么好的运气就难说了。他指了指手上的伤和脸上的擦伤，以及筋疲力尽的手下将士们。格林霍华德步兵团7营营长也没有为难他们，就自己上去了。

这两个步兵营在下午的进攻付出了400人的伤亡代价，却寸土未得。

类似事件也发生在最左翼的戈默库尔突出部。在这里，第46（北米德兰）步兵师接到了军长斯诺中将的命令，要在12点15分重新组织攻击，要在戈默库尔村后方与从另一边攻打德军堑壕的英军第56（伦敦）步兵师会合。然而，因种种原因，第46步兵师先是把进攻时间推迟到13点30分，进而变更为15点30分。

一再推迟进攻时间的背后，可以想象第46（北米德兰）步兵师师长E.J.M.斯图亚特-沃特利少将的不满。这个本土军出身的步兵师自1915年踏上法国后就一直运气不佳。起初，该师奉命把守伊普尔突出部的危险地段，蒙受了惨重的损失，却没有机会赢得任何荣誉。1915年10月，该师又参加了卢斯战役，在大白天被投进对著名的德军防线硬骨头——霍亨索伦堡垒（Hohen-zollern Redoubt）展开的攻击，短短10分钟就损失了3700人。倒霉的卢斯战役结束后，第46步兵师又转到索姆河战线，但角色依旧是吃力不讨好的跑龙套配角——佯攻。1916年7月1日上午，第46步兵师投入了6个营的兵力猛攻，却丝毫没能撼动德军防线，冲击全部失败。参加战斗的6个步兵营有5个营长倒下（非死即伤）；官兵也损失很大，像号兵比尔这样的幸存者仍在无人地带挣扎。现在，“讨厌”的斯诺中将又命令斯图亚特-沃特利少将继续进攻，他很清楚胜率渺茫，对斯诺中将的命令可以说是心不甘、情不愿。

当然，不管斯图亚特-沃特利少将对上级的命令多么不满，也没法推掉进攻的任务。事实上，斯图亚特–沃特利少将进退两难——上级斯诺中将全力推动第46步兵师继续攻击，手下的各旅旅长却向他拼命诉苦，指出继续打下去除了陡增无谓损失外，结果不会比上午好。在进也不是、退也不是的当口，斯图亚特–沃特利少将为了不背上抗命的骂名，也为了平息夏季以来的怒气，决定采取折中的办法。他准备再次组织攻击，但投入的兵力仅仅为2个连而已——谢尔伍德森林者步兵旅和斯塔福德郡步兵旅各上一个连。预定参加这次进攻的谢尔伍德森林者步兵团6营第1本土营连长V.O.罗宾森上尉回忆道："我得到（上级的）承诺，称会给我们提供炮火支援和烟幕掩护。我指出大部分发射烟幕弹的臼炮都被打坏了，可上级还是喝令我必须马上进攻。堑壕泥泞不堪且挤满了伤员，给我们4个排的展开带来了很大困难，但好歹还是准备妥当。我们的营长在进攻前10分钟赶了过来，亲自查看烟幕掩护和炮火支援情况，可这些支援效果很不理想。出击前一刹那，他命令我取消进攻。我赶紧派传令兵把这个消息通知4个排；可只有3个排及时收到命令，第4个排冲了出去，该排除了一名副排长外，全部中弹倒下。"

另一个展开攻击的是北斯塔福斯步兵团6营第1本土营的1个连。该连的G.S.扬格列兵回忆道："大约下午3点，一名传令兵沿着躺满死伤者的堑壕飞奔过来，通知我们要再次进攻。当时，我在连里只发现2名健全者，并认为我可能是我排唯一的幸存者。我们的军服已是皱皱巴巴，如同胶泥似的，步枪也敷了层厚泥而没法使用。我们只得照顾伤员，擦拭枪支准备新战斗的想法从未在我们脑海里浮现。现在，连幸存的军官都没有，我们互相开玩笑说，连吹进攻哨的人都没有了，如果能在死去的军官身上找到一个的话。幸运的是，这次进攻最终还是取消了。"

对于英军第46（北米德兰）步兵师来说，下午的情况实在是千钧一发。尽管军长斯诺中将不顾现实困难，一再强令进攻，但被第46步兵师各级军官的抵制，最终只有1个

▲ 正在开赴一线的英军预备队

排冲击。虽然挽救了许多将士的生命，但也免不了遭上级责罚。

15点左右，英军第36（阿尔斯特）步兵师的情况也很危险。虽然该师各营在上午表现出色，于施瓦本堡垒战斗了7小时后，目前已筋疲力尽。他们在德军三面火力持续不断的打击下，兵力锐减，弹药和机枪冷却水消耗也很大，甚至连步枪子弹都要收集起来以保障机枪能持续射击。

在他们身后的两军战线中间无人地带，第36（阿尔斯特）步兵师先锋营试图挖一条穿过无人地带的交通壕，便于后方兵力直接机动到施瓦本堡垒，可这项工作却受到蒂耶普瓦勒村的德军机枪火力的侧射干扰，没法完工。上午进攻各营用来集结的沉降公路到了黄昏已经堆满了尸体，这条“血路”同样也没法机动兵力。

渐渐地，德军也开始协调他们的反击，把英军第36（阿尔斯特）步兵师从最远突破地带逐步逼回。第36步兵师开始出现崩溃苗头。贝尔法斯特青年城市者步兵营的F.O.博文中校回忆道：“下午3点，皇家爱尔兰来复枪团8营和9营（即东贝尔法斯特营和西贝尔法斯特营）遭到格兰德库尔方向的德军反击后开始瓦解。我们不得不用手枪威逼制止他们的行为，并逼他们回去战斗。这真是令人绝望的一幕，空中弹片飞舞，绝望的将士们在地面盲目乱窜。将士们在上午的战斗中确实表现出色，可他们已经到了承受极限。下午4点，我接到我们的D连连长威利斯上尉的报告，他虽然守住了阵地，可敌人的压力实在太大了。之后，我再也没听到他的消息。”其实，第36（阿尔斯特）步兵师在上午的战斗中堪和表现最好的常备军部队媲美，他们已经竭尽全力，急需支援，否则上午的战果很可能会化为乌有。

第36步兵师的危局给英军将领敲了个警钟。军长莫尔兰中将命令手下的预备队——第49（西赖丁）步兵师上去增援。这些来自约克郡本土军部队的官兵们拂晓时刻还在阿弗吕伊（Aveluy）森林优哉游哉，但09点00分，随着上级一声令下，第49步兵师的第一批步兵营进入靠近一线的阵地。西约克郡步兵团6营第1本土营的J.G.杜利列兵回忆道：“我们从一座摇摇晃晃的桥上跨过了（安克）河。德国战俘只能涉水而过，集中到桥对岸。我们部分战友突然冲过去，猛打他们的头手部位，并把他们推倒下河。看着这一幕，我惊呆了——死者漂浮在河面上，伤兵们哀号求救。”跨过安克河，第49步兵师抵达蒂耶普瓦勒森林，并一直等到下午才奉命行动。

可当第49（西赖丁）步兵师跨出蒂耶普瓦勒森林时，却遭到来自蒂耶普瓦勒村德军机枪火力的疯狂扫射。西约克郡步兵团6营第1本土营的J.威尔逊列兵回忆道：“我们采取跟踪队形前进，穿过一个仅能一次供单人通行的树篱口子。德军娴熟地布置了一挺机枪封锁了这个口子，轮到我的时候我没走。这时德军机枪停止了射击，我想他可能是子弹带打光或是机枪卡弹了。我趁机穿了过去，但是跑到对面时眼前所见把我惊得六神无主。那里有一条跟树篱平行的壕沟，此时已经被在我之前过去的人填满了。他们不是已死就是快要死了。”

由于德军巧妙的机枪火力封锁，使西约克郡团各营没法安全跨过无人地带。为了避免无谓的损失，第49步兵师只得暂停攻击，第36（阿尔斯特）步兵师在夜幕降临前只能全靠自己了。

当然，英军在下午的进攻也非全败。高夫中将的老部队——第7步兵师就奉命在下

英军战地卫生勤务作业

午夺取马梅斯村。虽然按官方编制，英国陆军第7步兵师属于常备军，可它下辖的其中6个营却是新军部队——4个曼切斯特同城营，另2个营来自德文郡（德文郡步兵团8营和9营）。在上午的战斗中，该师就已经完成了预定目标，并冲到马梅斯村外，却遭到德军顽强抵抗，进攻受挫。接着，英军第7步兵师又连续在炮火支援下组织了两次进攻，但还是被德军打回。

为了夺取马梅斯，英军第7步兵师决心拼一把，战斗打得异常惨烈，双方甚至爆发了肉搏战。曼切斯特同城步兵团5营的J.克里克哈姆列兵回忆道："14点30分，我爬上堑壕顶部和我们的投弹手一起参加第二次进攻。当我刚刚跳进德军堑壕的时候，一名德国兵端着刺刀朝我刺了过来，但我顺势一个小步后退，他仅仅刺到我大腿一小块肉。对我们这些投弹手来说，堑壕肉搏战一般都不用步枪，而是用圆头棒。我用力一挥，猛击他的前额。在剧烈的撞击下，他的钢盔震飞了。我看到他是一位秃顶的老头。我永远不会，也不可能会忘记这个秃头老兵。可怜的老魔头！"

15点00分，在半个小时的炮火准备后，英军第7步兵师再次组织攻击。经过惨烈的战斗，他们终于攻克了马梅斯村！对这个来之不易的胜利，第7步兵师欢呼雀跃。马梅斯的攻克，标志着继蒙托班后，英军又攻克了当天预订目标的第二个村庄。

夺取马梅斯村使英军第4集团军右翼的突破面扩大到了3英里，因为第18步兵师也拿下了马梅斯和蒙托班之间的所有预定目标。夺取蒙托班后的情景又一次在马梅斯重演。随着德军防线的坚固村落据点陷落，原先无人地带变成了安全地区，德军炮兵和辎重兵狼狈往新的防线撤退，英军第7步兵师开始悠闲地扫荡马梅斯村周围堑壕和地下掩体的德军残兵。甚至有人惦记起了高夫的骑兵军，诺福克步兵团8营的N.H.诺顿列兵回忆道："（夺取马梅斯后）战场十分平静，除了德军远程炮兵偶尔袭扰外。在我看来，我们应该派一小队骑兵跟进打击，渗透进德军的防线重创他们的交通线。可惜的是，相当数量的骑兵还躺在后方当预备队呢。”

随着法军也在上午在蒙托班至索姆河之间3英里正面达成突破后，德军在索姆河的防御地带被英法联军整整撕开了宽约6英里的口子。许多人看到联军达成局部突破后，都迫切希望能给德军致命一击。焦急中，大家都发出了和诺顿相同的疑问：我们的骑兵在哪里？

说到蒙托班村，这里的战斗也没有闲着。中午12点30分，在一阵猛烈的炮火准备后，英军利物浦同城步兵团4营的1个连从刚刚夺取的堑壕地带冲出来，对英法联军防线连接区域对面的德军防御中枢的布里夸特里埃砖瓦厂展开攻击。由于利物浦同城步兵团4营的将士们攻击动作迅猛，完全把守敌压制在地下掩体里。无奈的德军只能举手投降，这次胜利令人印象深刻。他们共活捉了德军1个步兵团的团长和副官，另有7名军官、100多名士兵，并缴获几挺机枪。

当英军第7步兵师和第18步兵师在下午连连获得胜利的时候，离太阳落山还有至少5个小时。从当时的情况来看，这一带德军的防线显然已经崩溃了，英军却还有强大的步兵预备队和第2印度骑兵师一部。军长康格里夫中将自然希望能迅速投入步骑兵预备队扩大战果，彻底打垮德军。他的友邻侧翼，霍姆中将的第15军却仍然没能迅速攻克弗里库尔。按耐不住胜利喜悦的康格里夫中将立即来到新的战线，亲眼看到了步兵的胜利，看到了德军战线开阔的缝隙，也看到了利物浦同城步兵团4营前方不到200码的特罗内森林和左翼的马梅斯森林。

做为一名在布尔战争中拿到过维多利亚十字勋章的真正勇士，康格里夫中将匆匆回到军部，给第4集团军司令罗林森上将打电

▲ 一群英军将领正在视察刚刚攻克的德军堑壕，从他们轻松的表情来看，完全不像刚刚打过一场恶仗

话，请求让他继续前进；他将用自己的步兵以及第2印度骑兵师各团跟进打击，扩大战果。可罗林森的答复却成为索姆河战役第一天最具争议的话题之一。

抛开胜利的右翼不谈，让我们来看看战线其它地段下午的战况。在大部分地段上，英军各师在上午的进攻中于无人地带损失惨重，只有部分幸存官兵以小分队方式突入德军前沿堑壕地带，打下不少桥头堡并组织顽强的防御。在德军的反击下，这些桥头堡所剩无几。到中午，他们只剩四面堡垒和莱比锡突出部。在这两个桥头堡的英军打得十分艰苦。德军紧紧地围住了他们，但德军对这两个桥头堡组织的每一次冲击都被顽强的英军击退。不过，英军也很清楚，如果德军真的下定决心要夺回失地的话，他们能否坚持到黑夜突围或等来援军就未可知了。

对莱比锡突出部的英军来说，惨烈的打敌反扑战斗持续了一整天，可对四面堡垒来说，1916年7月1日下午却过得很平静。英军皇家沃里克郡8团8营1营的E.C.斯坦利列兵回忆道：“（午后）周围突然变得很平静，于是我先睡了一会，然后环顾四周，又和一些战友交谈。我们营只剩11个人了，所以我们只能待在这里看看接下来会发生什么事了（除此之外，什么也做不了）。”

下午太阳快落山的时候，筋疲力尽的珀西·查普尔透过两军战线中间回望英军战线，却惊异地看到一个熟悉的身影冷静地走向四面堡垒。查普尔有些不敢相信自己的眼睛，定睛一看，发现来者竟然是自己的好友，萨默塞特的团军士长，柱着拐杖、头戴软帽，走到了四面堡垒。就在查普尔对好友到来能够帮助他们而感动不已的时候，这名军士长告诉他的却是一个坏消息——团长已经阵亡了，这对查普尔来说如图晴天霹雳。毕竟团长曾是查普尔的老连长。尽管如此，军士长也带来了另一个好消息，那就是他承诺会在夜间安全地把弹药送到四面堡垒，保障查普尔和他的战友们继续打下去。

在夺取了戈默库尔村南面德军堑壕后，英军第56（伦敦）步兵师仍然处于较为有利的态势。虽然第46（北米德兰）步兵师没能和他们在戈默库尔村背后会师，但第56（伦敦）步兵师还是守住了他们夺取的大部分地段。该地德军指挥官在意识到英军第46（北米德兰）步兵师进攻失败，第56（伦敦）步兵师才是他们唯一的威胁后，他迅速集中所有预备队去打第56（伦敦）步兵师。在组织反击的同时，德军的火力又重新封锁了英军第56步兵师背后的两军战线中间无人地带。在一个肯辛顿步兵连和伦敦苏格兰团一个步兵营的1个机枪分队蒙受重大损失增援第56步兵师进攻部队后，就再也没有任何部队跨过无人地带增援伦敦师。从上午到下午3点，德军经过周密准备，连续实施了3次全面反击，每次都得到短促而猛烈的炮火准备。相对每时每刻因调上预备队而实力增强的德军来说，英军第56（伦敦）步兵师的战斗力却开始每况愈下。

在德军持续不断的反击下，英军第56步兵师各营开始瓦解。由于英军不允许营长亲临一线指挥，因此战场的各营指挥权实际落到连长的手上，可连级指挥官在战斗中伤亡太大，导致群龙无首。13点00分，英军第56步兵师开始出现崩溃迹象，一小队轻伤员不经请示，擅自离开夺取的堑壕。接着，士兵们陆续打光子弹或在德军反击压力下被迫步步退却的时候，军官们被迫同意撤退。有时候，这些撤退行动仅仅是待在英军战线的各个中校营长用望远镜发现情况不对劲后，才做出的决定。

16点00分，孤立无援的第56步兵师被迫退回到德军前沿堑壕，各营残部把剩下的弹药重新分了一遍，准备最后的战斗。在接下来几个小时的时间里，他们的伤亡越来越大，守的战线也越发减少。尽管如此，到晚上21点00分，留在德军前沿堑壕的还有5名军官和70名士兵，他们再也没法坚持下去了，突围撤退是唯一的选择。几名勇敢的士兵自愿留下来断后。大家把最后的几枚手榴弹和子弹都留给了他们，然后撤回了英军防线。拂晓前，德军组织了最后一次反击，负责断后的几位勇士全部战死，一切都结束了。

英军第56（伦敦）步兵师其实打得很不错，他们忠实地完成了上级交付的每一项任务，完整夺取了德军的前沿堑壕系统，并冲到戈默库尔村背后，可最终因为孤立无援在德军一浪接一浪的反击下，丢失了所有战果。的确，做为本土军的代表，第56步兵师已经竭尽全力，他们以最大的勇气在拼死战斗，也蒙受了惨重的损失。参加攻击的7个步兵营，就有1700多人战死，200人成为战俘，2300人负伤且大部分还躺在无人地带。拼得最凶的莫过于苏格兰伦敦团1营，参战的871名官兵就有616人伤亡。女王属威斯敏斯特来复枪团1营共有28位军官参加战斗，全部伤亡。为了一次佯攻，付出如此代价，实在是得不偿失。

尽管局部仍有激烈战斗，但整个战线大部分地段在下午已经基本没有大的战斗了。太阳直到20点00分才彻底落山，从第一次进攻失败到夜幕降临，躺在无人地带的几万伤员被迫忍受长达14小时的日晒折磨和等待。在他们之中，比较幸运的人基本都是躲到弹坑里，避开了德军火力的打击。不过，这些没法

▲ 尽管上午以惨败告终，但下午部分英军还是继续组织攻击

自由挪动的伤员在下午的时候最痛苦的莫过于暴晒下的口渴，这可是英军所有伤员的大敌。当然，这对英军伤员来说是无解的，能捡回条命就不错了，水就别指望了。

尽管头顶骄阳似火，对面德军机枪火力依然不断射击，不时炮弹也在无人地带落下，还要受到口渴的折磨，但不少英军伤员还是呼噜噜地睡着了。经历了一夜的紧张准备和清晨猛烈的炮火准备，在进攻期间筋疲力尽的英军伤员们再也无法顶住疲劳的“袭击”，在负伤倒下后本能地被修普诺斯（希腊神话的睡神）施加了“永恒睡眠”咒语而陷入了沉睡之中，即便是那些倒在离德军堑壕只有几码的英军伤员也不顾横飞弹雨，呼呼大睡。

夜幕降临，虽然绝大部分英军伤员（没有被救护车救走的）仍然躺在原地不动，不过有些人打算冒险返回己方堑壕。号兵比尔·索尔由于藏身地太靠近德军阵地，决定跑路。他扔掉了所有的装备和步枪，然后跃进离他最近的弹坑。待了一段时间后，他又开始向下一个弹坑跃进。他打算采取这种分段跃进法，挨个弹坑摸回英军战线。虽然期间他遭到德军机枪火力射击，但每次都能化险为夷，安全跳进弹坑。最让索尔惊讶的是，一路上跳进的弹坑里躺满了他所在步兵营的死伤战友。对他来说，没有倒毙在战场上，已经是上天的无限眷顾了。

另一方面，倒在无人地带的英军伤员在上午活跃的狙击行动由于德军的加倍报复而渐渐沉寂下来，但并没有完全停止。各地都还有勇敢的英军士兵在坚持打冷枪，直到弹药耗尽。格拉斯哥少年基督军步兵团1营的一名中士在一个火力可以够得着德军堑壕的阵地上发现了一挺里维斯机枪。他先是操作机枪打光了随身携带的子弹，然后又从战死者尸体上收集了更多的弹药。一整天的时间里，他一共朝德军打掉了24箱机枪弹。阿尔伯特·麦克米兰也是一个不服输的家伙。当他认为自己已经安全以后，一个侧滚翻到弹坑边缘操起步枪和德军对射。

尽管勇气可嘉，但这些狙击行动并没有给德军造成重大伤亡，充其量只是袭扰而已。为了报复英军的行动，德军在下午积极监视两军战线中间无人地带上英军伤员的一举一动，对所有试图动弹的英军伤员都毫不留情地予以肉体上的消灭。除了德军步机枪火力外，不断落下的炮弹也给英军伤员造成了更大的痛苦和更多的死亡。

另一方面，下午部分地区枪声逐渐消停的时候，英军战线的不少堑壕段内仍然混乱不堪。德军对英军堑壕持续不断的炮击给英军造成了更大的伤亡。虽然轻伤员可以自己走到后方，但还有几千名重伤员仍然和战死者一起躺在堑壕里。由于堑壕拥挤，担架兵抬着一名重伤员到包扎所至少要 1 个小时的时间，不仅耗时久而且还在德军炮火下增加了不少伤亡。就算是在炮火下幸免于难的担架兵，也在不断往返抬送伤员的过程中筋疲力尽。最讽刺的是，不少待在堑壕里“无所事事”的英军士兵因为上级一道不合理的命令（不准帮助伤患，专心作好本职），而只能眼睁睁地看着这些可怜的伤员痛苦大半天。英军第97步兵旅机枪连的C.A.特纳列兵回忆道：“最惨的一幕是你只能看着一些重伤员在堑壕里吃力爬行，却不允许去帮他们。我们的任务就是紧紧守住在堑壕护栏位置架设的机枪，防范对方反击。伤员们只能相互包扎，我前面站着的一位神父撕掉了他的‘狗领’，并咒骂道，‘戴这玩意真是一种讽刺。’”

对上午负伤的查尔斯·马修一等兵来说，情况真是一点改善都没有。午后，在他周围曾密集落下的炮弹有所消停。一小时后，当堑壕顶部突然搭上鸭板，两名担架兵抬着一名伤员从马修头顶经过时，把他吓了一大跳。定了定神，马修问他们可否回来以后把他也抬到后方救治，得到了肯定的答复。过了很长一段时间，马修觉得担架兵似乎都要把他遗忘了。就在他感到绝望的时候，两位担架兵却出现在他的面前。他们忠实地履行了自己的承诺，又回来了。可当两名担架兵看到他胸前大片血污时，有些面如土色，担心他的伤势可能很重。马修似乎看出了他们的疑虑，告诉他们这些并非自己的血，伤情主要是腿断了，不需要什么包扎。两名担架兵遂抬起马修，历尽艰难行进半个小时，才把他送到设在卡尔诺伊（Carnoy）小镇中心广场的包扎所。至此，马修从负伤起，整整熬了8个小时才最终得到救治。

在忙碌的堑壕里，宪兵也在忠实地执行自己的使命。他们的任务是确保进攻发起后，奉命参加战斗的部队不准有一个身体健康的士兵找借口留在堑壕里畏战不前（除了营长）。曼彻斯特同城步兵团5营的J.克里克哈姆列兵对宪兵的严格执法有深切体会："负伤后，我回到堑壕并看到了两名非常年轻的士兵。他们大概是吓坏了，根本不敢和战友们一起爬上去参加进攻。不一会儿，我离开他们碰上了两名手持左轮枪的'红头盖'，他们想知道我要去哪里（怀疑我当要逃兵）。我给他们看了看伤情，他们就放我过去了。刚走出几码，我就听到附近传来两声枪响。我很肯定，那两个不幸的男孩'因怯战被处决'了。"

一整天时间里，英军第19步兵师各营

▲ 凯旋的英军正押着德军俘虏返回己方战线，注意下面的鸭板

仍然待在阿贝尔郊外的塔拉—乌斯纳一线堑壕。随着这一地段第一梯队进攻的失败，第19步兵师显然没有机会完成他们最初的任务——扩大突破口，伴随骑兵朝巴波姆突击。不过，第19步兵师也非完全无所事事。午后，该师下辖的国王属兰开夏郡步兵团7营、忠诚北兰开夏郡步兵团7营、南兰开夏郡步兵团7营和东兰开夏郡步兵团7营都接到了命令——17点00分，在30分钟的炮火准备后，4个营要对德军防线展开攻击。

除了第19步兵师下辖的4个步兵营投入战斗外，第8步兵师的几个错过了上午进攻战斗的步兵营也相继投入战斗。苏格兰来复枪团2营（2nd Scottish Rifles）的J.L.杰克少校回忆道："在新攻势发起时，我接到上级的紧急指示，派出巡逻队查明我营右翼连正对的德军防线是由哪个部队把守。接到命令，我立即着手布置巡逻队——弗拉塞尔少尉、1名中士和D连的5名士兵组成巡逻队悄悄摸上前去。这是我按照上级命令，能组织的最小规模巡逻队。出击前，我提醒他们要非常小心，一旦遭到敌人射击，就马上撤回来……接着，巡逻队返回我们的堑壕报告他们遭到了猛烈的射击；弗拉塞尔少尉失踪，可能已经被打死了，这让我深感悲痛。

"就在进攻发起前一刻，上级却突然通知说因为部分友军可能还在德军堑壕，所以取消这次进攻……"和第8步兵师一样，第19步兵师的4个兰开夏郡步兵营还没有冲上去参加战斗就奉命撤回后方，白白浪费表情。

一整个下午和傍晚，炎热的夏日天气基本没有改变。从拂晓开始，天空既没有一片云朵，也没下过一滴雨。毒辣的阳光让奋战的英军痛苦不堪。上午参加夺取蒙托班战斗的帕迪·肯尼迪列兵，午后奉命返回英军堑壕地带给部队补充手榴弹。当他在返回途中跨过满目疮痍的无人地带时，震惊地看到在似火骄阳下，大量伤员躺在地上，哀号求援。看到这一幕，肯尼迪起了恻隐之心，但部队严令他回去的任务就是补充手榴弹，与此无关事宜概不负责。途中，他碰上了曼彻斯特同城步兵团1营的一名士兵，他从"蒙托班巷子"过来的。他也不知道自己的部队的具体位置。在交谈中，他告诉肯尼迪，下午的情况十分平静，四下张望只有那些空空如也的山岭，一片祥和的景象。在他看来，战争就要结束了。在蒙托班和马梅斯之间宽达3英里战线上，许多英军士兵也有和他们一样的想法，那就是德军防线崩溃在即，只要投入骑兵冲击，决定性胜利就将到来。

由于英军没有利用右翼的胜利继续扩张战果，导致法军在没有得到侧翼掩护的情况下没法进一步往纵深突击。在法国陆军第6集团军担任联络官的英军上尉E.L.斯皮尔斯回忆道："法军已经拿下了索姆河北面所有的预定目标，想要继续推进也是轻而易举；如果愿意的话，他们可以拿下佩罗讷。"佩罗讷位于德军防线纵深6英里，重要性相当于英军预定纵深目标的巴波姆。

对于所有人认为的英军第4集团军右翼德军已经崩溃的情况，罗林森上将却有不同的看法，他认为德军会组织猛烈的反击夺回失地。可事实却是德军已经失去了平衡，所谓的"反击"不过是零零星星的袭扰而已。

帕迪·肯尼迪就经历了这样一次袭击。21点30分，德军一个投弹小组悄悄摸上"蒙托班巷子"，然后朝英军阵地砸手榴弹。帕迪·肯尼迪在慌忙中赶紧掏子弹带准备还击，但旁边一名带着布尔战争勋章绶带的老兵却让他放下枪，保持冷静再还击。仅仅几

正朝德军防线施放毒气的英军

分钟后，战斗就平静下来，德军撤退了。

虽然英军右翼的德军陷入了失衡态势，反击软弱无力，但在其他地段德军的反击还是获得了不小的成果。下午，在蒂耶普瓦勒附近的第36（阿尔斯特）步兵师在已夺取的德军前沿堑壕和施瓦本堡垒遭到了德军猛烈的炮轰和机枪火力扫射，以及至少3次步兵反击。尽管第36（阿尔斯特）步兵师击退了德军所有的反击，但自身也蒙受了惨重的损失，弹药也消耗很大，战斗力急剧下降。

战至傍晚，第36（阿尔斯特）步兵师已经处于十分危险的境地。参加进攻战斗的几乎所有军官都倒了下去；他们的弹药也快见底了；没有援军赶来。薄暮时刻，德军又一次从三面围了上来，展开第四次反击。对该师来说，一切都结束了。一名少校下令放弃施瓦本堡垒，撤回到前德军前沿堑壕。讽刺的是，当第36（阿尔斯特）步兵师撤下来的时候，英军第49（西赖丁）步兵师的8个满编连终于跨过了无人地带，赶来和他们会合。虽然援军到位，可还是来迟了一步，德军已经巩固了施瓦本堡垒。

做为英国陆军第4集团军在索姆河战役第一天唯一一个打进德军第二道堑壕的英军步兵师——第36（阿尔斯特）步兵师吐回了几乎所有的战果。达成突破后，他们整整14个小时没有得到一兵一卒的支援，最终守住的战果不过是一段800码的德军前沿堑壕。筋疲力尽的阿尔斯特师最终撤了下来，把防线交给了友军。在当天的战斗中，英军第36（阿尔斯特）步兵师付出了极为惨重的代价，共计战死2000多人、负伤2700人，被俘165人。

随着夜幕降临，英军一战中最长的一天已经注定了惨败的命运。相对英军的糟糕表现，山那边的德军在7月1日的表现究竟如何呢？

| 第十二章 |

德军视角

黎明到来宣告7月1日这个美好夏日的开始。联军炮兵和迫击炮兵突然以超出过去一周的射速，猛烈轰击德军防线。隐蔽在索姆河战线各个地下掩体的德军官兵们紧张得心都要跳了出来。他们很清楚，等待已久的联军攻势即将到来，他们的机会只有一次，那就是在英军炮火开始延伸的时候，不顾一切冲出地下掩体，争分夺秒地抢在英军步兵前面占领表面阵地，组织抗击。如果慢半拍，不幸被困在地下掩体的话，下场只有两个——战死或被俘。他们迅速准备好武器装备，并一再仔细检查。从戈默库尔到绍尔纳（Chaulnes），表面阵地的德军哨兵都蜷缩在地下掩体出口盯着英军炮弹的落点是否有变，柏林时间08点20分（索姆河当地时间是07点20分），英军炮火突然开始延伸。在山楂岭，这个可以俯瞰博蒙·阿梅尔的山岭堑壕里，德军第119预备役步兵团9连阵地突然发生一阵巨大的爆炸。第119预备役步兵团3营作战报告记载如下：

08点15分（这个时间记载是错误的，实际应该是柏林时间08点20分，当地时间07点20分），一枚填充超大量炸药的地雷在B1阵地中央“前鼻”位置爆炸。1排（伦茨少尉）和2排（波姆少尉）左翼的部分兵力被埋在地下掩体里。所有通往3排（布雷特迈尔少尉）的掩体的出口和部分通往2排（波姆少尉）的掩体的出口都被倒下的石块堵塞。9连只有极少数左右两翼的机枪手侥幸逃上表面阵地，并占领射击位置。爆炸后形成的巨大弹坑长50米、深15米。不一会儿，又有一些官兵挖开堵塞掩体的土方，逃出生天。这样，9连共有2个班做好了战斗准备。

爆炸后，山楂岭弹坑周围一片白茫茫的白垩土，好似刚刚下了一场暴风雪。为了击退英军可能的进攻，德军呼叫了炮火支援。

守军刚刚开始组织起抵抗前，英军部分兵力就冲进了弹坑左侧的3排的堑壕里。在一个拥有4个出口的德军地下掩体，就有3个

▲ 德国陆军第26预备役步兵师师长冯·索登少将

出口被堵住了，第4个出口也只剩一个小洞可出，里面的守军，包括布雷特迈尔中尉和连长预备役上尉穆赫鲍尔，拼命扒开堵塞的土方试图逃离。在哨兵把洞口挖得足够大以前，他就被刺刀捅死，顺着梯子跌落回去。站在他身边的达维德索恩下士马上对着敌人迎面开枪。接着，手榴弹和烟幕弹被扔进了地下掩体，英军朝他们喊话，要他们投降。可守军仍抱有希望，认为其他地方会调来援军和（炮火）支援，因而没有理会英军的喊话；不一会儿，双方为了争夺弹坑又爆发了战斗，周围到处都是战斗。

往北，在戈默库尔地区，英军炮火比其他地区延伸得晚。不过，英军各个攻击地段炮火延伸时间差，却并没有出乎德军的意料，他们早就通过捉获的英军第46（北米德兰）步兵师下辖的北斯塔福德郡团5营维特列兵的口供，准确得知了英军对戈默库尔地区的进攻时间。尽管德军早早拿到了英军进攻的确切情报，但在戈默库尔村北的德军第91预备役步兵团防御地带还是在英军炮火轰击下受到极大削弱，带刺铁丝网地带受到很大破坏，前沿堑壕也被填平。然而，戈默库尔地区几乎所有的德军地下掩体却安然无恙，德军官兵正是待在掩体里安然躲过了英军恐怖的炮火打击。在戈默库尔北部地区的战斗中，英军虽然成功突入了前沿堑壕，但都遭到德军坚决的反突击，很快稳住了形势。在戈默库尔村子南面，英军主要对德军G5、N1和N2区域（均位于戈默库尔东南和南面）展开攻击，这里由德军第170步兵团把守。经过艰苦而激烈的混战，英军第56（伦敦）步兵师成功突破了德军第170步兵团防御地带。德军第170步兵团抵挡不住，只得向第55预备役步兵团求援。在报告中，德军第170步兵团写道：

“08点35分（柏林时间，当地时间应该是07点35分），敌人对16号和18号目标区展开攻击；09点05分又对北区施放毒气；09点15分攻击19号区。09点30分，敌人突入G5区域，威胁了我团右翼。我军正在坚守堑壕。”08点30分，德军第170步兵团给第55预备役步兵团3营下达作战命令：“陶舍尔少校带上全营，包括施工连，沿着2号警戒阵地对突入G5区域的敌人实施坚决反突击，将敌人赶出去。随时报告准备情况，机枪必须备便。营长就在147高地。”

第55预备役步兵团得令后迅速上路。在他们的协助下，德军第170步兵团同英军（第56步兵师）展开了惨烈的肉搏战，一直打到黄昏前最终德军占得上风，把英军第56步兵师给顶了回去。对德军第170步兵团的机枪手们来说，1916年7月1日是艰苦而成功的一天。他们在戈默库尔村子南面的G5区域战斗中扮演了关键角色。

第73机枪狙击排的科赫少尉回忆道：“值得注意的是，8号机枪的两名机枪手在机枪火力点于首轮战斗中被英军突破后安然无恙，在未遇英军阻拦的情况下，他们把机枪转移到一个地下掩体里，用防水布盖住机枪并坐在上面。不久，在适当的时机，他们（掀开防水布）对退却之敌猛烈射击。机枪组长菲希特二等兵注意到……一股浓厚的毒气烟云突然升起（实际上，这很可能是其他颜色的硝烟所致。1916年7月1日索姆河战线的英军毒气罐集中在弗里库尔）。他立即跳进被打得千疮百孔的堑壕护栏，击毙了一名英国军官，但他自己也被一枚手榴弹炸死。可能是被他的英勇行为感动，机枪手们抄起武器投入战斗。G5地区的舒尔特斯斯一级下士抄起机枪及时投入战斗，给敌人造成了惨重的伤亡。弗赖伯格尔二等兵做为3号机枪手表现不错。机枪手豪普特、迈尔、哈斯特和二等兵贝尔克菲尔德纷纷上阵给机枪运送弹药。突然间，敌人出现在他们后方并投掷手榴弹。弗赖伯格尔二等兵重伤；豪普特、迈尔和哈斯特也受伤了。英军喊话让舒尔特斯斯一级下士投降。可刚刚收到贝尔克菲尔德送来子弹的舒尔特斯斯却拒绝投降。他调转机枪向后猛烈扫射，直至他和贝尔克菲尔德两人被四面八方砸来的手榴弹炸死为止。7号火力点就在6号火力点右翼，由尼迈尔二等兵指挥。尼迈尔成功击退了敌人，不仅是正面进攻的，连同从侧翼和后方突入堑壕的敌人（也被收拾掉）。他给敌人造成了很多的伤亡，阻止了敌人向右翼发展进攻之势。当尼迈尔被一发子弹爆头时，亨尼格接手射击，又成功对潮水般逃逸的英军进行追踪射击。（战后）检查尸体（中弹部位）显示了他射击时的无比冷静和精准的弹着散布带。”

围绕戈默库尔地区的战斗中，德军第55预备役步兵团和第91预备役步兵团共损失了3名军官和182名士兵，倒在第91预备役步兵团

▲ 德军巴伐利亚部队的前沿堑壕

阵前的英军尸体达700具之多，倒在第55预备役步兵团阵前的英军尸体达2000具。往南，在塞尔村西面，英军也蒙受了史无前例的灾难，人们应该不会忘记，1915年法军和德军曾在这里发生过鏖战。通过和法军的鏖战，德军已经深刻领悟了战斗教训，那就是要迅速占领塞尔村周围的重要制高点。由于和法军的战斗中德军手里的安克河北岸整个防御地带完好无损，因此德军耗费一年多的时间把这里修成了坚不可摧的堡垒。08点30分，英军第31步兵师的各个同城兄弟营跨进火海漩涡，只有极少数人冲进了塞尔村，但没人能活着回来述说村中的战斗情况。这次进攻被来自巴登的德军第169步兵团将士们轻易粉碎。当然，在他们得到了稍靠北一点的德军第66步兵团的机枪手们的协助，这些机枪手同样为塞尔防御战斗的胜利做了突出贡献。

德军第169步兵团奥托·莱斯一级下士回忆："平时过着悠闲生活、不用承担诸如扛重迫击炮弹上前的机枪手们，在今天拿出了他们的真本事。一条接一条机枪子弹链被打光。250发子弹–1000发子弹–3000发子弹。'把备用枪管拿上来！'机枪组长大声喊道。换上（备用）机枪管，继续打！打5000发子弹就必须要换枪管。机枪管打得发红、发烫，冷却水也沸腾了——操作机枪的双手甚至被烧出焦味——'继续打！'机枪组长严令，'要么我就枪毙你！'在持续不断的射击中，冷却水很快化为了一团团的水蒸气……伴着一阵阵嘶嘶声，蒸气升腾，给敌人提供了一个绝好的射击目标。不过，最幸运的是他们正对阳光，而我们却背对太阳。敌人越来越近了。我们毫不间断地继续射击。急需再次换枪管，冷却水差不多蒸干了。'哪里还有水？'机枪手喊道。'把矿泉水从地下掩体抬出来！''没有了，长官！'经历8天炮轰，矿泉水已经喝光了。

"英军继续前进。尽管已经有几百号人倒在我们前方的弹坑里，但他们还是一波波从堑壕里涌出。我们不得不接着打！一名机枪手带着水箱冲进弹坑，然后往里面撒尿。第二泡尿刚刚撒进去。英军就冲到砸手榴弹的距离，飞过来的手榴弹群开始在我们前后方爆炸。枪管更换完毕，水箱尿满。上膛！手榴弹和枪榴弹也在机枪周围爆炸。保持冷静，把乱成一团的装备理好，装弹！要响亮、缓慢而清晰地对自己说。'向前！向下！向后！（把枪机部件往前推–压上弹链–把枪机部件往后拉。）再来一遍！ 保险栓拨到右边！射击！'……哒！哒哒！哒！……又一排连发的子弹射进了我们前面的土坑。所有机枪上都高高腾起水蒸气形成的烟柱。大部分蒸汽导管不是被扯掉了就是被打飞了。射手和机枪组长被烫伤的手上挂着一条条脱落的皮肤！他们的左手拇指因为一直死死地压在扳机上，全都肿得不成样子。他们的手按在剧烈振动的机枪上随之颤抖，好像痉挛发作一样。

"18000发！其他武器排都停止了射击。机枪手施瓦茨抬头上弹的时候被一发子弹爆头。装填手继续把子弹装进弹仓，拉开上膛却卡弹了！下一名机枪手上来！把死者挪开，机枪手拆开机枪弹仓，排除卡弹故障，然后重新上膛。开火，停一阵，换枪管，压子弹接弹链；（英军）死伤员躺满了弹坑底部。沿着整个师防御地带，可以清楚听到机枪的射击声。年轻的英国士兵们，苏格兰最好的几个步兵团（莱斯错了，进攻塞尔村的英军没有来自苏格兰的部队）在塞尔村当面死伤惨重。来自普福尔次海姆（Pforzheim）的科赫一级下士在塞尔—迈利（Mailly）公路的位置持续战斗，打光了最后一条子弹链！一天之内竟然朝英军打了至少20000发子弹。”

在塞尔村南面，也就是索登堡垒（Sodon Redoubt）前方的雷丹山岭（Redan Ridge），德军第121预备役步兵团已经做好准备随时给进攻的英军迎头一棒。对英军来说，四面堡垒绝对是一个巨大的战场陷阱。在英军炮火准备期间，四面堡垒遭到了猛烈的炮轰，德军被迫在1916年6月28日撤退，但7月1日又及时恢复了占领。

当天上午，面对潮水般冲击而来的英军，德军充分发挥了炮兵和机枪火力优势，三面火力夹击英军，粉碎了英军多次冲击。尽管德军防御地带不时被英军撕开个小口子，但除了四面堡垒外，其他丢失的地段都回到了德军第121预备役步兵团之手。当然，对四面堡垒的丢失，德军是绝对不会放任不管的。德军第121预备役步兵团3营和霍普少尉带领的第169步兵团1个排紧急赶往支援。四面堡垒据点的英军逐步被击退。由于英军仓促修了工事并布设障碍，加上里维斯机枪掩护，因而德军打得十分艰难，进展缓慢且双方伤亡都大。战至傍晚夜幕降临，四面堡垒据点的英军只剩最后一个小阵地还在顽抗。最终，德军把这个阵地也啃了下来，没能逃回防线的英军将士统统都做了德军的俘虏。1916年7月1日，德军只抓到了少量战俘，但第二天打扫和搜索战场时又抓获了更多的英军。最终，德军第121预备役步兵团共抓获200名英军战俘。

战斗结束后，四面堡垒一片狼藉，到处都是英德双方将士的尸体，部分地段尸体还堆得老高，扭曲的武器和扔掉的装备遍布战场——毁灭般的场景。在这么一个小小的区域，德军第121预备役步兵团就倒下了大约150名官兵，英军也横尸约500人。按照德军第

▲英军在费村组织坑道爆破后炸出的效果

121预备役步兵团的战绩统计，英军的损失可不止这么一点点：1营防线当面躺着1200具英军尸体，2营当面躺着576具英军尸体。让德军感到惊讶的是，进攻他们的英军部队装备精良不算，还有“洁癖”：英军俘虏们都带着干净的衣服和洗刷用具，甚至刮胡刀，他们已经做好了被俘后关进德军地下掩体还能刮胡子的准备！

在博蒙·阿梅尔—欧雄维莱尔（Auchonvillers）公路南面，山楂岭周围也是血腥的屠杀战场。德军第119预备役步兵团9连几乎丧失了战斗力，但两翼友军各连却表现出色，给英军制造了一场“大屠杀”。在战役爆发初期，英军皇家工兵队爆破的弹坑周围形势一度很紧张，但预备队——第119预备役步兵团7连和12连各排，以及从第三道堑壕赶来的2挺自动步枪小组在俯瞰公路的弹坑占领防御阵地。特别值得一提的是，在博蒙·阿梅尔村背后的所谓“矿区”据点的德军第121预备役步兵团机枪群的密集火力打击下，英军损失不小。不一会儿，双方就缠在一起，打起了近战。英军一架飞机从头顶飞过，往德军第121预备役步兵团12连头上扔炸弹，却没什么效果。与此同时，德军第119预备役步兵团被困在地下掩体的将士也逐步扒开土方，钻了出来。在援兵支持下，德军逐步稳住了阵脚。

往南500米，Y溪谷的守军虽然地形并非绝对有利，但还是顽强击退了英军多次冲击。英军在山楂岭引爆坑道地雷给Y溪谷的德军提供了绝好的战斗警报。由于英军第8军在08点20分（当地时间07点20分）突然开始延伸炮火，并减弱炮击力度，让Y溪谷的德军受益匪浅。他们冷静而有条不紊地占领防御地带。和其他地段不同的是，这里不需要德军和守军为了抢夺前沿堑壕表面阵地而进行赛跑。他们和其他沿着安克河谷的德军部队一起在战斗伊始就获得了巨大的优势。在这里，德军的铁丝网地带基本完整。机枪也已仔细而周密地布置，步兵占领了最佳阵地位置。

索姆河战役中突击的法军步兵

备用弹药都已取出并准备分发补充给一线官兵，接着排长和班长下达了最后的命令。德军第119预备役步兵团3营营长报告：“敌人以强大的兵力沿着整条战线冲击。我全部守备部队占领阵地并开火射击。和炮兵连通的电话线被炸毁，没法通过电话呼叫炮火支援。据点守备队长和各连相继对空打信号弹，可炮火支援却很稀疏，效果不大。”不过，德军第119预备役步兵团已经在阵地上部署了数量庞大的机枪火力点。除开第一道堑壕的火力点外，还有8个隐蔽良好的火力点位于从博蒙村到博蒙火车站之间的公路的北面，随时准备狠揍突破第一道堑壕的英军。这种梯次部署的火力配系，英军是根本没法查明，或即便是战前通过火力侦察确认了德军火力点的位置，也没法有效对付。因此，在德军第119预备役步兵团猛烈的交叉机枪火力打击下，英军死伤惨重，幸存的官兵只能卧倒在德军第一道防线前沿的弹坑里。

德军第119预备役步兵团3营作战日记里按照时间表，简短记录了对英军第29步兵师毁灭打击的经过：

08点15分（当地时间07点15分），B1据点遭到坑道地雷爆破。

08点20分（当地时间07点20分），B1到B3据点遭到攻击。

08点30分（当地时间07点30分），英军倒在B3据点第一道堑壕前不足百米处，我方机枪猛烈开火。

08点35分（当地时间07点35分），B2据点报告：攻击停止。许多英军士兵尸体横卧在46号目标区前沿谷地。机枪群开始从第二道堑壕往第一道堑壕转移。

08点40分（当地时间07点40分），B2据点报告：英军继续倒在第一道堑壕前，被撕成碎片。没有炮弹在46号目标区当面谷地落下；1个营正在集结准备新的进攻。

命令：用机枪火力歼灭他们……

德军第119预备役步兵团干得不赖，他们给英军埃塞克斯步兵团1营和纽芬兰步兵团1营制造了骇人听闻的伤亡。战至14点00分，Y溪谷方向战斗基本结束。德军第119预备役步兵团基本全歼英军2个营，但自己也有7名军官和144名士兵战死，24名士兵被活埋，6名军官和266名士兵负伤。

负责把守重要的蒂耶普瓦勒山岭的是德军第99预备役步兵团。蒂耶普瓦勒山岭可以俯瞰周围索姆河谷地，双方都知道这个锁钥之地的战略价值。因此，德军第99预备役步兵团肩上的担子不轻。英军第36（阿尔斯特）步兵师首先发难，夺取了重要的施瓦本堡垒，并继续突击格兰德库尔，表现得英勇顽强。由于蒂耶普瓦勒村北面的两军战线中间无人地带比较狭窄，在部分法军一流的炮兵连持续轰击到最后一分钟的有效支援下，英军第36步兵师第一梯队突击队在攻击时刻到来前，隐蔽潜伏到距德军防线40到50米内。在这里，英军第36步兵师第一梯队突击队在炮火延伸的刹那，飞身跃起冲进了堑壕。德军第99预备役步兵团记载道：“进攻C2和C3阵地的敌人极为积极，我们的2挺机枪只打了一会儿就被突破了。两个机枪小组半数被炮火杀伤。C1和C4据点，以及斯特拉斯堡斜坡（Strasbourg Slope）剩下的武器却打得十分出色。除了换弹链的些许停顿外，他们几乎是持续不断地射击。在施瓦本堡垒的一挺缴获的俄军机枪在进攻前被一发炮弹直接命中，四分之三机枪手被埋，结果未能投入战斗。机枪排排长和通讯员急忙赶来试图扒出被埋的机枪手们，却也不幸中炮身亡。在施瓦本堡垒的法斯本德尔（Fasbender）步兵排奉命占领堡垒前方的前沿阵地。在进攻战斗中，C3据点左翼和C4据点右翼的德军火力点均被英军炮火直接命中摧毁。在这种情况下，施瓦本堡垒的德军守备队只能操起还完好的德式武器和一挺缴获的英军机枪，顽强朝冲击上来的英军开火射击。”

不过，英军第36（阿尔斯特）步兵师对施瓦本堡垒攻击的选点很棒。他们有效利用了C3据点南面的死角实施冲击，很快突入了施瓦本堡垒。在C2和C3据点守备的德军若非倒下就是成了英军的俘虏。可在混乱中，还是有不少德军趁机逃脱。按照巴伐利亚预备役第8步兵团团长布拉姆中尉和C4据点的第99预备役步兵团7连预备役少尉施密特的说法，“许多巴伐利亚兵抵达他的阵地。不久前他们做了英军的俘虏，一转身就又跑回来了。英军已经脱了他们的手表，搜走了他们的钱和戒指。可一旦他们从伤员手中接过武器，就又继续全身心投入战斗。”巴伐利亚预备役第8步兵团4连连长舍雷尔上尉和手下部分将士一起在施瓦本堡垒被俘。他很不幸，在被英军押解下战场时被德军炮弹击中身亡。

起初蒂耶普瓦勒北面形势混沌不清。C2和C3的德军前沿守备部队阵地被迅速突破给德军造成了一定的混乱。早先传到德军师部的战报指出：“我军部队正对欧蒂耶（Authuille，属英军后方）方向展开攻击。”造成这个啼笑皆非情况的原因很可能是前线将士看到的是被英军押往后方的德军战俘队伍，误认为他们在组织“反攻”。尽管出了不少笑话，但设在安克河北岸的德军第119预备役步兵团一个观察所最终还是做出了准确的报告：英军突破了施瓦本堡垒！负责这个方向的德军第26预备役步兵师师长接到报告后，第一时间就下令反击。他把电话直接打到德军第180步兵团补充兵2连阵地上，要求补充兵2连即刻从第二道堑壕出发，对英军第36（阿尔斯特）步兵师进行坚决反突击。

德军第180步兵团补充兵2连的舒尔伦少尉回忆道：“大约09点，我们看到英军军官正在（施瓦本堡垒）看地图，英军士兵也重新组

德军的伤患临时包扎点

织防御。部分人在挖掩体，其他人继续前进突入施努尔伦的步兵连（第180步兵团补充兵1连）的阵地前沿。施努尔伦的步兵连和第119预备役步兵团机枪1连的火力打击，给敌人造成惨重损失，英军被迫退回汉萨亚蒂克阵地（Hanseatic Position）和施瓦本堡垒。”

应该说，德军第26预备役步兵师的战前预案做得很好，他们早就料到施瓦本堡垒在即将发生的战斗中有被突破之虞。在这种情况下，该师战前就拟订了作战计划：一旦施瓦本堡垒陷落，立即组织坚决反突击予以夺回并遏制英军突破势头。1916年6月27日，德军第26预备役步兵师下达了战斗预备令：“今天中午12点00分，第52预备役步兵旅收到（第26预备役步兵）师部的第2453号作战命令，要求在必要的情况下增援蒂耶普瓦勒北部地区。如果敌人突入这里，必须将其赶出去。为了协调反击，巴伐利亚第8预备役步兵团1营也应立即顶上换防。”这道命令要求巴伐利亚第8预备役步兵团一部和第180步兵团各补充兵连增援施瓦本堡垒，使得反攻堡垒的兵力达400到500人。对正面宽500米的防线，这个人数并不算多。

然而，预案再周全，实际执行起来也是困难重重。师部通往巴伐利亚第8预备役步兵团各营阵地的电话线被炸断，给命令传达带来了很大的困难。危难关头，方显英雄本色。符腾堡预备役龙骑兵团（Württemberg Reserve Dragoons）的特莱恩预备役少尉正巧就在德军第26预备役步兵师师部里，他主动要求下去给一线部队传达命令。按照德军第26预备役步兵师师长冯·索登的命令，团长布拉姆中校亲自指挥3个战斗群，对施瓦本堡垒实施反突击。三个战斗群编组如下，

第一战斗群：巴伐利亚第8预备役步兵团1营营长普拉格少校任指挥；由巴伐利亚第8预备役步兵团2连、第180步兵团补充兵1连和2连、第119预备役步兵团机枪1连和绍菲尔德工兵连组成；任务是从第二道堑壕北段向施瓦本堡垒实施反突击。

第二战斗群：巴伐利亚第8预备役步兵团3营营长贝耶尔科勒少校任指挥；由巴伐利亚第8预备役步兵团3连、11连和12连，以及第89机枪狙击兵排组成；任务是从153高地对施瓦本堡垒实施反突击。

第三战斗群：巴伐利亚第8预备役步兵团2营营长罗埃斯赫少校任指挥；由巴伐利亚预备役步兵团2营组成；任务是穿过斯图普堡垒进攻施瓦本堡垒。

09点55分（当地时间08点55分），巴伐利亚第8预备役步兵团2营营长罗埃斯赫少校直接收到了德军第26预备役步兵师师部的命令：“敌人正强行突入施瓦本堡垒。巴伐利亚第8预备役步兵团2营，在第52步兵旅下辖的自动步枪连1个排和第1机枪连的加强下，马上出动朝安克河谷和第二道堑壕线实施突击，消灭路上碰到的任何敌人。务必夺回和守住南1到南3区，主要突击指向右翼。第52预备役步兵旅继续待命。

签字：冯·索登男爵”

虽然，巴伐利亚第8预备役步兵团2营从清晨05点30分就在埃利斯（Irles）做好一切战斗准备，但由于英军炮兵对德军后方的猛烈炮轰，他们在接到师长冯·索登的命令后，行动迟缓，直到下午15点00分才抵达格兰德库尔附近的斯塔贝勒山谷（Stable Hollow）。

在德军第26预备役步兵师准备反击的同时，德军第14预备役军也接到了施瓦本堡垒丢失的败报，军长冯·斯坦因中将没有犹豫，立即命令组织反击。10点45分（当地时间09

▲ 索姆河地区的法军堑壕

点45分），德军第26预备役步兵师的修正命令又送达德军第52预备役步兵旅旅部："军长命令要不惜一切代价夺回施瓦本堡垒。因此，来不及等巴伐利亚第8预备役步兵团2营到来，必须马上从第二道堑壕抽调兵力组织反击。"10点50分（当地时间09点50分），第52预备役步兵旅旅长对巴伐利亚第8预备役步兵团1营下达攻击令："英军已经突入了汉萨亚蒂克阵地和施瓦本堡垒。普拉格少校和施迈瑟尔、施努尔伦、胡德尔迈尔等的步兵连，以及绍菲尔德工兵连，与第119预备役步兵团机枪1连和第89机枪狙击兵排一起，自第二道堑壕跃出，从右翼反击施瓦本堡垒。同时，贝耶尔科勒少校带3个连从153高地对施瓦本堡垒反击。"

可是，命令好下，执行起来还是很困难。尽管从军长斯坦因中将到师长冯·索登一再催促，但参加反击的各营却是在"难以想象的泥泞"中艰难向攻击出发线跋涉，一路上他们还要忍受英军极为猛烈的炮火封锁。14点00分，巴伐利亚第8预备役步兵团团长布拉姆中校抵达了斯图普堡垒，开始全权指挥反击战斗。此时，距师长冯·索登少将给他下达命令的时间已经过去了两个半小时；英军对德军后方猛烈的炮火封锁迫使布拉姆中校只能徒步从皮崴斯（Pys）出发，好不容易才抵达斯图普堡垒。遗憾的是，布拉姆中校的到位并不代表反击部队集结到来。普拉格少校指挥的第1战斗群直到15点00分才接到完整的新命令，而在此之前他自己拟定了一个反击计划。按照他原来的设想，一上来就要用2个补充兵连实施突击，但当他看到完整的新命令时，在15点13分扣下了补充兵1连，只让2连上去打。贝耶尔科勒少校指挥的第2战斗群在11点30分接到命令后就出发上路，但仍没能到位。罗埃斯赫少校指挥的第3战斗群也在泥泞中痛苦跋涉，英军的炮火给他们造成了很大的损失，部队被打散：8连在行军途中和上级失去一切联系，行进至第51预备役步兵旅阵地后被迫驻足，然后他们同派来的40名工兵去加强圣·皮埃尔分区。当然，这只是特例罢了。实际上，巴伐利亚第8预备役步兵团三个战斗群根本没有任何协同，导致反击战斗打得杂乱无章。

在巴伐利亚第8预备役步兵团准备组织反击的同时，德第26预备役步兵师残部正在沿着整个师（德第26预备役步兵师）防御地带第一道和第二道堑壕同英军第36（阿尔斯特）步兵师展开激烈的肉搏战。由于电话线被炸断，电话机损坏，和前线各个部队的联系十分困难。直到14点58分，德军第99预备役步兵团才接到第52步兵旅旅部转达的蒂耶普瓦勒北面的详细情况报告。虽然这些关于英军第36（阿尔斯特）步兵师突破的消息来得有些迟了，而且战况发展也有变化，但还是给德军第99预备役步兵团团长冯·法贝克少校提供了极有价值的情报参考。为了查明情况，法贝克少校亲自率2个班的巡逻队往施瓦本堡垒方向实施侦察。对这次侦察情况，德军第99预备役步兵团作战日记记载道："C1据点完全在我军控制下。C2据点前沿堑壕落入英军之手。在C3据点，英军已经突破到施瓦本堡垒。零星小股英军前出到炮兵谷地（Artillery Hollow）和格兰德库尔。显然，敌人的突击集团达成了突破，部分地段敌人孤立无援，他们正在炮兵谷地西坡掘壕……"

再看斯图普堡垒，布拉姆中校考虑到由于战场地形改变（炮击和硝烟所致），方向辨别困难，对反击战斗有些信心不足。可当他收到一系列关于战况急剧恶化的战报，并在上级不断催促和亲眼目睹英军巡逻队已经出现在他当面时，他决心抛开一切杂念和担忧，抓紧时间组织反击。他在一个挤满伤员的地下掩体设立临时指挥部，向参加反击的3个战斗群下达命令。他指示第1和第3战斗群一定要在16点00分展开攻击。为了支援步兵

▲ *在索姆河地区的法军重型榴弹炮兵*

冲击，他还和德军第26预备役野战炮兵团的格拉夫·普赖辛格上尉沟通，求得炮兵支援步兵的反击战斗。然而，命令归命令，下达以后也要找得到部队才能执行。屋漏偏逢连夜雨，布拉姆中校犯难的就是偏偏找不到第3战斗群！电话打不通，派出的传令兵要么被打死，要么失踪。无奈的布拉姆只得命令贝耶尔科勒少校率第2战斗群配合第1战斗群在16点00分先反击。至于第3战斗群能否到来，只能听天由命了。

实际上，着急的人并非只有布拉姆中校，第3战斗群指挥官普拉格少校也急得跳脚。他在15点15分下达的命令，直到15点40分才传给了德军第180步兵团补充兵2连。在没有联系上布拉姆中校的情况下，德军第180步兵团补充兵2连上刺刀，首先穿过己方防线的带刺铁丝网，然后分成两波向英军冲击，把对手赶出汉萨亚蒂克阵地。正在紧张进行最后准备的第2战斗群指挥官贝耶尔科勒少校看到这个情景喜出望外，赶紧命令乌尔姆上尉带部队冲上去，配合第180步兵团补充兵2连的进攻。面对德军的反击，英军马上集中机枪和迫击炮火力猛打德军。由于德军错过了最好的攻击时机，加上误报称施瓦本堡垒已被夺回，导致德军炮兵没能给步兵提供有力的炮火支援。

第180步兵团补充兵2连的舒尔伦少尉回忆道："在第一波进攻部队穿过了格兰德库尔的炮兵谷地后，第二波也离开了堑壕。虽然第一波进攻部队右翼突入汉萨亚蒂克阵地，但左翼却还在等待继续前进的第二波部队支援。尽管受到猛烈的步机枪拦阻射击，但我连部分兵力还是成功突入距汉萨亚蒂克阵地不足百米处，当然也付出了惨重的伤亡（23人战死和100人负伤）。虽然如此，拉德勒上士（他的上臂被一块弹片重伤）和他的步兵排还是抓了20名俘虏并缴获2挺里维斯机枪。同时，斯图姆夫一级下士和4名士兵又对试图守住汉萨亚蒂克阵地当面弹坑的大约20名英军发起冲击。他抓了1名军官和2名士兵，其他英军都被杀死。"

在炮兵谷地东侧，巴伐利亚第8预备役步兵团3营的突击也取得了一些进展。3连一个班在哈斯一级下士率领下冲上去猛砸手榴弹，果敢展开攻击，为突入蒂耶普瓦勒—格兰德库尔公路上的斯图普堑壕和劳赫威（Lach Way）之间结合部撕开突破口。战斗中，斯托尔兹上士抓了英军的克拉格上尉，可英军的抵抗依旧强硬。3挺里维斯机枪仍然在咆哮，对德军反击部队形成三面火力夹击，令德军兵力损失直线上升，进攻逐渐顿挫。德军第26预备役步兵师师长冯·索登绝不甘心战斗就此陷入僵局，他严令布拉姆中校继续组织攻击，一定恢复防御态势的稳定。17点02分，德军第52预备役步兵旅派传令兵穿过山羊堡垒，把师长的书面命令送给了布拉姆中校："巴伐利亚第8预备役步兵团3营副官（格拉宾格尔中尉）在2个巡逻队护卫下，带着书面命令前往斯图普堡垒传达给布拉姆中校，以说明师部的决心并给巴伐利亚第8预备役步兵团下指令：务必夺回全部施瓦本堡垒，并解除敌人对第99预备役步兵团的进攻重压。"在上级的压力下，布拉姆只得硬着头皮决定继续攻击。

大约17点00分，贝耶尔科勒少校在肉搏中战死，巴伐利亚第8预备役步兵团3连连长乌尔姆上尉只得接过第2战斗群指挥权，对战斗发展情况，他回忆道："大约17点，我们战斗群的指挥官贝耶尔科勒少校在战斗中冲锋在前。突然间，他手下一位参谋大喊道，'少校阁下，发现一个英国兵！’‘你说什么？一个英国兵？’贝耶尔科勒少校答到，‘把枪给我！’他瞄准了一位靠得很近的英国兵，可敌人的反应比他快了半拍，身负重伤的贝耶尔科勒倒下了。他的副官马上捡起沾满他血的步枪干掉了那个英国兵，给少校报了一箭之仇。可我团却从此失去了一位杰出的营长……”

19点00分，乌尔姆上尉指挥第2战斗群也尽心尽力地在打，可战斗力很快下降到只剩40名官兵。就在这时，新的援军赶到，德军第99预备役步兵团的一个巡逻队冲上战场。乌尔姆继续回忆道：“对施瓦本堡垒的进攻停顿在堡垒前沿。突然间，第99预备役步兵团14连的2个班组成的一支巡逻队，在卢瑙上士率领下，奉团部命令前来查明英军突破的纵深幅度。在没有接到进一步命令的情况下，卢瑙上士就对刚刚夺取的宽达150米的中间阵地右翼部分地段的英军实施反突击。战斗中，他缴获了敌人1挺机枪，肃清了堑壕内的守敌。接着，他继续突击，把敌人从劳赫威格（Lachweg）和马丁小径（Martins-pfad，Martin's Path）两个阵地给赶了出去，并一直前出到施瓦本堡垒的沃赫拉本堑壕（Wohngraben，Accommodation Trench）。他又缴获了敌人3挺机枪和一副机枪雪橇。其中一挺机枪已经挡下巴伐利亚团几个连长达几个小时的冲击。第99预备役步兵团14连的进攻给巴伐利亚将士们撕开了杀向施瓦本堡垒的通道。总之，卢瑙在科赫上士和志愿者普菲弗尔的支援下，成功肃清了长达1100米堑壕段内的敌人。当卢瑙持续攻击前进时，命令也传达到第180步兵团补充兵1连阵地上，要求该连继续朝汉萨亚蒂克阵地突击，然后和巴伐利亚第8预备役步兵团将士们一起冲向施瓦本堡垒，可

▲胜利的代价——兰库尔地区战死的法军士兵尸体

这个企图还是被英军粉碎。”

德军第180步兵团补充兵1连的阿诺德少尉回忆：“19点00分，我连奉命转移到汉萨亚蒂克阵地，然后从那里和胡德尔迈尔连，以及巴伐利亚部队一起，夺回施瓦本堡垒……我连分成三波朝汉萨亚蒂克阵地方向突击，第一波由阿诺德少尉率领，第二波由塞茨一级下士率领，第三波由施努尔伦少尉率领。各个攻击波队形相隔约100米。第一波跨过格兰德库尔的炮兵谷地，但在冲上（施瓦本堡垒周围）山头时遭到猛烈的步机枪火力攻击，没法继续前进。当第三波攻击队出现后，敌人猛烈的炮火砸了过来，导致我连蒙受惨重损失。施努尔伦少尉因上臂负伤而死，我接替指挥，率残部撤回炮兵谷地重组。”

德军第180步兵团补充兵1连实在没怎么有表现的机会。阿诺德中尉很快就负伤，不得不撤到后方包扎，但补充兵1连的幸存者调整部署后，又奉命要于1916年7月2日清晨再打施瓦本堡垒。随着夜幕的降临，英军第36（阿尔斯特）步兵师在施瓦本堡垒周围的阵地处在风雨飘摇之中，但德军也已经筋疲力尽。在英军预备队没法上来增援的同时，德军反击部队锐气丧尽，部分规格的弹药也所剩无几。19点39分，布拉姆中校给德军第52预备役步兵旅旅部报告如下：“敌人占领了奥维特尔堑壕附近一个区域，蒂耶普瓦勒—格兰德库尔公路两侧沿线地带，正向东防御。我突击部队左翼位于保加利亚堑壕。我正向普拉格战斗群下达新的命令，要求他们从东北方攻击施瓦本堡垒，但截至目前都没能与该战斗群取得联系。巴伐利亚第8预备役步兵团6连、7连、8连和该团2营营部的具体位置不明。我也没有预备队继续打施瓦本堡垒了。补充兵连剩下的30名士兵还要负责确保巴伐利亚第8预备役步兵团1营和3营防线结合部的安全。请求速派兵支援。”

当前的形势需要清醒的头脑和决定性的行动。布拉姆中校决定把德军第185步兵团1连投入战斗。为了执行德军第52预备役步兵旅在20点00分下达的作战命令，布拉姆中校和贝尔塔炮兵集团取得联系后，双方商定了对施瓦本堡垒攻击的时间表，炮兵承诺给步兵反击提供炮火准备。21点27分，冯·奥维特尔中将向布拉姆中校保证，一定尽可能集中贝尔塔炮兵集团的各个炮连对施瓦本堡垒进行时长一个小时的炮火准备。在此期间，乌尔姆上尉率领的第180步兵团补充兵1连残部仍在顽强挺进，交战双方都表现出色，但英军受到的压力却越来越大。22点00分，所有射程够得着施瓦本堡垒的德军炮兵连统统开始对它进行效力射。23点00分，布拉姆中校组织了对施瓦本堡垒的最后一次突击，终获胜利。巴伐利亚第8预备役步兵团的冯·乌尔姆上尉继续回忆道：“至23点30分，我们看到大群兵力沿着宽大正面退却。我们简直不敢相信自己的眼睛。他们会是德军的进攻部队吗？可当我们在蒂耶普瓦勒的友邻步兵营发射对空信号弹后，我们才看清了撤退部队的钢盔（形状）——英国士兵！‘急速射击！’我大声对机枪手下令。敌人退了回去，施瓦本堡垒回到我们手里！一支小小的‘乐队’（意思是他的部队规模小）竟然能把如此强大的敌人击退，这表明了战争艺术亘古不变的哲理——只有意志才能赢得胜利。”

在德军第26预备役步兵师最南面防御的是第180步兵团，该团1915年组建，直到1916年6月才参加了他们历史上第一次大战斗——在塞尔迎击了英军一次佯攻。索姆河战役当天，德军第180步兵团肩负着把守从蒂耶普瓦

◀ 蒙托班附近的法军堑壕

勒南面到阿贝尔—巴波姆公路枢纽的奥维莱尔之间的防御地带。在英军的炮火准备过程中，该团蒙受了95人战死、187人负伤和2人失踪的损失。不过，这点损失并没有大到削弱该团战斗力的程度，他们依然能有效阻止对他们地段发起进攻的英军第8步兵师。1916年7月1日05点45分（当地时间04点45分），德军第180步兵团接到报告称英军进攻迫在眉睫，全体将士纷纷在地下掩体备战，准备等英军炮火延伸就冲出掩体，占领表面阵地，迎击冲上来的英军士兵。第180步兵团作战日记记载道："如果英军认为他们的炮火可以动摇我们意志的话，那么他们错了……英军以压倒性的兵力对奥维莱尔南面区域展开攻击。他们的突击多达7个波次，波波相连持续不断。我们的防御炮火及时砸了下来，P5据点右翼当面和P6、P7据点当面（也就是麦芽山谷）立即笼罩在步枪、机枪和炮火联合火力网中。敌人蒙受了极为惨重的兵力损失。"

虽然德军第180步兵团左翼连续粉碎了英军的进攻，但右翼的形势却有些不妙。09点00分，德军第180步兵团3连报告英军突入了第99预备役步兵团把守的C8和C9据点，自己的P1据点受到英军侧翼威胁。3连击退了英军一次冲击，30分钟内7连也冲上战场，稳定了防御态势。尽管如此，英军第8步兵师还是持续不断地冲击，德军第180步兵团陷入苦战，压力有增无减，伤亡节节攀升。至13点00分，第180步兵团和第99预备役步兵团约定，对英军第8步兵师组织联合反击。13点45分，德军第180步兵团和第99预备役步兵团出动2个突击队一边朝英军猛砸手榴弹，一边冲上前去展开攻击。在德军两个团拼力反击下，英军仍然死死据守着P1据点的大约百米堑壕。至16点40分，德军第180步兵团和第99预备役步兵团于海登堡阵地（Hindenburg Position）胜利会师，但没能把英军第32步兵师的突破口全部肃清。德军两个团认为突击未竟全功的主要原因是手榴弹耗光了，可实际却是英军苏格兰高地轻步兵团将士们英勇奋战所致。

激烈的战斗一直持续到傍晚，德军第180步兵团最终铲除了蒂耶普瓦勒南面的英军几乎所有的突破口，保持了阵地的完整。为了这个胜利，第180步兵团在7月1日的战斗中（不含英军炮火准备造成的损失）共战死79人、负伤181人、失踪13人，宣称毙伤敌5000人，双方交换比几乎是20：1。看到手下各团如此出色的表现，德军第26预备役步兵师师长冯·索登中将无疑是满意的。在给符腾堡国王的报告中，索登写到："第26预备役步兵师的整个阵地依旧完整在我军之手。"冯·索登的报告有些夸张，格兰德洛赫（Granatloch）毕竟还是丢失了。不过，瑕不掩瑜，德军第26预备役步兵师虽然损失较大，但已取得了惊人的胜利。

在阿贝尔—巴波姆公路南面，情况却异常复杂。在拉布瓦塞勒和弗里库尔周围据守的德军第110和第111预备役步兵团，于英军炮火准备阶段蒙受了惨重的损失。第110预备役步兵团团长上校冯·菲庭霍夫男爵的团指挥所，于6月29日被一发大口径榴弹直接命中摧毁，他不得不转移到孔塔尔迈松新设一个指挥所。福无双至，祸不单行。1916年7月1日08点28分（当时时间07点28分），英军皇家工兵突然引爆了埋在罗马军事干道两侧的Y 萨普（Y Sap）与洛赫纳格尔（Lochnager）下的坑道地雷。往南，英军还引爆了弗里库尔西面的塔姆布尔（Tambour）和110高地的坑道地雷。其中，在洛赫纳格尔发生的大爆炸制造的弹坑是西线战场上最大的弹坑之一，几乎使德军第110预备役步兵团5连瞬间全灭，并让英军第34步兵师顺利突破了德军第110和第111预备役步兵团防线。中午，德军第110预备役步兵团4连及时组织反击，基本稳定了防线，不过却限于弹坑巨大，没能全部夺回丢失地带。与此同时，英军也为巨大的弹坑和宽大的开阔地所累，被周围制高点的德军机枪火力、炮火给压住了。尽管英军在这个方向投入了12个营的兵力，但最终还是变成毫无意义的疯狂的自杀性的冲击行动。英军的疯狂进攻，也让德军感到诧异，这些"视死如归"的英国兵如同潮水般，迎着德军密不透风的火力网扑了上来。

德军第110预备役步兵团机枪连的基埃尼茨中尉回忆道："我们的机枪手和步兵都默默等着敌人逐步靠近。当他们离（我们的）堑壕只有几米时，我们马上朝敌人的队伍倾泻暴风般的步机枪火力。部分步兵爬上堑壕护栏，不顾暴露的危险，朝当面卧倒隐蔽之敌猛砸手榴弹。片刻功夫，战斗似乎完全沉寂下来。可过了一会儿，先是三三两两，然后是成群结队，敌人开始撤回贝库尔，最终给我们的感觉就是整个战场幸存的每个英军都试图逃回他们的出发点。我们的步机枪进行追踪射击，进一步杀伤了他们；我军部分士兵甚至勇敢地冲上去击杀英军，抓了不少俘虏。我们不间断地打了2个小时，最终香肠山谷恢复了平静。"

往南，英军在德军第110和第111两个预备役步兵团结合部，由德军第110预备役步兵团2连和第111预备役步兵团4连把守的孔塔尔迈松村取得了一定的突破。

德军第28预备役野战炮兵团6连的阿尔弗雷德·弗里克特少尉回忆道："英军集团冲锋很快在我军防线打入一个楔子；他们的部分兵力还进一步往纵深推进，很快冲进距孔塔尔迈松约500米的'国民预备队'（Völkerbereitschaft）据点。这意味着敌人已经插到弗洛赫里奇的3连和'锐角'指挥部背后。传令兵、电话兵和工程连的士兵们临时拼成一个战斗排，在第29预备役野战炮兵团3连的斯特鲁维少尉指挥下，参加战斗。我们也从连阵地拉出一门炮支援战斗。虽然这支临时拼凑的小股兵力成功地把敌人从‘国民预备队’赶了出去，但敌人还是在弗里库尔北面的工兵堑壕站稳了脚跟。在可怕而强大的足以粉碎一切抵抗的炮火支援下，英军部队以紧密的队形前进。我第110预备役步兵团防御地带内剩下的15挺可用机枪立即朝冲击过来的英军纵队猛烈射击，敌人的进攻部队就像玉米似的被（死神）镰刀成片割倒。结果，敌人的伤亡自然是十分惊人。”

德军第110预备役步兵团8连在英军炮火准备过程中蒙受了惨重的损失，至6月30日有效兵力下降为80人。其中，20名士兵和1挺机枪在韦尔夫预备役少尉的指挥下，负责掩护德军第110预备役步兵团8连和第111预备役步兵团防线间约150米的缺口。不知什么原因，战前德军决定换防，把韦尔夫的人撤下来，改由第110预备役步兵团2连接替。利用德军防线这个漏洞，英军尽管在进攻战斗中付出了高昂的代价，但还是迂回了德第110预备役步兵团2连侧翼，并从背后发起攻击。在突如其来的打击下，德军第110预备役步兵团2连非死即被俘。更为糟糕的是，在第二道堑壕线上，由豪瑟尔少尉指挥的1挺机枪本来要掩护第110预备役步兵团2连，却遭遇枪械故障，只打了一个点射就成了哑巴。豪瑟尔中尉只得用1枚手榴弹炸毁机枪，并试图抄起另一件武器投入战斗，可还是失败了。接着，韦尔夫的“小乐队”英勇奋战，几乎全部战死沙场。为了稳定防御态势，德军第110预备役步兵团和第111预备役步兵团连续组织局部反突击，但都被击退。随着时间的推移，弗里库尔周围的防御态势变得越来越危急。英军在马梅斯周围突破了德军第109预备役步兵团防御地带，标志着第111预备役步兵团在前线奋战的各个步兵连左翼进一步遭到了迂回。

从地形上看，索姆河地区的德军防线往

▲ 后送伤员的德军担架兵

东朝蒙托班方向的防御地段比北面更开阔，没有什么突兀的高地或圆丘，地形平坦易攻难守。由于某些莫名其妙的原因，德军对弗里库尔北面的防线并没有给予足够的重视，守军也没有对即将到来的战斗充满紧迫感。更为不幸的是，弗里库尔村周围晨雾弥漫，加之英军经常施放毒气和烟幕弹，导致蒙托班方向的德军防线能见度有限。1916年7月1日，英军在蒙托班方向的进攻获得了出其不意的效果，长达七昼夜的炮火准备重创德军的同时，英军的炮火延伸和引爆坑道地雷让这一带的德军境况雪上加霜。由于德军防御火力薄弱，加上德军机枪损失较大，火力系统出现空档，导致英军顺利达成了突破。在弗里库尔村西面，英军先是引爆了塔姆布尔阵地下埋设的坑道地雷，然后顽强突破了巴伐利亚工兵们的地雷阵和火力封锁区（巴伐利亚工兵引爆地雷，炸死了80名英军）。不过，守军的顽强战斗还是让英军第21步兵师付出了高昂的代价。在弗里库尔的110高地，尽管英军反复冲击，可高地依旧坚如磐石，始终牢牢掌握在德军手里。

德军第111预备役步兵团机枪连的鲁道夫·斯塔德尔巴赫和奥托·舒塞勒回忆道：“我们部署在弗里库尔附近的110高地的前沿堑壕里，拥有良好的射界以及可以俯瞰弗里库尔火车站、弗里库尔和贝库尔的视野。从这个阵地上，我们透过双筒望远镜密切注视英军为索姆河战役做的准备工作，感谢有线通信地下化，我们可以迅速向上面报告新的情况。炮火准备于6月24日开始，持续进行了168个小时。我们并非毫发无损，事实上我们在炮火打击下蒙受了相当惨重的损失。一次，英军1发210毫米炮弹打到我们的地下掩体，贯穿后未爆弹头留在梯子下……7月1日早晨，当敌人开始炮火延伸的时候，我们就明白敌人的进攻即将到来。这时，舒塞勒发现机枪的冷却水不够了，于是说：‘我去弄些水来！谁愿一起去？’斯塔德尔巴赫应声而起，然后我们一起到弗里库尔一个被破坏了的井边打了50升水回来。虽然路上有些不愉快的经历，但总算还是安全回到我们的地下掩体。

“……与此同时，敌人施放毒气展开攻击。舒塞勒戴上了防毒面具，机枪也准备射击。当毒气逐渐散去，我们看到敌人从各条堑壕跃出。我们的机枪处于最佳状态，没有什么能阻止我们开火。舒塞勒担任机枪手，我是他的2号机枪手。斯塔德尔巴赫负责弹药供应。第131机枪狙击兵连的埃赫特一级下士担任观察员。（在三人通力合作下）我们朝进攻之敌射出密集的弹雨。英军2个连试图从弗里库尔火车站地区实施突击，却马上被我军机枪火力截住，蒙受重大损失。当然，我们也并非全身而退——1死2伤。

“一次，一发炮弹在机枪前方爆炸，冲击波把机枪掀翻进堑壕。可这并没有阻止我们继续射击。一天之内，我们打了22000发子弹。当（英军）进攻势力逐渐减弱后，我们开始环顾四周，我们的电话依旧畅通。舒塞勒给团里打了个电话，收到了团长的命令，‘一定把阵地守到晚上，援兵马上就来。’夜间，我们奉命撤退，尽管英军靠得很近，他们的谈话声清晰可闻，但我们还是安然无恙地转移到巴藏丹森林（Bazentin Wood）的团部……”

在德军第109预备役步兵团防御地带，随着连窜的地雷爆炸声在右翼响起，该团将士纷纷警觉起来：英军就要打上门来了。在长达七昼夜的英军炮火准备阶段，德军第109预备役步兵团几个连损失不小，其中2个损失过大的步兵连被迫离开一线，改由德军第23步兵团的2个连接替防务。在给德军第109预备役步兵团造成惨重伤亡的同时，英军炮兵还严重破坏了德军第119预备役步兵团的防御阵地群和铁丝网地带。加上两军战线无人地带比较窄，英军在第一次进攻就冲进了德军第109预备役步兵团1连和2连防御地带。在英军进入表面阵地的时候，这2个连的幸存者还在地下掩体里！占得上风的英军自然得势不饶人，大量杀伤德军第109预备役步兵团1连和2连的同时，还击退了该团3连的反突击。短短几分钟时间里，德军第109预备役步兵团就认输了。在1连、2连、3连损失惨重的同时，4连也在09点00分左右退到第三道堑壕，第109预备役步兵团1营营长冯·施拉赫上尉也在战斗中负重伤，于此时退出战场。

在左翼，德军第109预备役步兵团3营也受到英军进攻重压，进攻伊始就让出了防区。随着时间的推移，左翼形势恶化趋势有增无减，尽管德第109预备役步兵团2营赶来增援，可还是没有任何缓解迹象。与此同时，联军对德军第12步兵师负责把守的蒙托班防御地带的突破成功，让德军第109预备役步兵团侧翼进一步处在英军的直射火力与合围的威胁下。危难时刻，又是德军机枪手力挽狂澜，他们粉碎了靠近德军第109预备役步兵团3营营部的英军发起的多次冲击。大约15点，经过了几个小时抵抗后，第109预备役步兵团3营营部意志崩溃，向英军缴械投降。虽然他们竭尽全力，但3营营部的覆灭还是让第109预备役步兵团整个阵地开始崩溃。大约20点，在马梅斯村周围的德军幸存将士不过32人，他们踉跄地朝巴藏丹附近的第二道堑壕系统退却。对德军第109预备役步兵团而言，1916年7月1日是该团历史上最黑暗的一天，他们共有14名军官和94名士兵战死，6名军官和261名士兵负伤，24名军官和1749名士兵失踪。可以这么说，德军第109预备役步兵团受到了歼灭性的打击。暂时离开战场补充新兵和重建后，第109预备役步兵团于1916年10月重新返回战场，又在格兰德库尔地区参加新的战斗。

对负责把守从蒙托班西南地区到屈尔吕（Curlu）之间弧形防线的巴伐利亚第6预备役步兵团来说，1916年7月1日同样是个悲惨的日子。由于德军第12步兵师下辖的第62和第63步兵团各连在英军长达七昼夜的炮火准备中损失惨重，巴伐利亚第6预备役步兵团被迫顶上接替这两个团的防务。糟糕的还不仅于此，德军第62和第63步兵团是来自普鲁士邦国的精锐部队，两个团的团长在部队失去战斗力后并没有离开一线，而是凭借自己对前线情况的熟悉，继续留在一线，拆开巴伐利亚第6预备役步兵团的12个连，各自指挥统制。由于指挥系统重叠，命令不统一，通信混乱，粮食和弹药补充不济，面对兵力占压倒性优势的英军进攻，巴伐利亚第6预备役步兵团一天之内就损失了35名军官和1774名士兵。英军第30步兵师在对巴伐利亚第6预备役步兵团进攻前，先引爆了卡斯诺据点下埋的坑道地雷，然后猛地扑向蒙托班南面的辎重走廊以东的巴伐利亚第6预备役步兵团8连防御阵地。在英军第21步兵旅和第55步兵旅夹击下，巴伐利亚第6预备役步兵团8连非死即被俘。

巴伐利亚第6预备役步兵团5连3排的约瑟夫·布斯尔上士回忆道：“6月29日，命令下来，指示我们接替蒙托班—卡尔诺伊（Carnoy）之间窄轨铁路南面和哈尔德库尔（Hardecourt）的第62步兵团防御地带。我走在前面商讨换防事宜，我们排由加雷斯一级下士（1916年7月1日战死）率领。在蒙托班采石场得到补充后，我排急行军穿过一片炮火和机枪火力封锁区后，于05点50分抵达指定地点。

“在英军长期的炮火准备轰击下，阵地严重受损。部分堑壕被填平，火力阵地也仅仅是可用而已。只有3到4个地下掩体可容纳我排。尽管自6月22日起一连多天的紧张后，我们的人都筋疲力尽，但还是马上开始清理阵地。傍晚，又一个地下掩体被掩埋，我排损失8人。由于炮火实在太猛，除了咖啡其他食品根本没法前送……各种迹象显示敌人将在7月1日发动进攻。从（7月1日）05点00分起，英军突然对我军阵地进行极为猛烈的炮火和迫击炮火力轰击，又砸毁掉另一个地下掩体。至清晨06点00分，我们认为对方肯定会进行毒气攻击，不过我们已经戴上了防毒面具。

“07点00分（时间有误），敌人步兵开始攻击。虽然他们在我军两翼取得进展，但我军正面组织的火力还是将他们抑制了很长时间。大约08点30分（当地时间07点30分），在我负伤后，达拉茨上士接手指挥，洛布一级下士负责排里左半边防务。后者持续射击一直打到10点15分。在部分地段，敌人在极为强大的炮火支援下硬是在我们的防线上撕开了几个大口子，然后继续前进。我们砸手榴弹把他们挡了一阵。可他们的兵力优势太大了，我排的战斗力很快到极限。全排6名士官和56名士兵共有三分之二战死……全排打得非常出色……我的头部和肩膀中弹负伤，并被英国兵俘虏……”

巴伐利亚第6预备役步兵团打得不好也和蒙托班方向的德军炮兵被法军炮兵压制有关。由于火炮有限弹药不足，蒙托班方向的德军炮兵打得异常艰辛。虽然损失很大，但巴伐利亚第6预备役步兵团在屈尔吕周围组织的力挡法国陆军第11步兵师37团的战斗中还是有上佳的表现。战前，德军一再加强屈尔吕村的防务，把该村变成了一个巨大的堡垒。尽管法军的炮火准备把屈尔吕村打得千疮百孔，但村里的防御系统还是完好无损。依托地窖、教堂和墓地的工事，德军机枪手们给进攻的法军编织了一道密不透风的火力网，大量杀伤了冲到小村西边缘的法军部队。为

◀ 前往西线视察战况的鲁登道夫和兴登堡

了避免不必要的损失，法军最终停止了进攻，改对屈尔吕进行不间断的炮轰。对屈尔吕村的战况，巴伐利亚第6预备役步兵团作战日记记载道：

7月1日猛烈的炮火准备于06点00分开始。

防御炮火（支援）指向小村西部边缘。

（我团）占领屈尔吕防御阵地。

敌人对屈尔吕的第一次进攻于09点00分拉开帷幕。

4连在第63步兵团1个轻迫击炮班和1个机枪分队支援下夺回了屈尔吕并前出到小村西部边缘。

第二次、第三次对屈尔吕的进攻也被击退。

从16点00分起，包括大口径火炮在内，敌人再次对屈尔吕进行猛烈轰击。

傍晚，第63步兵团1营下令从屈尔吕撤退。

应该说，德军第63步兵团1营的撤退命令下得很及时，让巴伐利亚第6预备役步兵团4连幸存的将士安全地撤下来喘口气，以备次日再战。不过，在屈尔吕的出色表现却没法让巴伐利亚第6预备役步兵团团长雷布鲁克上校满意，因为该团大部分兵力在蒙托班地区被英军歼灭，而他本人也不幸做了俘虏。在铁窗生涯期间，他认真对1916年7月1日的巴伐利亚第6预备役步兵团战斗情况进行了反思，他在第一次世界大战结束后出版的专著中，总结了巴伐利亚第6预备役步兵团损失惨重的原因：

1. 直至敌人在空中观测协助下开始对德军宿营地和阵地进行系统性炮火准备为止，巴伐利亚第6预备役步兵团都并非普鲁士第28预备役步兵师和普鲁士第12步兵师固定编制内的作战团。

2. 没有足够的资材挖地下掩体和设置障碍物。

3. （巴伐利亚）第6预备役步兵团各营连的宿营和工作（任务）频繁变更，而且工作只能在晚上进行。由于休息不足又影响工作效率。

4. 由于做为工作队忙碌，我团没能聚在一起，这让我感到很不快，这也是在后来索姆河战役第一天造成悲剧的主要原因。我团各营根本没法接到我的命令，而且还为额外的工作忙活了一个多星期。这给我的指挥协调带来了很大的混乱。在战术上，我团所辖的10个步兵连和机枪狙击排从一开始就归普鲁士将领指挥，剩下的2个连和机枪分队在敌人进攻时也部署在别的防御地段。

5. 7月1日当我来到一线负起该地区防务指挥责任的时候，电话线的被毁和团里的地下掩体导致我只能和配属给第62步兵团布鲁克上尉的我团4个连取得联系。负责粮弹供应的军需官根本就不清楚我手下究竟有多少官兵或是我属下部队兵力是多少（没法核对人数就没法发粮弹）……即便是在我们师被拆散的情况下，如果我团至少能完整部署到一线投入战斗，那么第12步兵师各团在他们狭窄的防御地带可以以更轻松和更负责任的态度完成任务。而这个因素，能否对这天的结果造成影响，我没法断定。况且，实际兵力部署还存在其他的我不知道的因素（因而我没法对这个因素造成的影响做出准确评价）。

6. 我从和我同时被俘的军官口里得知了我团各部已经展现出人类力所能及的勇气，忍受了他们所能承受的应变和物资匮乏的窘迫。虽然我在这些描述中强调了种种不利因素的共同作用，但我之所以写下这些文字，除了尽到如实报告的责任外，主要还是想表达我的惋惜之情。尽管这个团表现出了令人叫绝的勇敢精神和坚韧意志，尽管他们付出了可怕伤亡，在敌军报告中会被描述为全军尽没，他们还是无法击退敌人的猛攻。

在索姆河南面，德军的灾难并没有结束。德军高层误判了这一地带的情况，没能及时预见法军将在这个方向实施主要突击。结果，在索姆河南面的德军被迫在极为宽大的正面，且兵力不足的情况下承受了法军极为有效的炮火轰击，损失了大量兵力和技术装备。相比正对英军第4集团军的德军各部在战役之初保留了完整的机枪和迫击炮，索姆河南岸正对法军的德军守备部队的许多机枪和迫击炮却被法军准确的炮火摧毁或埋进土里，这一带的德军炮兵也被法军炮兵打掉或压制。因此，当索姆河战役爆发后，法军在晨雾的掩护下达成了战术突然性，并初战告捷。法军的炮兵极为强大，平均每公里部署10个大口径炮兵连，炮兵射击水平也很高，用精确而密集的弹幕有效覆盖预定进攻地带。在法军炮轰下，德军炮兵损失惨重。为了高效使用炮兵压制对手，法军不仅派观察员乘坐飞机低空掠过埃斯特雷查看德军炮兵的阵地部署情况，而且还在德军第11步兵师防御地带对面升起至少18个炮兵观测气球，监视德军炮兵动态。结果，法军准确捕捉到这一带的所有德军炮兵连阵地，给予对手沉重打击。

另一方面，负责支援德军第11步兵师的是第6和第42野战炮兵团，后来又得到预备役第40野战炮兵团4连、5连加强。这些炮兵群编成北方和南方炮兵群，各由德军第6和第42野战炮兵团团长负责指挥。对德军来说更糟的是，他们用来反制法军炮兵的大口径榴弹炮严重不足，主要用于炮火还击的部队是预备役第20野战炮兵团4连（大口径榴弹炮）、第28野战炮兵团3连（大口径榴弹炮）和第684炮兵连（150毫米榴弹炮）。在法军战前进行的炮火准备过程中，这些德军炮兵阵地纷纷遭到攻击。6月30日，当支援德军第11步兵师的北方炮兵群各个炮兵连从设在埃斯特雷、苏瓦耶库尔和费村的炮兵阵地对法军一线堑壕群实施炮击时，突然遭到法军炮群压制。其中，德军第6野战炮兵团2连就被2000多发大口径榴弹连续命中，不仅阵地被摧毁，还有3门榴弹炮被打坏。祸不单行的是，在费村的一个90毫米炮也被法军一发榴弹直接命中，8名炮手中就有7人丧命。法军炮兵精确而猛烈的炮火打击，让德军炮兵闻风丧胆。据统计，德军第6野战炮兵团4连在7月1日一天之内就承受了15000发各种口径的榴弹轰击。

在法军开始进攻前，法军炮兵又一次对德军炮兵阵地实施精准炮火打击并释放毒气。被法军炮兵搞得焦头烂额的德军预备役第40野战炮兵团4连的尼埃迈尔中尉苦涩地回忆道：“至7月1日，我炮兵连已经连续战斗3天，人员和装备都没有任何损失。清早起，敌人再次攻击。从06点30分到07点30分，我们炮兵连遭到在阵地前后方爆炸的毒气弹袭击。其中，一发毒气弹命中3号炮，贯穿防盾后，在我们堆放的榴弹堆积点爆炸。毒气烟幕和炮弹被诱爆当即干掉了整个炮组。在立即开始的救援行动中，毒气面具被证明是完全可靠的，如果使用者保持冷静并在温和的速度下继续工作。4名炮组成员被打死，炮长被毒气熏伤失去意识，他在傍晚被转移到后方救治。另外5人被弹片所伤后，又中毒失去意识，不过在进行紧急人工呼吸后恢复了知觉。与此同时，我们的炮兵连仍然保持着防御炮火的射速。许多敌机在炮兵连头顶上盘旋，却没有遭到任何攻击……大约09点00分和10点00分之间，炮兵连遭到对方75到150毫米口径的猛烈轰击。炮火是如此准确，不到半个小时，第二发炮弹命中3号炮，打坏了炮的观瞄装置，防盾顶部也起火燃烧。交通壕也有三处起火，最终，在上午10点30分，仅存的1号炮也被一发炮弹直接命中。炮长和三名炮手当即被炸死。内德哈特少尉和三名炮手负伤。”

在法军炮兵猛烈轰击下，德军炮兵于大约11点完全沉默，德军第121步兵师第一道堑壕和弗里斯村（Fris）、栋皮埃尔村（Dompierre）和贝科代尔贝库尔村（Bequincourt）落入法军之手。往南，法军第35军冲到费村（Fay），他们沿着埃尔贝库尔（HerB é court）和阿瑟维莱尔（Assevillers）之间宽约2.5公里的战线实施突击。防守这里的是德军第60步兵团3营。防线处处是漏洞。德军第11掷弹兵团与第7预备役步兵团失去了联系。两个团之间防线缺口达200多米，德军第11步兵师匆忙把预备队投入战斗，掩护防线缺口。可预备队也不是那么好找的，师里唯一还没有参加战斗的部队就剩第60步兵团了，但第60步兵团在法军炮火打击下损失了许多武器，接到师里的作战命令时，全团只剩下3挺机枪，这么点增援可谓杯水车薪。在堑壕被炸得稀巴烂、前线各步连损失惨重的情况下，防线轻易就被法军突破了。尽管如此，在被突破后德军仍然没有立即投降，而是顽强地在各个据点上打了一整天，最终仍不敌法军进攻。16点00分，阿瑟维莱尔陷落。17点30分，埃尔贝库尔遭到法军从西北方向突击。为了稳住态势，争取重新组织防线的时间，德军组织了一次短促而有效的炮火准备，然后调上第60步兵团1营，在第7预备役步兵团残部和2个工兵连的加强下顽强反突击，很快冲进了阿瑟维莱尔，与法军塞内加尔殖民地部队展开残酷的肉搏战。不少法军带伤坚持战斗，就是做了俘虏也把武器藏在身上，伺机袭击德军，但德军最终还是压倒了法军，夺回小村。

在德军第121步兵师左翼，德军第11步兵师在6月22日就投入了战斗。该师以第10掷弹兵团守住费村和埃斯特雷（Estr é es），第51步兵团负责往南到韦尔芒多维莱尔（Vermandovillers）附近的斯塔森林。对德军第51步兵团来说幸运的是，该单位曾在1916年初夺取弗里斯的战斗中有着上佳的表现。这次法军选择对第51步兵团北面实施突击，没有正面打击他们的阵地，他们除了在法军炮击下蒙受部分伤亡外，基本毫发无损。可他们侧翼的德军第10掷弹兵团却很不幸，他们成为1916年7月1日遭到联军攻击的最南面的德军部队。6月30日夜，德军第10掷弹兵团阵地遭到了法军猛烈的炮火轰击，许多地下掩体受损，迫使幸存的德军退到矿区走廊隐蔽。7月1日，联军展开攻击的时候，德军第10掷弹兵团又遭到了毒气攻击，阵地上的堑壕都变了样，所有通往后方的交通壕都被摧毁。伤员的撤退和粮弹的前运根本无法遂行。留在表面阵地监视法军动态变成了自杀举动，尽管如此还是有不少德军将士冒着生命危险，守在阵地上密切观察法军的举动。

在费村正北的德军第10掷弹兵团11连防御地带的一个观察哨，就遭到法军持续不断的炮火打击，11连在这个观察哨蒙受了重大伤亡。天逐渐亮了，法军炮火越来越猛烈，很快到达最高峰，德军第10掷弹兵团的整个防御地带充满了毒气烟幕。尽管如此，雷曼上尉还是带着一支巡逻队前往瓦塞堡地区侦察，他们报告：“由于毒气弥漫，能见度降至3米。”上午晚些时候，大约10点左右，费村附近的E1和E2分区（分别由德军第10掷弹兵

德军阵地前沿的铁丝网

团10连和11连把守）突然发生一次大爆炸和两次小爆炸，把躲在矿区走廊的德军将士活埋。与此同时，法军还打了更多的毒气弹。在强大的炮火掩护、释放毒气掩护下，法军展开攻击。德军观察员们报告："敌人正在攻击，已经抵达第三道堑壕，并转入掘壕和开挖通往后方的交通壕。"

由于前线被法军迅速突破，通信联络一片混乱，德军第10掷弹兵团根本没法弄清前线到底出了什么状况。大约10点30分，德军终于抓到隶属于法军第219步兵团的6名俘虏，并押解到E分区的雷曼上尉指挥部，这才明白防线已经全部丢失。不一会儿，雷曼上尉的指挥部也被法军炮火直接命中，炸死了指挥部里的大部分德军将士。至此，德军第10掷弹兵团失去了有效组织，被分割孤立的各连虽拼死战斗，但到14点00分，他们都基本被法军消灭了。

德军第10掷弹兵团防线崩溃的消息很快传到了贝卢瓦（Belloy）的德军第38燧发枪团团长冯·格尔茨少校的耳朵里。当情况明朗后，他立即联系手下各连，准备在午前进至阿瑟维莱尔南面的第二道防线，遏制法军的突破势头。

在收容了德军第10掷弹兵团残部、第38燧发枪团其他步兵连和第7预备役步兵团机枪群后，德军逐渐改善和稳定了第二道防线。与此同时，第101掷弹兵团和第11掷弹兵团各一部兵力也赶了过来。尽管番号众多，给统一指挥带来了一定的麻烦，但德军及时抽调兵力增援阿瑟维莱尔南面，毕竟稳住了防御态势，没有让阿瑟维莱尔方向的防线崩溃。

总的来说，7月1日德军的防御战打得不错，除了法军在阿瑟维莱尔方向和英军在蒙托班达成突破外，德军基本都守住了自己的防线。对交战双方来说，难熬的白天结束了，受人欢迎的夜幕即将来临。

|第十三章|

血色黄昏

下午，在凯里约城堡的英第4集团军司令部里，罗林森上将接待了来访的英国远征军总司令黑格上将和时任法军“北方”集团军群司令的福煦将军。黑格和福煦将军曾满怀希望地认为索姆河战役第一天能取得决定性突破，遗憾的是罗林森上将没能让他们如愿。薄暮时刻，黑格一脸沮丧地回到远征军总司令部前指的时候，却吃惊地得知帝国总参谋长威廉·罗伯特森元帅来访。伦敦对这天的胜利也期待很久了，当罗伯特森元帅得知进攻情况后，失望之情溢于言表。

有人欢喜，有人忧。福煦将军离开凯里约城堡时，对法军在7月1日的进展感到十分满意。福煦将军是个重情谊的人，他自然希望看到英军的胜利，不过即便英军打得是如此糟糕，但至少英军也在战斗。有这点就足够了，德军的注意力很快就从凡尔登转移过来，法军得救了。

对英军来说，1916年7月1日真是倒霉透顶，也留下了一连串的问题。午后罗林森到底在干吗？他为什么不果断投入预备队扩展右翼的战果？对中央和左翼进攻失败他又该做些什么？这些问题看似简单，实际却不好回答。我们只能靠罗林森上将的日记，略窥一二。

首先，对于右翼的胜利，罗林森没有半点乘胜追击、扩展战果的决心。早在12点15分，罗林森上将就坚决拒绝了康格里夫中将关于投入骑兵跟进打击的请求，他严令康格里夫不得再前进一步，同时对骑兵投入作战也明确规定。在日记里，他写道：“情况很明显，那就是骑兵在今天根本没有投入战斗的希望。”15点00分，高夫手下3个骑兵师都接到了命令：全军调头回撤。虽然这道命令是预备集团军司令高夫下达的，但明显出自罗林森上将的指示。

对于第4集团军战线中央和左翼地带，上午进攻失败后，这里基本没有什么作为。毫

▲ 在第35炮兵团时的费迪南·福煦上校，1903–1905年

无疑问，罗林森曾敦促过手下各军军长加把劲继续组织攻击。但他不了解的是，在第4集团军中央和左翼地带参加进攻的英军各师都受到了重创，损失超过了各军师长的心理承受极限。虽然英军还有充足的预备队，但前沿堑壕却持续不断地遭到德军猛烈的炮击，躺满了死伤者，导致后方预备队没法沿着交通壕机动到前沿堑壕，遑论继续组织攻击。

傍晚，罗林森上将陆续接到手下各军详细而准确的报告后，意识到除了右翼的胜利外，第4集团军的进攻全线受挫。平静下来的罗林森决定接受现实，19点30分他在日记里记载的战斗情况基本属实，但还是在伤亡上撒个一个谎："迄今为止，伤亡16000人。"不得不说，这个谎言太过分了。实际上，第4集团军一天内就伤亡了5万多人。

与此同时，英军指挥系统也发生了大的变动。由于第4集团军所辖的5个军中就有3个军在当天进攻战役中蒙受重创、陷入困境，罗林森决定调整指挥结构。在和高夫中将通话后，他决定派高夫负责指挥第4集团军北侧的2个军，也就是亨特-威斯顿的第8军（该军在安克河北岸作战，但表现不佳）和莫尔兰中将的第10军（该军在7月1日的唯一胜利就是下辖的阿尔斯特步兵师夺取了施瓦本堡垒）。在高夫履新的同时，他手下的3个骑兵师直接归第4集团军节制。

有趣的是，罗林森在几个小时前认为已经没有将骑兵投入战斗的希望，同时也认为让高夫去指挥2个步兵军更能体现他的价值。本来一直希望让骑兵大展雄风的高夫中将似乎也面对现实意识到了骑兵地位的下降，愿意指挥两个进攻受挫的步兵军重新振作起来，重新进攻去赢得胜利。也许，高夫认为这是他新的荣誉起点。

最让人感兴趣的莫过于罗林森对上述改变的态度。理论上，罗林森上将和高夫都是集团军司令，职务是平级的，但高夫军衔比罗林森低一级。对于高夫的人事安排，真正的决定权应在黑格的手里，可罗林森却不顾这种指挥关系，擅自做出把一个集团军司令"贬"到自己手下指挥2个军的位置。他在日记里直言："我让高夫指挥第8和第10军。"

高夫似乎也对罗林森的安排很满意。接到命令，他马上带着参谋长乘车去拜访第8和第10军军长。大开着车灯行进的高夫马上被宪兵拦了下来，好心的宪兵劝高夫关闭车灯行进，以免招来炮火，却被他拒绝。在高夫看来，被炸死的可能性要比摸黑行进翻车身亡的可能性低得多。因此，他不管宪兵的劝告，我行我素。宪兵自然也是拿他没有办法。

高夫的第一站是亨特-威斯顿的第8军军部。按照罗林森上将的指示，7月2日清晨第8军要组织继续攻击。高夫迅速了解了情况，并做出结论：继续组织和今天类似的攻击是不可能成功的。虽然他正式接手指挥第8军和第10军的权力要到1916年7月2日07点00分才生效，但他还是在正式履新前直接下令取消次日进攻。对局势迅速做出准确评估和无视上级命令主动做出符合战场实际情况的决定，都显示出高夫的睿智和耿直，毫无疑问正是这种宝贵的品质挽救了许多生命。离开第8军军部，高夫又赶往第10军军部。当他得知第10军所辖的第36（阿尔斯特）步兵师在夺取了施瓦本堡垒后，却因孤立无援没有预备队而在德军多次反击下被迫放弃了大部分战果时，他深感懊恼。

夜幕降临，英军卫勤系统面临着史上最大的考验。伤亡数字完全超过了战前所有的估计，参加进攻的2个集团军，伤员就有35000多人。许多轻伤员已经自行走到了伤患处理站，特别是第4集团军右翼进攻地带的英军伤员更是如此。现在，夜幕已然降临，躺在无人地带的成千上万伤员亟需后送。再也没有比这更糟糕的状况了。许多人负伤后已经12个小时没有得到救治了，有些甚至几次负伤。英军卫生勤务部门后送伤员的压力已经到了极限。

压力最大的莫过于英军的担架兵，他们要先从被德军炮火轰得一团乱英军前沿堑壕抬送重伤员，接着再从无人地带抢运重伤员。最糟糕的是，他们在一整天的工作过程中完全暴露在德军的炮火和机枪火力打击下，损失很大。为了填补伤亡的担架兵并消除人手不足之虞，所有留在后方的突击工兵、炮兵、工兵和闲杂人等统统参加担架抬送伤员的任务。英军第94野战救护团（94th Field Ambulance）的F.F.韦伯中士回忆道：“（为了赶时间）我们放弃了交通壕，直接走地面。我们甚至一副担架抬两名伤员，我们的人不是用手，而是直接把担架扛在脖子上，用肩膀担着走，毫无怨言。”

伤员撤出战场，首先转到营包扎所，这

正把伤员抬下战场的英军担架兵

里由伤员所在的步兵营军医官负责。由于比较靠近前线且设备较少，营军医官能做的只是基本急救而已。如果伤员的情况能够撑到下一级卫勤单位，营军医官会毫不犹豫地挥手放行，他只能紧急处理最危重的伤员。在战斗打得最惨烈、进攻完全失败的地段，各步兵营包扎所周围都是一幅幅恐怖的景象。布拉德福德同城步兵团1营的A.伍德下士回忆道：“我设法爬了半英里到巴辛森林时，看到了极为恐怖的一幕，一名军医穿着大褂在做手术，他周围的尸体堆得像垒沙包似的围了一圈。”

在堑壕系统的背后是英军野战救护所。这里虽然也缺少设备，但军医们好歹可以先给伤员包扎伤口，然后再送往伤患处理站。英军第58野战救护团的H.斯特瑞斯列兵对该团设在阿贝尔镇巴西利卡的野战救护所救治情况描述道：“伤员们潮水般涌来，或是徒步走来或是用担架、手推车、独轮车等载着被抬到或推到这里。他们的伤口得到包扎，然后他们躺在地上等待后送。不一会儿，整个教堂就挤满了伤员，我们奉命禁止任何车辆通行，让他们直接把伤员往后方送……我们不眠不休地干了3个昼夜，这是我所经历过的最血腥的战役。“

即便是送到野战救护所也不意味着伤员能脱离危险。德军的炮弹还是不时砸下来，不过阿贝尔镇巴西利卡硬顶住了德军的炮击，保护了躺在里面的伤员的安全。当然，还有一些倒霉“分子”像查尔斯·马修那样躺在卡尔诺伊小镇中心广场。由于他们没有大面积的暴露伤口，因而救治顺序很靠后。一整个下午，马修和几百名“难友”一起无奈地躺在广场上，忍受着太阳的暴晒和不时呼啸而来的德军炮弹。一名好心的卫生勤务兵过来，用一张报纸盖住马修的脸，避免暴晒。马

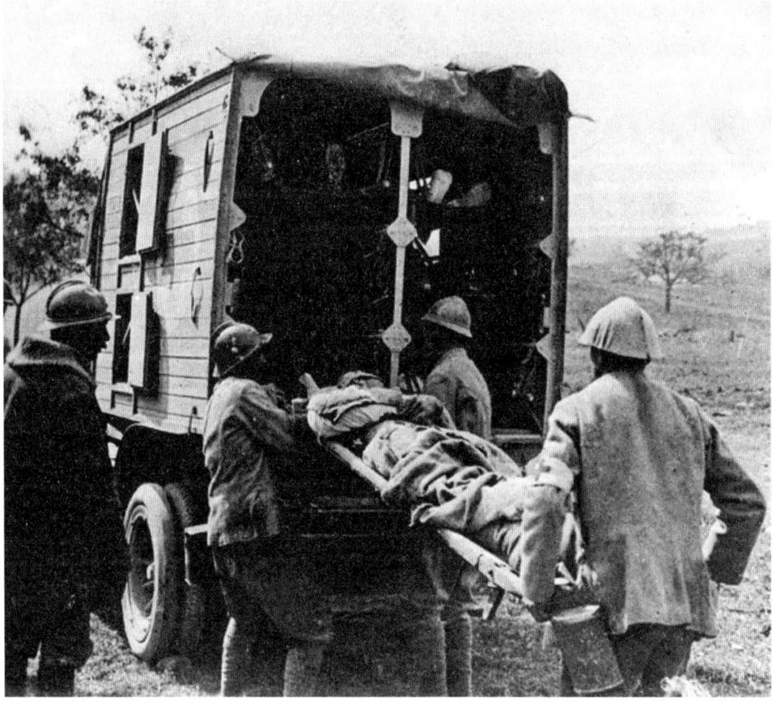

◀ 索姆河战役中后送伤员的英军战地救护车

修十分感动，并有些不切实际地幻想这张薄薄的报纸能否挡住弹片。

从野战救护所到伤患处理站还有约10英里的距离，这段路程由战地救护车负责后送。不过，即便是躺在战地救护车里，英军伤员们在最初依旧受到德军炮火的威胁。一名英军士兵在等待救护车到来时遇到了一位同样等着后送的老校友，由于救护车只能再接纳1人，他就主动把位置让给了老校友。然而，这辆救护车刚开出不到50码就被炮火炸得粉碎。

一整天时间里，战地救护车不断来来往往，载着伤员后送到伤患处理站，可前面也提到伤患处理站人满为患，接收的伤员远远超出了他们的容纳量，那么从伤患处理站到基地医院的后送过程，怎么就没法疏导呢？不知读者是否还记得在索姆河战役打响前，罗林森上将就正式请求英国远征军总部每天给第4集团军发18趟救护专列，并再三强调不得延误。虽然按照英国远征军新的条例规定，第4集团军伤患处理中心可以获得每天12趟救护专列接送伤员到基地医院，可实际情况却糟糕透顶。在1916年7月1日，只有3趟救护专列开到第4集团军地区。其中一趟清晨开到，另两趟下午到来。第4集团军伤患处理中心只得紧急致电其他地区，请求增派救护专列，可到了午夜也不过只有2趟到位，当天开到的救护专列总计只有5趟。

那么，这5趟救护专列运送伤患的效率如何呢？答案是低得惊人。5趟一共后送3217名伤病员，其中647名是病员，而且许多伤员都是前几天就负伤的。第4集团军的伤员至少有32000人，而第4集团军伤患处理中心的救治极限仅为9500人。面对数量如此庞大的伤员，和救护专列低得可怜的效率，战前罗林森苦心拟定的卫勤计划完全泡汤。

22点50分，在成千上万的伤员从前线撤下来的同时，第4集团军卫生勤务部门主任在作战日记中记载道：

“救护专列还是没有到位，南部地区的所有伤患处理站都已人满为患，除了维克蒙的（伤患处理站），而这些地方也将很快塞满伤员。

“午夜：除了救护专列外一切的卫生勤务救护工作都有条不紊地进行。”

幸运的是，第3集团军没有碰上这样的问题。第7军在戈默库尔突出部的4000多名伤员很快被第3集团军的卫生勤务部门消化，没有出现什么困难。

救护专列的短缺意味着第4集团军的伤员大部分只能在伤患处理站外面的开阔地过夜，忍受着伤痛，同时祈祷千万别下雨。与此同时，战地救护车也从前线载着更多的伤员撤下来，逐个伤患处理站地运送，每当一个伤患处理站满人了，他们就转往下一个处理站，希望伤员能够得到救治。这些救护车驾驶兵，尽管自己已经很疲劳了，但还是兢兢业业地往返于处理站和前线间，努力找到伤员并把他们送到救护站。

英军第25野战救护团作战日记写道：“19点00分，我们需要更多的担架，孔尔比（Corbie）伤患处理站已经没法接纳（伤员）了。20点30分，在埃利的第36号和第38号伤患处理站关闭。午夜，在人满为患的情况下，我们开放了几个谷仓做为临时收容点。”

在漫长的等待中，不少伤员因伤势过重死去，有些甚至在德军的炮火下死去。如果说夜幕降临让英军松口气的话，那么德军的感觉也大同小异：这一天算是过去了。在宽达26英里的战线上，尽管英法联军拥有绝对优势的兵力，但德军总的来说还是打得很不错的。连续数月醉心于筑城的努力和义务兵制度让他们较为轻松地顶住了联军的攻击。不过，在法军进攻地段和英军第4集团军右翼，德军丢失了第一道堑壕系统，并蒙受了惨重的损失。德国陆军第109预备役步兵团的保罗·施埃特一级下士回忆道：“战至下午，我们的兵力所剩无几，弹药也快打光了。虽然我们奉命从死伤者身上补充弹药，但已经没法继续坚持了。日落前，英军又发动了一次进攻，我们顽强地打到最后一个弹夹，然后穿过敌人的弹幕，后撤到巴藏丹。傍晚，当我团在勒特朗斯卢瓦集合点名时，我连只剩20人。”

第109预备役步兵团的掷弹兵埃米尔·屈里也回忆道：“一大早我就负伤了，记得自己迷迷糊糊地躺在地下掩体里，英国士兵从我们的堑壕上越过，但却没有过来俘虏我们，于是我们几个士兵下到一个地下掩体里隐蔽。上午有一次，英军往地下掩体砸了一枚手榴弹，伴随着巨响爆炸开来。但我们没人负伤，其中一位战友说，“对不起哟（没打中我）！”（嘲讽英军手榴弹效力。）我们都笑了。不一会儿，又一枚手榴弹飞了进来，还是没人受伤。接着，一名英军士兵钻了下来，可我们及时隐蔽到黑洞洞的拐角里，他什么也没发现。过了几个小时，我们的一位战友爬上去挥舞白手帕示意投降，英军德文郡步兵团的2名士兵接纳了我们。他们都很友好，英军军医在给我包扎时还问我是哪的人。当我告诉他自己是弗赖堡人的时候，他告诉我他曾在那里学习过，并问我一些他以前熟悉的女孩的情况（当然我是不知道的）。”

尽管英军在右翼进攻取得了胜利，可沿着这么宽大的战线进攻还是让德军吃了一

▲ 索姆河战线后方的卡车队

惊。在防线南半部，德军只有很少的预备队，实际上没法应付英军的进攻。在英军攻克蒙托班后，德军在这一带几乎是门户大开，整个下午德军只有2个营的兵力赶来增援。在“蒙托班巷子”的英军看见对面空荡荡的森林和原野，以及憧憬了一个下午的骑兵突击获得决定性胜利其实并非幻想，这些地区的确已经成为德军防线的大窟窿。德军的第二道堑壕系统距英军新战线约1英里，而且没有足够的兵力和技术武器守备。如果英军果断调上骑兵跟进打击的话，德军的第二道堑壕系统基本是守不住的。对英军没有进一步发展进攻这事，德军也感到不可思议。德国陆军第109预备役步兵团的埃米尔·古埃贝尔贝克三等兵回忆道：“一整天时间里，我们最困惑的就是为什么英军没有继续突击。我们整个战线（指蒙托班）已经崩溃，他们要继续前进的话遇到的阻力会比先前小得多。”

英军第36（阿尔斯特）步兵师突破的蒂耶普瓦勒附近地区的德军同样缺乏预备队，导致被突破地带失衡了好一阵子，预备队才勉强赶到。德国陆军第8巴伐利亚预备役步兵团（8th Bavarian Reserve Regiment）的洛伦兹·施内德尔二等兵回忆道：“从格兰德库尔急行军赶到防线；我们几乎都是跑步前进，戴着防毒面具穿过炮火封锁区和毒气烟幕带，踉跄地赶到了战场。我们得知我方一个连已经成了敌人的俘虏。接着，上面又下来新的命令，取消进攻，因为英国人已经站稳脚跟。”

在施瓦本堡垒对峙的双方却发生了一点令人意外的战场花絮。德国陆军第99预备役步兵团的威廉·朗格三等兵回忆道：“14点30分，（英军）进攻停止了。我听到沿着英军控制的堑壕段传来阵阵音乐声。我告诉战友们，但起初他们都不信。接着，乐声传遍了我们阵地，我们都听到了，并确信这可能是吉他或齐特尔琴弹出的曲子。于是，我抄起步枪爬上去看了一会。大约100米外，我隐约看到一些英国兵，于是我回去通知战友（英国人就在那里）。我们都把枪上膛，朝他们打了几枪。接着是一阵沉默，然后他们用机枪射击回应。我们再也没有听到乐声。”

在英军进攻的大部分地带，德军对自己的战斗还是感到相当满意的。在经历了一个星期的炮火准备和英军庞大的兵力连续冲击后，德军的炮兵和机枪手相互配合，杀伤了数量惊人的英军士兵。成百上千挂在铁丝网和倒在无人地带的英军士兵尸体，以及躺在无人地带哀号的英军重伤员，都述说了德军的胜利。

英军伤亡实在太惨了，德军都有些看不下去了，对英军的愤怒逐步化为了怜悯和同情。早在14点00分，部分地段的德军就着手逐步停火，让英军伤员得到撤收，可德军的好心并没有得到英军的回应，停火实际上没有实现，原因多种多样。有时是因为英军炮兵持续不断地轰击德军堑壕，有时是德军派上担架兵到无人地带抬走英军伤员时突然遭到英军射击，而被迫还击所致。说起来，英军确实有些冷血，他们曾被严令不许和德军达成停火协议，不管什么兵种的德军走进无人地带，都要开火还击。这道不近人情的命令的受害者只能是英军伤员。

夜幕降临后，一线的英军部队终于可以偷偷违反上级的命令和德军达成临时停火协议，抢救伤员。德国陆军第55预备役步兵团的雨果·冯·依格伦回忆道：“夜间，英军（伦敦来复枪旅1营）一位军官打着白旗走了过来，问我能否让他们把伤员撤走。我用英语回答他，‘我可以把你的请求转达给我们少尉，

▲ 英勇冲击的英军第36（阿尔斯特）步兵师（油画）

让他来答复。’我们少尉同意了，但只通知了一线部队，不敢向后方指挥部报告。我们协助英军寻找伤员，有时我们甚至帮他们把伤员抬到他们战线，有时英军在伤员手臂扎白布条确保担架兵能在夜色中发现他们。拂晓到来，我们奉命中止停火和协助英军撤伤员，不过截至此时，英军撤伤工作基本完成。我们采取警告射击，告诉英国人，停火结束了。我们都是身经百战、坚强的战士，让这些年轻人（英国士兵）来和我们较量实在是不公平。其中一些人只是学生而已，我们为他们感到惋惜。”

当然，这个发生在戈默库尔的孤立事件，并不代表德军当晚就和英军达成了停火默契；在大部分地段，德军依然是威胁英军的大敌，虎视眈眈地瞪着对手，提防英军的一举一动。随着7月2日的到来，英军历史上最长的一天——1916年7月1日宣告结束。

|第十四章|

余波

索姆河战役是一次规模宏大的战役，从7月1日开始，夏季余下的日子里双方都在厮杀鏖战，直持续到秋季。不过，1916年7月1日午夜的到来宣告了大规模战役进攻的结束。戈默库尔佯攻和高夫接手指挥的第8军和第10军停止了攻击。7月2日，英军仅以3个师的兵力继续对德军展开攻击，比起7月1日的14个师，如此规模已经是小巫见大巫了。在接下来几天时间里，参加了第一天进攻的英军幸存将士们陆续撤出战场。7月2日清晨，四面堡垒也没法再坚持了，一名参谋官冒险跨过无人地带，向守军传达了撤退的命令。于是，珀西·查普尔把萨默塞特轻步兵团1营残部集合起来，带着他们撤回了英军战线。点名时，包括20名能走动的伤员在内，全营只剩78人。

最后离开四面堡垒的部队是英军皇家爱尔兰燧发枪团1营的1个连，他们在7月2日清晨撤回了营部。皇家爱尔兰燧发枪团1营（1st Royal Irish Fusiliers）的W.卡登·罗埃上尉回忆道："他们的归来让我们很欣慰。连长身上挂着各式各样的德军装备，他连上的官兵们也带回了各种纪念品。他们还押着几名看起来不太顺从的战俘。要不是上校干预他们，很可能他们就要赢得战争的胜利。"

帕迪·肯尼迪也有类似看法。他和战友们又在蒙托班的新战线待了三天。令人惊讶的是，他们根本没有接到任何要求他们继续前进的命令，也没有遭到德军大规模反击，德军组织的零星反击被他们轻松击退。显然，这一地带的德军还没有恢复实力，根本没法阻止英军继续前进占领蒙托班东面的各片森林。

7月4日，英国陆军第30步兵师奉命撤到后方休整。帕迪·肯尼迪也返回己方战线，在老地方取回进攻期间埋下的所有装备。他回到自己的部队报到时，仍然带着自己在蒙托班的德军地下掩体里发现的小猫，并送给了连里的炊事兵做为部队的吉祥物。

在进攻受挫地段，从无人地带抢回英军重伤员的行动又持续了几天。7月2日清晨，大部分救援作业被迫中止，因为德军已经开始警告射击，禁止英军在无人地带之间自由活动，双方重新进入战斗状态。

部分担架兵和临时充当担架兵的英军士兵们可没有耐心等待夜幕再次降临，他们冒着生命危险继续前往无人地带救回伤员。第36（阿尔斯特）步兵师就出现了两个舍己救伤员的案例。

第一次世界大战前，罗伯特·奎格曾是安特里姆郡布什米尔市麦克纳登区的一位工人。现今身为列兵的他是巴隆纳步兵团6营（6th Baronet）哈里·麦克纳登少尉的勤务兵。不幸的麦克纳登少尉在7月1日的战斗中失踪。第二天，奎格不顾横飞的弹雨，七次跑到无人地带寻找麦克纳登，每次他都带回了一名伤员，第七次甚至在距德军铁丝网咫尺距离救了一名伤员。最终，筋疲力尽的他放弃了寻找，哈里·麦克纳登始终杳无音讯。

在同一地区，乔弗里·卡瑟中尉，阿尔马格志愿兵团1营（Armagh Volunteers）副官，在7月1日夜间勇敢地冲到无人地带喂三名伤员吃东西。第二天清早，在德军的眼皮子底下，他又给第四位伤员喂水，在他用水壶给第五名伤员喂水时，被德军机枪手射杀。

为了表彰他俩的勇敢献身精神，英国政府授予两人维多利亚十字勋章，这也是阿尔斯特步兵师在索姆河战役中获得的第四枚维多利亚十字勋章。

7月2日下午，蒂耶普瓦勒附近下起阵雨，不久英军看到有人从无人地带朝己方堑壕爬来。担心可能是德军的反击，英军马上呼叫炮兵轰击无人地带，幸好开炮前一刻他们认出那些“进攻者”实际上是借助阵雨掩护慢慢爬回阵地的英军伤员。

夜幕再次降临大地时，担架兵和志愿前往战场找人的英军将士又忙活开来。其中军衔最高的莫过于在香肠山谷进行搜救的英戈维尔–威廉姆斯少将。一名负伤的纽芬兰籍士兵为了躲避德军炮火，只能藏身于两名战友尸体间。由于属于刚上来的增援部队，对地形不熟悉，他没法弄清堑壕里的人究竟是德军还是自己人。他藏在两具尸体间一直待到7月3日，然后决定爬到铁丝网地带等救援。他的决定是对的，很快他就获救。

德军对英军伤员的态度也是如晴雨表般捉摸不定。有时，就像卡瑟中尉遇到的情况，德军朝一切移动目标开火，但有时他们又很仁慈。到7月5日，鉴于博蒙·阿梅尔附近无人地带躺着大群伤员，英军决定冒一次险。英军皇家爱尔兰燧发枪团1营的卡登·罗埃上尉回忆道：“在堑壕护栏缓缓升起了一面大大的红十字旗。不到几分钟，射击就停止了，2名军医爬上堑壕护栏站在红十字旗两边。由于敌人没有开火，所以两名军医打着红十字旗走到无人地带。德军堑壕护栏那边也冒出许多人头，接着一名德军军医和部分勤务兵走来和我们会见。双方军医相互庄严地敬了一个礼。德军负责把靠近他们铁丝网地带的我方伤员拖到无人地带中央，并转交给我们的担架兵。这一伟大的人道主义工作一直持续到所有伤员都被收容为止，然后双方军医再次相互敬礼。整个过程中，双方未发一言。”

在戈默库尔突出部，英军伦敦来复枪旅1营的一名中尉在7月1日的进攻战斗中头部受伤而失明，他在无人地带躺了3天才被救回。第二天，另一名来自谢尔伍德森林者步兵团7营第1本土营的中尉也被救回，这个倒霉的家伙在爬动过程中一共挨了七枪。7月7日，一名炮兵军官发现无人地带还有动静，当夜他随同一支步兵巡逻队前往无人地带把两名游骑兵战士救回，这些天里他们靠喝弹坑底的污水才勉强苟活。而伦敦步兵团4营第1本土营的一名列兵在无人地带整整躺了14天才被救出，更令人称奇的是，身体这么虚弱的他经过一年的疗养竟然完全康复了。

虽然不错的天气（不时降雨）和担架兵勇敢无私的奉献精神，让大量伤员被救回，可还是有不少伤员最终牺牲在无人地带。谢尔伍德森林者步兵团11营的H.F.华生中校回忆道：“约克和兰开夏郡步兵团9营营长J.阿迪森中校的尸体一直没能找到，直到9月搜索战场后才被发现。随身找到的还有他的日记，表明他负伤后至少还活了两三天。”

在奥维莱尔陷落两个星期后，英军坑道工兵连的两名军官来到麦芽山谷，检查7月1日坑道工兵爆破的效果。他们惊恐地发现第8步兵师躺倒在旧无人地带靠德军一侧的步兵遗体的喉咙都被刺刀捅烂，倒在德军铁丝网的遗体都被砸碎了后脑勺。显然，这些都是7月1日战斗结束后，德军巡逻队在夜间干的，目的是结果伤员和残害战死者的尸体。返回阵地，两位心绪难平的军官提笔将所见所闻写成报告，其中一人甚至把报告副本邮寄给国内的父亲（一名大律师），并请求父亲把信呈报给伦敦的律师委员会，要求伦敦当局调查德军的战争暴行。然而，这封信并没有寄到，很可能陆军当局怕影响不好给扣下了。

除了前往无人地带收容死伤者外，战斗结束后清理己方堑壕内的伤亡人员也刻不容缓。最糟糕的情况发生在英国陆军第8军防

▲ 一脸茫然的英军步兵，付出了那么大的代价，却只获得局部突破，这究竟是为了什么

区，该军下辖的3个步兵师的进攻都被德军击退，并蒙受了惨重的损失，景象凄惨。第12步兵旅旅部的V.N.约翰逊少校回忆道："我们的前沿堑壕和支援堑壕里躺满了（军内）各个单位的伤员，花了三天时间才清理完毕。7月2日的大雨到来，使我们在堑壕里难以救援，导致许多伤员被活活淹死。"

参与这项艰巨而令人痛心工作的担架兵们，也都累得筋疲力尽和异常烦躁。一次，在经历了三天三夜抬担架工作后，两名担架兵累倒了，坐下来喘口气，可他们的军医虽然和他们一样累，却坚持要求他们继续干活。谢菲尔德城市步兵团1营的J.W.斯蒂文森列兵回忆道："我朋友太累了，想休息一会儿，却惹恼了军医，结果他威胁要枪毙我的朋友，但最终他们都冷静下来，回去继续做各自的事。"

阿克宁顿同城步兵团某营的H.C.布洛尔列兵回忆道："我在无人地带一直躺到7月2日，我决定自己爬回去。我腿部负伤，爬着爬着就回到了我们的堑壕，里面没有战斗兵，也没有担架兵，却躺满了伤员。一个人坐在箱子上，我试着和他聊天，却没得到他的回应。在一个地下掩体里，我和其他伤员待了一夜。第二天清早，我又爬进堑壕，发现那个人还是坐在箱子上，这才发现他已经死了。"

由于救护伤员优先，挖掘公墓掩埋尸体一事因劳动力被占据不得不拖了很久才完成。英军第12步兵旅的H.F.达维斯上尉回忆道："我们的堑壕外堆满了尸体，把它们移往公墓的工作却进展缓慢。结果，这些尸体堆放在这里，严重打击了部队的士气。"

英军第11步兵旅共有4位营长战死，手下的将士竭力把他们的遗体从战场上抢回来，然后并排埋在科兰康（Colincamps）附近的公墓。可并非所有战死的英军将士都能享受这种待遇。许多遗弃的堑壕或大的弹坑成了许多人最后的安息之地。纽芬兰步兵团1营战死的将士们被收容后集中掩埋到一个废弃的集结堑壕里。

往南到马梅斯附近，掩埋小组发现了倒在曼塞尔灌木丛的马丁上尉和他手下将士的遗体，他们都是被马丁上尉战前忧虑的德军机枪火力点射杀的。他的尸体和德文郡步兵团8营、9营的159位官兵一起，葬在曼塞尔灌木丛的一条堑壕里。

索姆河战役第一天救护专列调度失误，为了缓解前线卫生勤务部门伤员人满为患的问题，英国远征军总司令黑格上将亲自下令，把英国远征军辖区内所有可用的救护专列统统调来协助第4集团军把伤员后送到基地医院。每当一趟救护专列抵达，就直接开到伤患处理站，然后满载伤员后送。

从1916年7月1日到7月3日，英军救护专列在索姆河战线和基地医院之间往返运行，将大量伤员不断后送，幸运的是，这种恐怖的情景在战争余下来的时光里再也没有重演。根据英军统计，救护专列仅对第4集团军方向就开了58趟次，撤运了31214名伤员。

除了救护专列外，英军还调动其他运输工具协助把伤员送到英吉利海峡沿岸的基地医院，他们通过驳船沿索姆河，以及通过火车甚至巴士沿公路后送伤员。虽然这些交通工具起到了一定作用，但最主要的还是靠救护专列，它们后送的伤员占总伤员的90%以上。

救护专列的迟到和超出预期的庞大伤员数字确实给英军卫生勤务部门的救治带来了巨大的困扰。根据英军卫生勤务部门统计，至7月2日22点00分仍有大约10000名伤员躺在战场上，直到7月4日清早，第4集团军的卫生勤务主任才宣布集团军防区内所有的伤员都得到收容和救治。

就算是获得了救治，伤员的情况也不容乐观。英军皇家西肯特郡步兵团7营（7th Royal West Kents）的A.R.弗伦奇列兵回忆道："负伤后，我徒步走向布莱，在仅得一张地毯和毛毯的情况下，我在（伤患处理站）外待了五夜，当时我的手臂伤情严重。"在一个野战急救所，由于太靠近前线，救治能力仅为500人，在某一时期却接纳了3700名伤员，其中2000名伤员只能待在野外排队等待救治。

英军格里姆斯比密友营的H.本泽中士回忆道："7月3日星期一，我终于从无人地带被抬回，他们仅仅是简单地给我受枪伤的腿部包扎，没有进一步治疗。当天，我又被送到孔尔比的伤患处理中心，并一直待到星期五晚上，都没有受到任何医疗救治。当我被送到维姆勒医院检查时，发现我的腿部伤口已经完全坏疽，只能截肢。"

除了伤情日益恶化外，更要命的是饥饿，由于前方卫生勤务单位准备的口粮很快被意料之外的大量伤员涌入吃光，导致不少后续送来的伤员饿得发昏。利物浦同城步兵团2营的J.A.迪里列兵回忆道："我从一个卫生单位去往下一级卫生单位，历经几天时间最终抵达那里后，才获得救治。此时，脚肿胀得厉害，令我十分痛苦。在这里，有个专门做点心的食堂，可要付费购买，我身上却没钱了。就在我饿得慌又毫无办法的时候，碰上了本连的一位战友，他给了我15法郎。"

虽然许多伤员直接在法国获得救治，但还是有不少伤员乘坐医疗船越过英吉利海峡，回到本土。每天，医疗船都从鲁昂、勒哈弗尔、迪厄普和布洛涅等港口起航，前往英国南安普顿港。整整一个星期的时间，从南安普顿港开往伦敦的满载伤员的救护专列平均一个小时发一趟车，将伤员送达伦敦各个军队

▲ 战斗结束后，筋疲力尽的英军士兵倒地休息

和地方医院。疏散过程十分迅速，一些在1916年7月1日战斗中负伤的人员，在负伤后不到24小时就被送回了本土。当然，类似的幸运儿寥若星辰。

然而，伤员数量之大，很快超过了伦敦军队和地方医院的容纳量。为了分流，不少伤员不得不送到他们家乡所在的城镇医院或是附近医院。爱丁堡城市团1营的L.韦尔奇列兵回忆道：“一开始很不幸，我的未婚妻接到我失踪的消息，可在下午邮局又给她寄了一封信说我已经被送到斯托克港的弗农公园医院，距她家仅仅几英里而已。”

一些伤员在法国境内几乎没有得到救治，身上的绷带仍然是在无人地带互救时包扎的，军服也是破烂撕裂的，靴子还粘着战场上的污泥。杜伦同城团1营的A.S.杜兰特中士回忆道：“你可以想到当我躺上布里斯托医院漂亮而干净的病床时心里是多么舒畅。可惜我浑身都是虱子，而且衣衫褴褛，很抱歉让那位可怜的护士帮我做了清洁工作。”

当然，还有更“倒霉”的人。那就是被德军俘虏的12名英军军官和573名英军士兵。对他们来说，战争结束了。其中有399人来自第36（阿尔斯特）步兵师和第56（伦敦）步兵师，他们在夺取了预定目标后因后援不继遭到德军连续猛烈反击被迫撤退。考虑到索姆河战役第一天，英军投入了12万大军进攻，这么点被俘数字既表明德军防御战斗取得完胜，也说明了英军在付出重大伤亡代价，以小分队形式突入德军防御地带后被孤立并连续遭到反突击的情况下，往往选择战斗到底而非投降。毫无疑问，部分被俘的英军会感到羞耻，但相对于这场残酷无情的世界大战的伤亡数字，许多人会说这些战俘也许是最幸运的。

对德军来说，这是自1914年蒙斯战斗撤退以来单日抓获英军人数最多的一次战斗。战俘中军衔最高的是第36（阿尔斯特）步兵师的上尉查尔斯·克雷格，他是南安特里姆郡的一位议员，还曾是1914年发起组建阿尔斯特步兵师的元勋之一，并协助订购了师里的10000套军服。1916年7月1日下午，在施瓦本堡垒的战斗中，他身负重伤；在英军第36（阿尔斯特）步兵师撤退后，他被孤独地留在了后面，成了德军的俘虏。搞笑的是，德国人认为克雷格太重了，没法用担架抬，他们找来一辆独轮手推车把他送到一个救护站包扎。

不过，德军也并非总是那么友善。英军伦敦步兵团4营第1本土营（1/4th London）的H.B.巴尔列兵回忆道：“我们六人成了德军的俘虏；其中一名伦敦苏格兰兵穿着格子裙。德军争论了很久，到底要不要把我们后送呢。最终，我们还是被押走了，那名伦敦苏格兰兵扶着负伤的我走出去。德军不停用枪托打他；他们实在是讨厌‘格子裙’（苏格兰兵）。”

阿尔伯特·麦克米兰列兵，也是落入德军手里的英军战俘之一。他注意到一个堆了5英尺高的整齐交错堆放着的德军尸堆，上面覆着毯子。他们都是英军炮轰的牺牲品，正等着下葬。可德军这种堆尸法却引发了英军俘虏的猜想甚至流言。英军认为德军很可能要把这些尸体拉到一些特殊工厂处理，从中提炼出有价值的东西，物尽其用。

和麦克米兰一起被俘的英军们被问到如何操作一挺缴获的里维斯机枪时，他们都拒绝回答，结果德国人猛扇他们耳光，并踢打他们小腹。之后，一名德国军官审问麦克米兰，其中一个问题是英军为什么不在6月29日发动进攻？这个问题表明德军显然是知道英军最初定下的进攻日的。

当晚，麦克米兰和其他英军战俘都被押往30公里开外的康布莱战俘营；如此长距离的徒步行进让不少英军伤员更加痛苦。可一旦抵达康布莱，英军战俘就来精神了。他们被关押在一个旧的法军兵营里，德国兵在周围的墙上用粉笔写着“上帝惩罚英格兰”（Gott strafe England）。可英军在短短几天时间里就把它改成了“上帝惩罚德意志”（Gott strafe Deutchland），将德国人大大嘲讽了一番。

对英军被俘的伤员，德军也是“礼遇有佳”。当英军第46（北米德兰）步兵师的伤兵俘虏被押到勒卡图的医院时，一名德军军医致欢迎辞道：“如果你是好朋友的话会得到良好的救治，可如果是你个坏朋友那么你可要被踢屁股哟。”

1916年7月3日，一架德军飞机来到戈默库尔的英军战线上空，投下英军第56（伦敦）步兵师和第46（北米德兰）步兵师被俘人员名单。来而不往非礼也，不久一架英军战机也把被俘德军的名单投到了德军战线。

7月2日开始，从战场上撤下来的英军首日进攻部队各营陆续返回攻击前出发的村落或集结地，幸存的官兵们排队集合点名，这才悲凉地发现自己的损失有多么惨重。损失最大的几个步兵营，在出击前兵力700多人的，现在却只有不到100人。没有返回的人要么战死沙场要么负伤后送，失踪的也不少。

在英军萨默塞特轻步兵团1营，珀西·查普尔是全营从战场上安然无恙归来军衔最高的人，其他军官若非埋骨沙场，就是英勇负伤。返回出发地，珀西想起了战前一起聊天的四位中士，但他们都在这场空前惨烈的大

两名英军拎着缴获的德军钢盔，若有所思

血战中非死即伤，只有自己独存。

对东萨里郡步兵团8营来说，他们的连长内维尔上尉没法兑现战前许下的给手下第一个把足球踢进德军堑壕的步兵排发奖金的承诺了，因为他已经为国捐躯。另一位战死的连长是乔治·加夫金少校，他在施瓦本堡垒战斗中身负重伤，被抬下战场后，死于一个伤患处理站。

德文郡步兵团9营的一名战死者是诗人威廉·霍奇森中尉，他在马梅斯战斗中不幸丧命，葬于曼塞尔灌木丛的德文郡步兵团9营堑壕墓区。

来复枪旅1营（1st Rifle Brigade）14排出师前共有40人，可战斗结束后的点名只剩一个人喊到。

爱丁堡城市团2营在1916年7月1日踏上战场前，编制内共有中洛锡安足球俱乐部的11名主力队员，该营足球队在比赛中从未落败，可索姆河战役却破了这个“记录”，绝大部分足球队员非死即伤。

对于从战场上归来的幸存者来说，他们百感交集。最强烈的感受是失望。战前，上级曾对他们说，胜利唾手可得，德军铁定失败；可现在，进攻战役仅仅打了一天，死伤竟如此惨重，战争结束仍是遥遥无期。对英军来说最悲哀的是，如此多的战友牺牲了，但同时也为自己生还而庆幸不已。

战前那些信心满满对手下将士们宣称胜利在望的英军将领们，现在只能挨个下部队打气，称赞将士们的勇气，并尽可能掩饰自己对失利的不满，给心绪难平的士兵们“赔笑脸”。在突破成功地段，撤下来的各个步兵营得到了前来视察的英军将领的祝贺。对英军本土军和新军的各个步兵营，英军将领们夸赞他们在战斗中证明自己和常备军表现一样出色——就在一个星期前，英军将领是

▲ 战后一景——博蒙·阿梅尔的无人地带

绝对不会这样恭维本土军和新军的。对于进攻失利的地段，英军将领给部队打气的台词如出一辙：你们以大无畏的勇气牵制住了敌人，吸引了敌人的注意力，为其他地方的胜利做出贡献。当然，也有例外的，比如第36（阿尔斯特）步兵师师长努根特少将在战斗结束后对将士们发表讲话中说道："士兵们，你们干得非常出色，但你们应该可以做得更好。"这么一说，让幸存的士兵十分反感，有人认为他根本就不是一个绅士。

第8军军长亨特-威斯顿中将也亲自下部队，视察每个参加了进攻的步兵营，并亲自向幸存的士兵们致谢。来复枪旅1营的A.威瑟斯列兵回忆道："亨特-威斯顿将军让我们全体集合，并告诉我们第8军做出了巨大的牺牲，让战线其他地段的部队得以继续前进。就在这时，一架德军炮兵观察机临空，我们奉命疏散。接着，密集的的炮弹砸了过来，一发炮弹就在将军刚才站的地方不到几码处爆炸。一发炮弹炸死了我们的一匹灰色战马。这是从蒙斯战役起就一直用来拉野战厨房的老伙计。它的死对我们来说也是一大损失。"

由于战线广大，几天以后，英军高级将领们仍然不了解总体损失到底惨到什么地步。截至7月2日下午，英国远征军和第4集团军估计的伤亡数字仍比实际伤亡低了40%！1916年7月1日傍晚，黑格上将在日记里记载道："安克河北面，第8军报告他们进攻伊始进展良好，可随着时间的推移，他们部队却被迫退回到德军前沿堑壕，除开占领塞尔村的两个营孤立陷入敌后。我倾向于相信来自其他方面的报告，第8军只有少量兵力离开堑壕。"这是英军第一线部队和英国远征军总部之间沟通存在严重问题的绝好例子。事实上，英国陆军第8军下辖的第4、第29、第31步兵师和第48步兵师（南米德兰）步兵师一部共有662名军官和13636名士兵在7月1日战死，而且寸土未得。当然，黑格并非有意隐瞒真相，这是上下沟通不畅、实际情况没法反映给黑格所致。

在部分进攻地带，由于战斗结果是如此糟糕，以致于部分将领对前途倍感失望。在索姆河战役中第一位失去指挥权和声誉的高级将领，并非担负主要进攻方向且蒙受绝大部分伤亡的第4集团军司令罗林森上将，而恰恰是负责在戈默库尔方向佯攻的第3集团军司令艾伦比上将。这个倒霉蛋本来就不受黑格上将的待见，没能夺取戈默库尔就算了，还让参战的第46和第56步兵师损失近7000人，这个糟糕的"考试成绩"自然给了黑格责备他的借口。

在这个节骨眼上，斯诺中将也受到了怀疑。索姆河战役前，他曾请了10天假，结果被第3集团军司令艾伦比批评他对进攻不上心，没有进行细致的战前准备。战役结束后，艾伦比很想让斯诺中将回家，可他需要英国远征军总司令黑格上将的支持，黑格不表态让他心里没底，自然也就没敢擅自作主。最后一个挨批的是第46（北米德兰）步兵师师长斯图亚特-沃特利少将，由于第46步兵师未能在戈默库尔村背后和第56（伦敦）步兵师会师，让他饱受非议。而且，在斯诺返回英国休假期间，暂代斯诺当军长的正是斯图亚特-沃特利少将，战前准备不力的板子自然也要打在他的身上。

战役第一天结束后，第3集团军司令艾伦比上将就下令组织军事法庭调查斯图亚特-沃特利少将指挥的第46（北米德兰）步兵师进攻不力的原委。军事法庭的成员由一位没有参加进攻战役的准将和两位中校（参加进攻的两个师各一位）组成。

7月4日，军事法庭召开第一次听证会，从第46（北米德兰）步兵师找来了14个目击证人和2名陆军皇家飞行队飞行员证人。军事法庭的初级成员，伦敦来复枪旅指挥官亲眼目睹了第46步兵师的进攻，并将其形容为“阿斯科特赛跑”。由于需要取证，军事法庭当晚宣布休庭，等待2天后再开庭。

看起来，斯图亚特-沃特利少将是罪责难逃了。可7月5日清早却发生了一个戏剧性的事件。06点50分，艾伦比直接解除了斯图亚特-沃特利少将的指挥权，并立即把他送回了英格兰。尽管如此，军事法庭还是尽心竭力地继续调查取证，听取并记录了另外25个证人的证词，但艾伦比把沃特利少将的解任调职，已经让军事法庭的继续调查失去意义而流于形式而已。

第3集团军受责备，那么第4集团军将领呢？他们在一天之内就损失了5万人，难道就没有一个人应为此承担责任么？第4集团军司令罗林森上将在草拟作战计划时无视黑格上将的意见，难道就不需要制裁吗？亨特-威斯顿中将，在飞蛾扑火的进攻中损失了惊人数量的兵力，导致他的进攻方向一连混乱多日也不需受到任何指责和惩罚？

而英国远征军总部呢？黑格上将全权指挥整个索姆河战役，他自然应该对战役首日的失败负责。还有英国远征军军需部长马克斯维尔中将，在罗林森发出正式书面报告请求第一天给第4集团军开18趟救护列车后，他却只发了3趟，让第4集团军卫勤系统在战役第一天一片混乱，伤员数量大大超出集团军的救治能力，间接导致大量伤员因没法得到及时救治而死去，更是应该负有不可推卸的责任。

这场灾难规模实在太大，反而让黑格和罗林森逃过一劫。即使身在法国的人们也要过好几天才能了解到损失的全貌，英国国内当然更晚。而那时战役已经进入新的阶段，把指挥官迅速召回英国问罪的机会已经过去了。

应高夫的要求，1916年7月底在防线部分地段指挥权移交后，亨特-威斯顿中将带着他第8军部转移到远离索姆河地带。“窃取”了第8军指挥权后，得寸进尺的高夫中将又试图插手对蒂耶普瓦勒和莱比锡突出部进攻的第10军军长莫尔兰中将的指挥权。显然，高夫想获得更大的指挥权限，但这一次高夫没有“得逞”，黑格回绝了他的请求。

1916年下半年，国防部针对7月1日第4集团军卫生勤务部门的混乱和救护专列的延迟，迁怒于英国远征军军需部长马克斯维尔中将。国防部建议召回马克斯维尔，但黑格上将顶住伦敦压力，保住了马克斯维尔的职位。黑格很清楚，如果马克斯维尔被召回伦敦，那么他的军人生涯就结束了，这将是他一辈子的遗憾，一向以体恤下属著称的黑格上将自然不会允许这种事情发生。

不过，还是有一名将领因为7月1日表现糟糕而被解职——第17（北方）步兵师师长皮尔彻少将。进攻当天，皮尔彻少将奉命以下辖的第50步兵旅配属给第21步兵师参加战斗，结果蒙受了惨重的损失。其中菲利普·霍威所在的西约克郡步兵团10营的伤亡超过了当天其他所有步兵营。

接下来几天时间里，第17步兵师又在皮尔彻少将的指挥下蒙受了更大的损失，这一切都归因于军长霍姆施加的巨大压力。然而，霍姆中将自己不思反省，反而怪罪皮尔彻。7月11日，霍姆中将一纸命令就解除了皮尔彻少将的职务，把他赶回了老家。苛刻的霍姆中将也在同一天解除了另一位少将的职务。在回忆中，皮尔彻大倒苦水，对霍姆表示严重不满，他认为霍姆中将无视他的反对，强行下令发动进攻，白白损失大量兵力，到头来却把罪名安在他的头上，真是岂有此理。

被解职后，无论是斯图亚特-沃特利还是皮尔彻都没有再获得指挥权，斯图亚特-沃特利被调到爱尔兰，皮尔彻仍留在英格兰。对于上述将领的解职，手下的士兵们议论纷纷，但结论大同小异，那就是他们对战斗损失的承受已经达到了心理极限，不愿意再让剩下的将士们上去送死。对1916年的西线来说，心慈手软的将领是没有容身之地的。

“怯懦”的斯图亚特-沃特利和皮尔彻被解职，苛刻的霍姆中将却很快获得了晋升。1916年10月，他出任英国陆军第1集团军司令，虽然他当军长只有短短的5个月，但他强硬的指挥方式获得了上级的肯定，从而官运亨通。

谈完将领，再说说索姆河战役第一天进攻失败对英国国内的影响。如果准确而完整的战报还要几天后才能呈报到黑格上将的办公桌上，那么英国本土想了解整个战斗情况，或者说准确而完整的战场态势，就更难了。

战役的头几天里，只有少得可怜的信息传回英国本土，而且大部分都来源于官方简报。比如，7月1日的《晚报》刊登的消息充斥着对上午的战斗情况模糊而乐观的报道。在伦敦的晚间新闻，路透社记者报道英军已经突破了德军防线，并抓了许多俘虏，而英军损失甚微。

周日的报纸也没有进一步的消息，但周一的报纸却开始连篇累牍地报道。《每日快报》报道俘虏了9500多名德国兵并夺取了许多村庄，其中包括孔塔尔迈松和塞尔村，可事实上这两个村庄一个都没陷落。《泰晤士报》描述的战斗过程最为可靠，虽然该报是从一份中立国报纸上转载的德国官方公报，但事实

▲ 拿下德军堑壕后打扫战场的英军步兵

却证明关于索姆河战役第一天的公报，德国比英国更可信。

不久，报纸的版面就充斥着从法国前线返回的伤员对战斗的描述。当然，大部分伤员对战事的叙述都是站在个人角度，充满夸张和矛盾。这些报道很快就被添油加醋，变成了传播在英国国内的各种谣言。最痛苦的莫过于那些参加索姆河战役的英军官兵家属，他们得到的消息少得可怜。当他们了解到索姆河战役第一天英军损失惨重的消息后，更是心急如焚，可确切情况又不得而知。家属的怒气很快就爆发了，他们把各个城镇议会厅和报社大门围了个水泄不通，拼命打听消息。在阿克宁顿，全城谣传阿克宁顿同城步兵团1营参加攻击后只有7人幸存！没有人能证明这道消息是否可靠，但大家都抱着宁可信其有、不可信其无的心态，认为市长有意隐瞒了很多消息，而围攻市长家。

渐渐地，来自法国的消息多了起来，邮局也忙碌起来，把成千上万封阵亡通知书电报寄给千家万户。埃玛·金女士在生了第五个孩子后，暂回娘家静养，当她带着5个孩子回到位于蒂克希尔的自己家时，却发现壁炉上已经放着前一阵子寄到的电报，拆开一看才得知自己的丈夫迪克已经战死了。同一个矿村的另外两人也在7月1日战死。

为了纪念为国捐躯的士兵，英国所有工业区的办公楼的窗口都拉下了百叶窗的窗格。各地报纸也连篇累牍地以大幅版面公布为“国王和联合王国”牺牲的年轻战士的名字。7月12日，英国传统的奥兰治节，贝尔法斯特市在中午停止了所有交通，全城为索姆河战役中阵亡的将士默哀5分钟。

最痛苦的莫过于英国政府寄来的电报上面不是写着阵亡，而是失踪的家属。由于自己的丈夫、孩子或兄弟音讯不明，家属们想方设法地打听他们的下落。他们走访国内各个医院，寻找和自己丈夫、孩子、兄弟同在一个步兵营服役的伤员们，或是写信给失踪人员办公室，甚至给自己爱人所在的部队长官写信打探情况。不少人还在报纸上刊登寻人启事，或是干脆搞起算命招魂，通过一些宗教办法来“掐算”自己的亲人究竟是生是死。

由于1916年7月1日的战斗情况确实太混乱了，许多报告为失踪的兵员后来却发现是负伤人员。随着时间的推移，英军不断找到更多的伤员和尸体，失踪名单不断减少。另一方面，德军也传来了一些战俘名单，使英军进一步勾掉了不少失踪人员姓名。根据战时条例中战死和失踪的界定标准，5个月后，仍在失踪人员名单上的人，官方将正式宣布把他们列入阵亡名单。

一将功成万骨枯，用这句话来形容索姆河战役是再恰当不过的了。唯一不妥的是，黑格上将并没有在索姆河战役中功成。

| 第十五章 |

伤亡

对英军而言，花了几个月时间精心准备的进攻战役，却在7月1日碰了个头破血流。除了第4集团军右翼取得突破外，中央和左翼的进攻都失败了。在戈默库尔突出部这个战役佯攻方向，尽管第3集团军圆满完成任务，但也没有铲除戈默库尔这个突出部。总的来说，索姆河战役第一天的进攻结果令人失望。当然，英军也并非一无是处，他们毕竟拿下了蒙托班、马梅斯两个村，但离他们的预期目标——开战第一天就攻下德军13个村相去甚远，更别说突入德军第二道堑壕系统。

	战死或伤死	负伤	失踪	总计
军官	721	1531	339	2591
士官和士兵	7449	34357	17419	59225
总计	8170	35888	17758	61816

在进攻失败的同时，英军还付出了惨重的代价。据英军战时报告的统计，1916年7月1日伤亡61816人。

然而，战时报告统计存在着一大不确定因素，那就是为数庞大的失踪数字。实际上，许多失踪人员都是战斗中和部队失散的掉队官兵或是负伤倒在无人地带没能及时救回的人员。随着时间的推移，越来越多的掉队官兵回到了原单位，加之从德国空军的空投信息中得知了被俘人员名单，再加上找到的尸体和伤员，失踪数字显著下降。最终统计结果是，英军列出的17758名失踪人员，仅有四分之一归队或成为战俘，10705人被确认战死，还有2152人情况不明。按照英国政府的标准，他们被默认为战死。经过漫长的认证，英军最终统计到1916年7月1日的总伤亡是57470人。

考虑到参加进攻的兵力规模和战斗的惨

	战死或伤死	负伤	失踪	被俘	总计
军官	993	1337	96	12	2438
士官和士兵	18247	34156	2056	573	55032
总计	19240	35493	2152	585	57470

烈程度，可以看出如此庞大的伤亡数字简直令人不可思议。相当于参加第一波进攻的英军143个步兵营就伤亡了半数兵力，特别是军官的伤亡率达75%，实在是高得离谱而吓人！

绝大部分军官进攻时都穿着各自独特（显眼）的制服，腰系山姆·布朗皮带，佩左轮枪或指挥棒。由于着装“时尚特别”，英军在1916年7月1日一天之内就伤亡了2438名军官。虽然英军军官都坚守了身先士卒和自我牺牲精神的光荣传统，但更主要是他们着装上的“艳丽”，使他们成了德军绝好的射击目标，给自己增加了许多不必要的伤亡。根据英军78个步兵营的记录显示，在7月1日危险性最高的是上尉，而相对危险性低的却是普通士兵（列兵）。从统计数字来看，英国陆军在1916年7月1日的伤亡，相当于损失了整整75个步兵营或是6个满员步兵师的步兵战斗力。从戈默库尔到蒙托班宽约16英里的战线上，平均每一码就有2名英军士兵倒下。

英军损失是如此惨重，那么他们的对手德军损失如何呢？要回答这个问题并非易事。由于德军的损失统计是每隔10天统计一次，这就给对比双方损失带来了很大的困难。尽管如此，由于战斗规模庞大，许多参加索姆河战役与英军对峙的德军各单位还是忠实记下了1916年7月1日己方的伤亡。根据德军的

▲ 香肠山谷一角

记载，粗略估计从戈默库尔到英法联军作战分界线之间的德军第2集团军所部在1916年7月1日损失约8000人，其中2200人成了英军的俘虏，战死和负伤合计不到6000人。数字对比上，我们可以看到，1916年7月1日德军是绝对的赢家，他们和英军的伤亡交换比是1∶7。具有讽刺意味的是，这个比例也恰好是德军和英军参加索姆河战役总兵力对比。为了拉凡尔登的法军一把，英军付出了高昂的代价。

一天近6万的伤亡，这在英国陆军历史上是极为罕见的，除了1916年7月1日这个倒霉的日子外，不可能再有比这更惨的单日伤亡数字了。第一次世界大战以前，英国陆军经历的伤亡最惨重的战役莫过于滑铁卢，威灵顿公爵和普鲁士军队在此战决定性地击败了拿破仑的法军。在滑铁卢，英军损失了8458人，占威灵顿公爵总兵力的25%；这个伤亡率比1916年7月1日参加索姆河战役的英军任何一个军都少。

单就第一次世界大战而论，1916年7月1日也是英国陆军伤亡的单日之最。即便是1917年的两次总攻击——4月在阿拉斯和6月在麦西尼斯——参加的攻击的兵力也和索姆河战役第一天类似，伤亡情况是阿拉斯总攻击3天伤亡13000人，麦西尼斯总攻击7天伤亡24500人。1918年3月21日，在德军发起的皇帝会战总攻击行动中，英军11天损失了165000人（其中大部分为被俘），可1916年7月1日的单日损失57470人记录仍然没有被打破。

1939年到1945年的第二次世界大战期间，英国陆军全程参战，可无论哪场战役都没再重演索姆河首日灾难。1944年6月1日，诺曼底登陆日，英军和加拿大军共伤亡4000人；在阿拉曼战役的11天里，英联邦第8集团军平均每天损失1125人。英军在二战中唯一的灾难——新加坡沦陷，损失也是2个月时间80000名英军、澳大利亚军和印度陆军官兵成为日军战俘。

索姆河战役首日的惨重损失，不仅超过英军参加任何一场战役的单日伤亡，甚至可以和部分英军参加的局部战争伤亡数字相“媲美”。克里米亚战争、布尔战争和朝鲜战争的英军损失总和都没有1916年7月1日高，可见索姆河战役第一天的损失是英军永远无法抹去的痛，也是英军征战史上最大的耻辱。

根据参加索姆河战役的英军各个部队作战日记的记载显示，步兵是伤亡最大的兵种，当然皇家炮兵队、陆军皇家飞行队，以及帝国总参谋部的几名前出到第一线协调攻击的军官也倒在了战场上。各兵种伤亡细分如下：

参战各个步兵营伤亡54335人；

参战各个机枪连伤亡1080人；

参战各个先锋营伤亡1020人；

参战各个轻臼炮连伤亡350人；

参战皇家工兵队伤亡450人；

参战皇家炮兵队伤亡170人；

参战皇家卫生队伤亡60人；

参战陆军皇家飞行队伤亡5人；

总计57470人。

不过，上面的各兵种损失统计表却不包括骑兵兵种。高夫的预备集团军所辖3个骑兵师并非毫发无损，他们在德军远程炮火杀伤下也伤亡了几个人。英军第46（北米德兰）步兵师就报告称1名骑宪兵战死。

参加索姆河战役各师的伤亡也有详细的统计数字：第34步兵师（新军）——6380人，第29步兵师（常备军）——5240人，第8步兵师（常备军）——5121人，第36（阿尔斯特）步兵师（新军）——5104人，第4步兵师（常备军）——4692人，第56（伦敦）步兵师（本土军）——4314人，第21步兵师（新军）——4256人，第32步兵师（新军）——3949人，第31步兵师（新军）——3599人，第7步兵师（常备军）——3410人，第18步兵师（新军）——3115人，第30步兵师（新军）——3011人，第46步兵师一部（本土军）——2455人，第17步兵师3个营（新军）——1115人，第48步兵师2个营（本土军）——1060人，第49步兵师5个营（本土军）——590人。

从上述数据中可以得出一个最显而易见的结论，那就是在这种情况下胜利要比失败所付出的代价小。在第4集团军右翼三个师——第7、第18和第30步兵师的第一梯次进攻，迅速突破并夺取了德军前沿堑壕，给后续部队安全通过无人地带提供了良好的保证。这是这3个师伤亡不重的最主要原因。对参加7月1日进攻的步兵师来说，伤亡大头发生在无人地带，而非德军前沿堑壕，在过无人地带的时候，各师官兵在德军猛烈的炮火和机枪火力打击下蒙受了极为惨重的损失。

参加的各师中，伤亡最惨的是英戈维尔-威廉姆斯少将指挥的第34步兵师，该师下辖泰恩塞德爱尔兰旅和泰恩塞德苏格兰旅、2个爱丁堡营、剑桥步兵营和格里姆斯比密友营。该师的泰恩塞德爱尔兰旅和泰恩塞德苏格兰旅蒙受了远比其他各旅大得多的伤亡。在对拉布瓦塞勒的突击中，为了要拼死守住通往巴波姆的公路，他们损失了1位旅长、7位营长，参加的各个营平均损失600人。在付出如此大的代价，第34步兵师两个旅夺取的德军堑壕地段仅20英亩而已。由于损失太大，两个泰恩塞德步兵旅被迫离开第34步兵师编制，转移到相对平静的维米岭地区。俗话说人逢倒霉，喝凉水也塞牙。这两个泰恩塞德步兵旅在转移到新防区后仅仅几个月又再次面临新的血战。

对于一个师级单位在一天之内突击就损失了四分之三兵力，在第一次世界大战这个堪称绞肉机的总体战中，都是罕见的。英军第34步兵师的惨重损失既表明了德军要守住巴波姆公路的坚强毅力，也表明了第34步兵师全体将士不惜代价突破德军防线的决心。

在各师伤亡排行榜中，常备军的3个步兵师高居前五名，虽然显示常备军冲锋时不怕牺牲的传统，可他们的付出却没有获得相应

尸横遍野的索姆河战场

回报，他们甚至连一码德军堑壕都没能永久攻下。

第46（北米德兰）步兵师的伤亡数字排名靠后，充分显示师长斯图亚特–沃特利少将是如何煞费苦心地减少牺牲。尽管他的做法避免了无谓的流血牺牲，但他却丢掉了指挥权。

相对这些损失惨重却基本无所得的步兵师而言，部分步兵师干得非常出色，以较小的损失取得了较大的战绩。比如英军第18步兵师和第30步兵师在蒙托班就成功完成了上级赋予的任务，且相对损失不大。

如果说单纯看步兵师伤亡，直观认识还不够的话，那么视角缩小到英军最基本的战术单位——步兵营，他们的伤亡就触目惊心了。参加7月1日进攻的许多英军步兵营编制兵力有七八百人，最终却只有寥寥几人返回。

如果说冰冷的数字和表格让读者感到枯燥的话，那么笔者以2个全军覆灭的步兵营为例子，更直观地反映英军的损失。

菲利普·霍威中尉所在的西约克郡步兵团10营，除开他这位“硕果仅存”的轻伤军官，全营损失710人，是当天进攻中英军损失率最高的步兵营。该营虽然较为轻松突破了德军前沿堑壕，但却在第二道堑壕前受到德军顽强抵抗而止步。由于没能肃清德军前沿堑壕地下掩体里的残敌，也没有后续部队跟进打击，导致德军从前沿堑壕地下掩体里钻出来反击时，轻易把西约克郡步兵团10营夹击在两道堑壕间。更糟糕的是，他们被夹在一个山坡上，完全处于隐蔽在弗里库尔废墟中、距离不到200码的德军机枪手的射界内，从而导致了他们令人咋舌的损失。

另一个例子是纽芬兰步兵团1营，他们糟糕的进攻计划使自己在冲锋时遭到德军猛烈的炮火和机枪火力打击，损失684人。虽然伤亡数字中很大一部分是负伤，但这个伤亡数字也给人留下了深刻印象。

还有部分步兵营损失之大，以至于根本没法还原所部当天惨烈战斗原貌。按照条例规定，每个步兵营都应该把每天的战斗情况

英军在索姆河战役的伤亡实在太大了，扔球搞“欧洲杯”的内维尔连长也为国捐躯

记录在案，做为作战日记保存在官方档案中，可实际上在索姆河战役中根本没法实现。汉普郡步兵团1营由于伤亡惨重，以致于根本没法清楚记载7月1日全营的战斗过程，在该营作战日记中只能找到寥寥数语：

我营军官伤亡率达100%，士官和士兵也损失很大。

在能找到的所有记录中可知汉普郡步兵团1营总计损失26名军官和559名士官、士兵。

除了西约克郡步兵团10营和纽芬兰步兵团1营外，泰恩塞德爱尔兰旅1营和泰恩塞德苏格兰旅4营也各蒙受了600多人的损失，另有28个营损失超过500人。按照行政区域划分，伤亡主要分布在如下各郡：约克郡——9000人、阿尔斯特郡——6000人、兰开夏郡——6000人、东北地区——5500人、伦敦地区——5500人、苏格兰——3500人。

虽说英国大部分郡都承受了不小的伤亡，但威尔士却是个例外，他们承受的损失不过500多人。爱尔兰南部各团损失也不到1000人，但这个统计却不包括许多服役于英格兰和苏格兰单位的爱尔兰人。

具体到各大城市，伤亡也是触目惊心：伦敦——5000多人，曼彻斯特（包括索福德）——3500人，贝尔法斯特——1800人；格拉斯哥、爱丁堡、纽卡斯尔、布拉德福德、利兹和伯明翰——均超过1000人；杜伦、利物浦、谢菲尔德、德比、诺丁汉、沃尔夫汉普顿（Wolverhampton）、剑桥和许多其他城市都各有几百人伤亡。还有许多小社区——比如阿克宁顿、巴恩斯利、格里姆斯比；以及阿尔斯特郡的城镇和乡村，泰恩塞德和约克郡南部的矿区村镇；纽芬兰的渔村和伐木区等等。对许多家庭来说，7月1日都是未来50年哀悼和悲伤的日子。

1916年7月中旬，随着大量强化训练营中完成基础训练的新兵涌入战场，7月1日受到重创的英军各营很快恢复了满编兵力和战斗

虽在第一天战斗表现不佳，但英军机枪兵还是起到了重要的作用

力，甚至参加了索姆河战役的后期战斗。不过，这些步兵营接纳的新兵并非来自他们所在步兵团的兵源地。比如一个伦敦营和维多利亚女王属来复枪团1营就充斥着来自9个不同步兵团的补充兵。其他各营的补充兵来源也形形色色，有二线的本土军士兵，有义务兵、自由农民（Yeomanry）和德比勋爵招募来的最后一批志愿兵。从这时起，英国持续几百年的独特志愿兵制度开始瓦解，逐步被义务兵制度取代。

对常备军和本土军来说，这次重建工作没什么新意；那些身经百战的老兵们，很快就会“锤炼”这些新兵，教授分享战斗技能，让他们迅速进入状态。

对于新军的许多步兵营来说，经历了索姆河战役和新兵补充重建后，他们脱胎换骨，逐步走向成熟；在本土军和常备军许多经验丰富的步兵师在蒙受巨大损失却进攻失败的情况下，新军的第18步兵师和第30步兵师完成了上级交付的任务，拿下了所有预定目标，让新军在常备军和本土军面前扬眉吐气、一展雄风，充分证明了基钦纳的决定无比正确。另一方面，补充兵源的多样化，也逐步消除了英军各单位的地域差异。曼切斯特同城步兵团2营的A.E.霍尔列兵回忆：“我营撤下战场后迅速重建，补充了来自各种渠道的兵员，兵源多样化结束了一个由一帮在1914年9月初就渴望入伍的‘曼切斯特文员和仓库员’组成的步兵营的历史，从此以后再无‘曼切斯特市步兵营’。”

在重建过程中，变化最大的莫过于第36（阿尔斯特）步兵师。由于政治原因，他们没有获得爱尔兰的补充兵，而是从英国其他地区送来的新兵，使本来由新教徒为主的第36（阿尔斯特）步兵师变成了以天主教徒为主的部队。

那些在战前信誓旦旦要和挚友们同生共死的士兵，从索姆河这个地狱之门转了一圈，发现挚友命丧沙场，还活着的就晋升为军官，只能感叹命运捉弄人。更有甚者，那些负伤后送回国的士兵，在伤愈付出后就申请转到其他兵种，参加皇家炮兵队或新组建的坦克营，为英军兵种协同战斗发展做出新的贡献。他们很清楚，即便自己回到老部队，面对的也是新的开始。

| 第十六章 |

分析

1916年底出任首相的戴维·劳合·乔治，认为1916年7月1日对参加战争的英国来说是一个分水岭。按照劳合·乔治的说法，这天不仅是个转折点，还是英国在战争中最悲惨的日子。站在“后见之明”的角度分析，发现索姆河战役有两个根本问题：第一，难道从政治或战略角度，就没法避免发起这次战役么？第二，如果有什么地方错了，是否是过于乐观呢？

1916年6月，英国的忠实盟友法国正面临着崩溃的危险。由于在1914年和1915年损失惨重，法国声称他们在凡尔登已经撑不下去了。在法国频频告急的同时，英国另一个盟友也好不到哪去；意大利在1916年5月遭到了奥匈帝国进攻，沙皇俄国的勃鲁希洛夫攻势也受到了重创。在协约国全面受挫的情况下，英国不可能眼睁睁地看着自己的盟友依次倒下而独善其身，否则一旦战争失败也将是英国最大的耻辱。在这种情况下，英国只有两种选择，一是和德国人拼了，二是求和。

正是看透了协约国的危机，1916年6月，德意志第二帝国第二次派特使向法国政府提出讨论和平提案的建议。德国认为自己在战场上享有优势，可以提出有利于自己的和平议案。可联军并没有失败；法国还没有崩溃，日不落帝国仍没有充分动员起来参加战争。任何和平都只不过是一种妥协而已，还有许多问题没有解决，不过至少和平到来，战争就会停止。

尽管凡尔登的局势日益危急，法军防线摇摇欲坠，但法国政府还是傲慢地答复：做为先决条件，如果德国愿意把所有法国、英国、俄国战俘遣返的话，那么法国愿意和德国对话，举行和平谈判。正当德意志第二帝国研究法国人的方案准备回应时，1916年7月1日，英军发起了索姆河战役。这个战役从政治角度来说，狠狠扇了德国人一巴掌。双方失去了信任，很长时间都没有再研究和平谈判。

在英国军政高层领导人中，只有英王、首相、帝国总参谋长和黑格上将知道协约国和德国私底下正在搞和平谈判。这些内幕消息自然不可能告诉英国战争委员会，但该委员会的部分成员也许听到了一些风传。当然，英国国内的普通公民和在法国前线浴血奋战的将士，自然对私下谈判一无所知。可就算他们知道协约国正在私下媾和，他们又能做什么呢？每当国家面临艰难抉择的时候，英国军政高层总会考虑民意反应。在一线奋战的英军将士中，继续战争的意愿仍很流行；和平主义者和拒服兵役者都受到民众的鄙视和唾弃。英国认为只要对德军展开一次总攻击，就能挽救法国，并赢得战争胜利。

在法国，英国远征军的高级将领们也跃跃欲试，坚信自己能够打破僵局。1916年5月23日，罗林森上将在日记里写道：

“政要间关于和平谈判流言四起，（索姆河战役）是他们做决策前（我们）一展身手的好机会。如果我们能赢得决定性的胜利，我们在谈判中会处于一个有利的地位。”

罗林森在日记里继续补充道：

“可我不认为在明年这个时候（指1917年夏）以前能获得和平，至少要到1917年秋。”

罗林森笔下的“和平”，其含义就是“胜利”。

从公众观点和军事角度来看，双方妥协而来的和平与战败无异，而且堂堂英国要是试图在这个时候推动和平谈判的话，可想而知会引起全国上下什么样的“激烈反应”。从理论上来说，和平是有可能实现的；可从实践角度来看，和平无望。

如果说政治上没法阻止战争继续的话，那么军事上能否避免索姆河战役呢？为什么英国不利用他们岛国的优势，使用强大的海上力量进攻呢？为什么不采取迂回登陆敌后这一手段呢？遗憾的是，英国的海上力量和两栖登陆力量使用在了土尔其的加里波利，并彻底失败了。虽然英国在战争期间曾多次讨论要在德国北海地区或波罗的海沿岸实施两

◀ 索姆河战役中的英军炮兵，虽然他们竭尽全力，但表现却始终不尽如人意

栖登陆作战，可这些方案都太冒险了，帝国总参谋部迟迟不肯下定决心。在荷兰登陆迂回在比利时的德军侧翼，可以获致效果。可一旦这么做，英国就将侵犯到中立国荷兰的权利，从法理上看来，目前这么做对英国来说得不偿失。

自第一次世界大战爆发后，英国皇家海军就对德国海上航运进行封锁作战，可效果并非立竿见影，而且在1916年这也不是英国皇家海军唯一要干的活儿。法国政府一再向英国政府说，自己没法在凡尔登坚持到1916年6月。可没有人敢建议法军放弃凡尔登，让他们撤到新防线喘口气。当时英法之间的关系还没有好到英国可以向法国提这种生死攸关的建议。另外，这种主动撤退也不符合两国的军事哲学。

为了支援盟友法国，英国军方已经竭尽所能把主要兵力和物资都投入到西线战场。最好的部队在这里，英军高级将领们也认为这里（法国战场）才是击败德国人最好的决战场。如果和平没有降临的话，英军就要全力以赴组织攻击，把战争继续打下去。

鉴于西线组织攻击已是无可避免的选择，那么就没有一个可以避免组织对几乎是完美无缺的德军防御体系的步兵总攻击吗？英国远征军总司令黑格上将自然希望能有更多的时间让新来的英军各个步兵师变得更加成熟，并等待坦克部队到来，但坦克产能低下导致坦克部队组建异常迟缓。黑格等得起，法国人可等不起。黑格偏爱骑兵兵种，很希望这个事实上已经落后于时代的兵种能再展雄风，但骑兵发威的前提必须是步炮兵协同在德军防线撕开口子，而后骑兵才能深入突破实施跟进打击。选择在1916年7月1日这天进攻，是法国人坚持、英国人妥协的结果，并非黑格上将所愿。由于时间紧迫和技术兵种（坦克）没法到位，英军除了发动在炮火掩护下的步兵集团冲击外，别无选择。对黑格来说，唯一的选择就在他们的进攻地段。不幸的是，索姆河地区是下下签，这里是德军防线最坚固的地带。对英军来说，选索姆河地区为战场自然有吸引他们的地方，首先他们能和法军一起展开攻击，借助法军丰富的作战经验较轻易达成胜利，同时能在组织指挥和部队战斗力上获得进步。另一方面，从地形来看，索姆河地区是一片开阔地，不像卢斯那样的矿区，也非伊普尔那样的沼泽地。

除了上述原因外，英军选择索姆河做为决战战场还有一个深层原因。那就是第一次世界大战打了2年半，德军和联军从来没有在索姆河大打过。英军自然对这个“处女地”——平坦而开阔的皮卡第（Picardy，法国的皮卡第大区）冲积平原充满了浪漫的幻想，认为可以在这里赢得他们期待已久的决定性胜利。不幸的是，德军识破了英军的意图，准确判明了这里是英军的进攻地带，因而在战前花了几个月的时间加强阵地，把索姆河地区变成了金汤城池。另一方面，第一次世界大战的交战准则是一定要在长时间的炮火准备后，才能发动步兵集团冲击，英军不可能保守总攻击的秘密。在这种情况下，英军不论是在伊普尔到阿贝尔之间任何地段展开攻击，其结果都没什么不同。

联军决定在7月1日发起总攻击，而不是和德国媾和，注定了第一次世界大战还要继续下去的结局。本来在1916年6月出现了一个微弱的机会，那就是英国、法国和德国达成停战媾和，这三个主要国家停战后，其他各国只能被动接受。可截止目前，第一次世界大战中大兵团作战还是业余级别的英国，却在索姆河地区对德军发动了猛烈攻击，明确无误地告诉对手和盟友，自己要的是战争的彻底胜利，而不是和战败无异的妥协和平。

对德国来说，他们抛出的和平谈判橄榄枝就这么被英国人以戏剧化的方式驳回。换句话说，德国人想在谈判桌上确保自1914年以来的胜利的幻想化为了泡影。现在，只有继续战斗，赢得更多的胜利，直到把对手打到谈判桌上。（有趣的是德国人并没有幻想彻底胜利，这和英国对胜利的规划天差地别，也注定双方谈不拢。）

对索姆河战役爆发，最高兴的莫过于法国人。他们终于有了一个值得完全信赖的盟友。那些单靠自己承受德军重拳的日子已经一去不返；从现在起，越来越多的英军将投入西线战场，和法军一起分担德军的压力。

然而，漫长的战争也给英国造成了很大的影响。英国几乎每个家庭都有人牺牲，亲人战死的悲痛只能由全国来承受。虽然1916年7月1日那可怕的单日伤亡没有重演，可英军在第一次世界大战总伤亡的80%都是发生在索姆河战役爆发后，绝大部分将士倒在了西线；据统计，从1914年8月到1916年6月底，英军伤亡计522206人，1916年7月1日到1918年11月底损失2183930人。

除了庞大的兵力损失，战争后两年的军费开支也是水涨船高。联合王国在第一次世界大战的军费支出是8742000000英镑，其中73%在1916年7月1日以后支出。由于庞大的军费支出，使英国的负债增加了3倍之多。

虽然从各种角度分析，英军在索姆河地区发起进攻战役别无选择，但战役进程是否能够相对更好点呢？答案似乎很简单，由“将领”决定。可参加1916年7月1日索姆河战役的

▲ 英军的9.2英寸大口径榴弹炮

英军将领达百余位之多，上至总司令黑格上将，下至指挥各个步兵旅和骑兵旅的准将，其中一些人把战斗视为赢得声望的绝好平台，但并非所有人都做此想。可一旦政治和战略决策——在索姆河地区发动进攻——做出了，那么主导这次战役的最大一股力量，不是其他人，正是第4集团军司令罗林森上将。

那么，做为战役直接负责人的罗林森为什么拟定这么一个看起来“愚蠢”的导致英军步兵惨重伤亡的进攻计划呢？他的做法是否真的就是这么不合理?答案是否定的。其实，罗林森上将的计划是基于如下三个假设拟定的：

1. 他的第4集团军缺乏经验，作战程度不够熟练；

2. 他的炮兵十分强大，足以通过炮击逐条摧毁德军堑壕线，但每次摧毁的堑壕不超过一条；

3. 撕开足够大的突破口让骑兵跟进打击的可能性微乎其微。

当然，这些假设并没有任何书面记录证明，可能只存在于罗林森上将的脑子里；不过，从罗林森上将拟定的作战计划内容来看，依据显然就是这些假设。

正是因为罗林森没有对战役突破抱有幻想，因此他在计划中没有在任何一点集中决定性优势兵力，导致步兵和炮兵像撒胡椒一样平均分散在宽达16英里的攻击正面上。零时，步兵离开堑壕并背负着沉重的装备物资，一波波走向德军堑壕时，完全没有任何炮火延伸，尽管黑格上将战前就曾对此提过意见。罗林森的想法自然是好的，他想模仿凡尔登德军采取的新战术，用几十万发炮弹砸开突破口，然后步兵集团占领对方第一道防线，然后打敌反扑巩固阵地，再继续新一轮炮火砸口子—步兵跟进，当然他们没有考虑到英军步兵和德军步兵的训练水平、突击方式和战斗熟练程度根本不是一个档次的。在计划中，罗林森没有跟任何人谈到骑兵问题；他仅仅是在计划中把骑兵可能突击的字眼写了进去，但并不打算真正用骑兵。

如果说罗林森的计划获得成功的话，无疑会被世人奉为简洁战术的经典之作。炮群沿着整个攻击正面展开，不分昼夜发射炮弹，直至德军第一道堑壕被摧毁。然后，英军步兵集团信步走过无人地带，轻松占领德军第一道堑壕系统，等待炮兵群跟进占领阵地，然后重复先前动作开始摧毁德军下一道堑壕系统。整个作战过程就是不断简单重复，直到彻底摧毁德军整个防御系统为止。

不幸的是，罗林森上将的计划失败了。关于7月1日进攻失败需要检讨的问题很多，但最大且无法回避的一个问题就是罗林森的三大基本假设之二——通过长达一个星期的炮火准备，就能摧毁德军整个防御系统——堑壕、地下掩体，带刺铁丝网和德军官兵。在这次战役中，英军动用的炮兵和准备的弹药都远远超过以往所有战役。不幸的是，不管是炮群还是炮弹，都没法满足他们的任务需求。要摧毁德军为了防止炮击而建立的地下掩体，就需要数量充足的大口径火炮，可这恰恰是英军所缺乏的。虽然英军的炮火投射水平超过以往，但攻击正面宽度是以往战役的2倍以上，少得可怜的大口径火炮被分配给参加攻击的各个军实施炮火准备，却没有一个军的炮兵有能力完全摧毁他们当面的德军地下掩体系统。只有在右翼，也就是法军和英军的结合部，联军在炮火准备中摧毁了德军的地下掩体，从而达成胜利。法军是幸运的；他们每公里大口径火炮密度是英军的4倍有余。除了大口径火炮不足以外，对英军来说更不幸的是多达三分之一的大口径榴弹都是哑弹。因此，缺乏大口径火炮和大口径榴弹哑火率高，是英军在炮火准备过程中没能摧毁德军地下掩体的根本原因，自然也是炮火准备失败的主要因素之一。

摧毁德军铁丝网地带的任务由英军18磅炮负责，这种火炮数量占到索姆河战役参战火炮总数的60%。

根据进攻拉布瓦塞勒的英国陆军第3军弹药消耗统计，在炮火准备期间，18磅炮打出的炮弹有75%是榴霰弹（人员杀伤弹），其他各军的18磅炮在炮火准备中消耗的榴霰弹比例也大同小异。正如我们所讨论的，由于榴霰弹破片对铁丝网毁坏效能一般，导致英军步兵在进攻时惊讶地发现上级告诉他们所谓的“被摧毁”的德军铁丝网仍然横亘在他们面前。

可能是出于想模仿德军在凡尔登战役中的成功战术，罗林森上将特别钟情于长时间的炮火准备。对于罗林森的设想，黑格上将提出了不同的意见。1916年4月12日，英国远征军总司令黑格上将在给罗林森上将的信中，在谈到即将到来的索姆河战役时，曾建议说希望第4集团军实施一次“短促而猛烈的炮火准备”即可。在罗林森的坚持下，黑格妥协了，他在5月16日批准了罗林森的计划，那就是“实施一次有条不紊的炮火准备，一直打到进攻部队的指挥将领满意，也就是阻碍进攻部队前进的障碍带都被完全摧毁为止。”尽管英军对进攻时间的仓促有些带情绪，但到6月底，随着法国人吵吵闹闹要挽救他们在凡尔登的失败，英军不再抱怨时间的紧迫，而是以一种“负责任”的态度投入到紧张的战前准备工作中。既然决心已定，开始实施长时间的炮火准备就应该讲求效应，做到炮兵和一线步兵交流沟通，让步兵部队评价炮火准备的效能是否满意，毕竟冲击的是步兵，他们对炮击成败与否最为关心。可罗林森上将却在这个时候要保密，既没有通知一线部队进攻计划，也没有要求一线部队向炮兵反映炮击效果。结果造成炮兵打得忙乎，步兵看得热闹的奇怪景象。1916年6月30日，桑迪斯中校和许多前线中下级军官反应，对面德军防线在经历了长时间炮击后并没有“完全摧毁”。

实践是检验真理的唯一标准。最终，英军在炮火准备中使用的轻重火炮群都没能完全摧毁他们的预定目标，导致计划中的步兵信步前进去占领已被轰得支离破碎的德军防御地带的美好设想，被无情的现实击碎。他们面对的是完整的带刺铁丝网并遭到根本未曾被打掉的机枪火力的疯狂扫射，就算伤亡惨重侥幸以少数兵力突破了无人地带，冲到德军前沿堑壕里，也面临着对手极为顽强的抵抗。在当时，各列强陆军标准的步兵野战攻坚突击战术（也包括英军的战斗教范），就是对坚固阵地进行一次突击的队伍的组成应该包括仅配备手榴弹和轻步兵武器，以及携带最低限度装备得到投弹组。他们要前出到无人地带，尽可能勇敢地靠近己方弹幕潜伏，即便有遭致弹幕的近弹杀伤之虞也在所不惜。接着，在炮火延伸之际，一跃而起冲进对方堑壕，采取各种攻击战术动作，把守军压在地下掩体里，自己控制住表面阵地，直到己方大部队赶来完全控制阵地并肃清地下掩体的守敌。

1916年5月，罗林森向所辖各军下达第4集团军战术指示，包括给参加第一天进攻的各个部队提供的详细战术建议。值得注意的是，罗林森上将第一次向步兵提出了波波相连地在炮火准备后行进占领德军堑壕的战

▲ 论勇气，索姆河战役第一天的英军丝毫不输给任何一支军队。遗憾的是，罗林森用兵方略的错误让英军白白付出大量生命和鲜血

法。对这种违反常规的战术指示，英国远征军总司令黑格上将和第4集团军所属各军军长都表示反对，认为这种做法是无视标准步兵攻坚突击战术的行为，是冒险的。可罗林森上将却我行我素，坚信炮火准备足以摧毁德军的防御系统，并担心要是按照标准步兵攻坚突击战术来打的话，他手下那些缺乏作战经验和训练不足的步兵营必然因战术动作复杂而出现极大的混乱，因此他坚持自己的意见。虽然截至目前都没法弄清7月1日参加攻击的英军各师采取这种步兵波波相连行进战术，是否是罗林森上将的正式命令，但可以肯定的是他们采取这种违反常规的战法必然是受到了来自上级的巨大压力才做出的反常举动。

重要而具有讽刺意味的是，第4集团军有两个师并没有盲目遵从罗林森上将的战术指示而获得了初胜。零时到来前，第36（阿尔斯特）步兵师和第18（东方）步兵师就派了相当数量的兵力潜伏到两军战线中间的无人地带，并在炮火延伸后发起冲击（而不是行进）；第三个突破成功的英军第30步兵师，则可能是得到了法军大口径榴弹炮兵的支援所致。如果说第36（阿尔斯特）步兵师采取新战术很可能不是周密计划而是一时兴起的话，那么第18步兵师的攻击就是由当时最出色的英军师长伊瓦尔·马克塞少将，一位步兵领域的权威将领精心策划的结果。虽然英军第18步兵师各营在索姆河战役前并没有受过战火洗礼，但马克塞少将已经对他们进行了彻底的训练，使各营都熟知标准的步兵野战攻坚突击战法。担任尖刀突击的第18步兵师各个步兵营奉命在零时前冲到无人地带潜伏。事无巨细的伊瓦尔·马克塞少将还特地告诉部队，在炮火准备期间进行敌前潜伏必须承受6%的己方炮火杀伤率。最终，第18步兵师第一次冲击就拿下了德军前沿堑壕。（讽刺的是，在索姆河战役中表现如此出色的英军第18步兵师却在第二次世界大战的新加坡战役中成为日本陆军的手下败将，并缔造了英军在第二次世界大战最耻辱的一幕——一个整编师被全歼。）

更重要的是，第36（阿尔斯特）步兵师和第18（东部）步兵师的胜利，证明了新军将士们的智慧，同时也肯定了他们开动脑筋的主观能动性，比起盲从执行命令的常备军来说，这点确实是新军的闪光点和宝贵的财富。和常备军、本土军以及新军中盲从紧随罗林森的死板僵化战术指示，最终蒙受惨败的步兵师相比，第36步兵师和第18步兵师的表现真可以说是出类拔萃。

相对英军步兵集团的波波行进战术，法军采取了小群突击的打法，他们采取小分队方式在进攻开始后第一个小时就夺取了预定范围内的德军完整前沿堑壕。当然，在夸奖法军打得好的同时，也不能忘了他们在大口径火炮数量上拥有绝对优势，在战前基本摧毁了德军防御系统，保障了步兵突击的顺利进行。

除了炮火准备效果不佳和步兵战术反常外，对7月1日英军步兵进攻的另一个批评则集中到了负重过大没法自由行动上。这个批评有失公允，携带备用弹药自然是为了应付在堑壕里激烈战斗所需。其实最大的错误是无论攻击波次，所有步兵一律背负一样沉重的装备，这就是明显没有主次之分了。帕迪·肯尼迪在对蒙托班进攻前卸下沉重的装备，然后轻装突击的做法值得第一波进攻部队的步兵学习。然而，英军在进攻过程中，一共有8个波次的步兵背负沉重装备，艰难而吃力地穿过无人地带，前面却没有任何轻装步兵突击开道，自然就导致了高得吓人的伤亡率。

总的来说，先是错误地假设英军的炮火准备能够完全摧毁德军防御系统，接着又是没按标准步兵野战攻坚突击战法，导致了更大的错误和惨重的伤亡。如果两个错误哪怕能够避免其中一样，胜利女神很可能还会青睐罗林森。遗憾的是，两个错误同时发生，那么悲剧就无法避免了。

整整两个星期后，罗林森又组织了13个步兵营，其中12个是新军步兵营，对马梅斯森林附近的德军堑壕系统组织了一次成功的步兵突击。为了拟定突击计划，罗林森上将亲自征询了手下各个军长的意见；英国陆军官方战史记载，他拟定的这个计划是“完全符合整个步兵野战攻坚战术观点的”。夜间，英军潜伏至靠近德军带刺铁丝网地带，然后在短促而猛烈的炮火准备后（炮火准备仅仅打了5分钟）就冲上去夺取了德军堑壕。由于德军从地下掩体跃出动作太慢，因而都被压制在地下掩体里，非死即降。这一次，德军赖以为本的地下掩体成了他们的死亡陷阱。

这次发生在7月14日的战斗，由于缺乏大口径火炮，英军炮兵仍然没有起到决定性的作用，但我们可以想象一下，如果罗林森在7月1日也使用同样战术的话，后果还会像历史上那么糟糕吗？当我们仔细反思这次成功的战斗，结合7月1日右翼进攻胜利的情况，我们可以说罗林森的第4集团军在7月1日的进攻败在炮火延伸和第一波英军步兵的冲击没有衔接上。如果英军步兵能抢在炮火延伸的同时，快速冲进德军堑壕的话，那么7月1日的结果会迥然不同。

在上述两个致命错误发生的同时，第4集团军的战术指示对炮兵的规定也有欠妥当。在对炮兵运用的规定上，罗林森上将特地强调：“经验告诉我们，在步兵前进期间炮火支援要确保步兵安全的话就要让步兵和炮兵都按照固定的时间表行动……下级部队对计划时间表不许随意改动，除非上级军指挥部同意，否则必然发生混乱。”

另一方面，英军步兵进攻时间定为清晨07点30分，也比当时的战斗条例中规定的06点30分（利用拂晓前天亮的刹那）展开攻击的时刻晚了一个小时。当然，造成这个时间延误主要还是因为法国人坚持要求等待晨雾散尽，好让炮兵前进观察员们看清弹着效果，确保炮击效率。这么做，固然是给炮兵观察和修正弹着点带来了极大的便利，却剥夺了步兵利用晨雾掩护冲击的突然性。在这种情况下，英军第4集团军司令罗林森上将仍然坚持他的错误战术指示。当然，如果英军能像法军那样，一部分火炮依靠在前沿堑壕的炮兵观察员引导，校正弹着点摧毁德军部分火力点，甚至破坏铁丝网的话，那么历史也将可能改写。遗憾的是，罗林森上将对自己太过自信，可对部队缺乏信心，他不相信自己的部队有任何能力，自然也就没有把权力下放给部队，即便是基本的利用06点30分到07点30分之间天色放亮，安排炮兵前进观察员校正弹着点都没有做，还谈何信任可言。

▲ 英国远征军总司令道格拉斯·黑格上将

除了上述主要错误外，英军还有不少小问题，比如由于晋升过快、缺乏指挥大规模进攻战斗经验的英军将领们往往在战斗中做出了错误的决定，这些缺点在当时的情况和条件局限下无可避免；然而，在大错误基础上，一系列小错误累积的后果是造成了更大的损失。

英军第8军（负责对塞尔村进攻）和第7军（负责对戈默库村佯攻）之间存在着一个宽达1英里的缺口，可就是没有任何部队予以封闭。英军第94步兵旅旅长H.C.里斯准将回忆道：“进攻前几天，我就向亨特-威斯顿中将指出第94步兵旅左翼集结堑壕的空档，这么一来在我部和对戈默库尔进攻部队之间没有任何友军。更糟糕的是，我们的炮火准备还没能撕开对方的铁丝网地带。连个站在10码外的孩子都看得出来，我们进攻部队的侧翼是暴露的。”1916年7月1日当天，利用英军的失误，德军充分利用了这段缺口，集中炮兵猛轰第8军的侧翼，给第8军造成了很大的损失，也连累了英军北翼进攻部队。

第二个小错误就是英军在己方前沿堑壕前方带刺铁丝网地带开的口子太窄，让背负沉重装备和物品的步兵们难以快速穿过。另一方面，不少口子在战前开得太久，已经让德军侦察兵查明了口子的准确位置，因而在7月1日的战斗中德军炮火和机枪火力轻松封锁了英军在己方铁丝网地带开的部分口子。这个错误是导致纽芬兰步兵团1营伤亡惨重的原因之一，他们在通过己方铁丝网口子时就遭到了猛烈的机枪火力和炮火打击。更糟糕的是，有些口子一次只能通过一个人，在时间就是生命的千钧一发之际，这种错误浪费了大量生命和鲜血。战后，仅仅在一个铁丝网口子，英军收尸队就发现了66具纽芬兰步兵团1营官兵的尸体。

第三个错误就是坑道爆破时机不对。众所周知，坑道地雷爆炸后20秒内，碎片将纷纷扬扬落地，行事谨慎的将领决定零时前2分钟引爆地雷，然而双方对爆破后形成的弹坑抢夺，赢家往往是德国人。更讽刺的是，英军皇家工兵队在卡斯诺据点实施的坑道爆破造成纷扬下落的土块虽然砸伤了不少英军士兵，但却极大削弱了德军防线。

英军第56（伦敦）步兵师师长果敢地采取堑壕延伸战法，往两军战线中间无人地带半途挖堑壕，有效减少了步兵冲击距离。虽然这个战法能有效减少兵力损失，但却有不少参战英军步兵师因过于自信或懒惰，根本没有往无人地带挖堑壕，导致英军步兵在冲过800码宽的开阔无人地带时完全暴露在德军致命的炮火和机枪火力打击下。

第四个，也算是一系列小错误中最大的，或许是英军第34步兵师一位少校参谋，违反条例通过电话向一线部队传达罗林森上将的作战命令。

在检讨上述四个小错误的同时，也不妨讨论一下索姆河战役中的两大争议。一个争议是英军对戈默库尔突出部的佯攻，另一个是第4集团军右翼在突破成功后未能扩大战果。虽然戈默库尔和蒙托班相距甚远，但两者之间的战斗还是有直接联系的。

一些同情艾伦比的人士指出，艾伦比在拟定对戈默库尔突出部佯攻的作战计划中，无论是进攻地带、进攻日期还是进攻发起时刻都毫无自主决定权。此外，战斗准备过于仓促。另一方面，荣誉分配也对第3集团军不公。如若胜利，功劳和荣誉都是第4集团军的；可一旦失败，进攻戈默库尔突出部的将士的血就白流了。面对这种吃力不讨好的活儿，任谁也打不起精神！

从直接效果来看，第3集团军对戈默库尔突出部的进攻造成德军近2000人的伤亡，包括7昼夜炮火准备所致。在进攻当天，第3集团军还吸引了德军3个师的炮兵火力，减轻了主攻方向第4集团军的部分压力，否则英军的伤亡就不止现在这么多了。一天战斗下来，亨特-威斯顿中将的第8军却没能前进一步，而且还付出了6769人的惨重代价。

虽然第8军损失很大，但对戈默库尔的佯攻的效果还是超乎预计，由于第8军逼真的表演，德军判断这里才是英军的主攻方向，他们根本不信英军会在宽达16英里的漫长战线发起全面进攻，结果削弱了正对英军最右翼的防务。可以这么说，英军第4集团军右翼进攻的胜利，部分功劳是戈默库尔的佯攻。

当然，在对戈默库尔突出部的佯攻作战评价时，还存在不少疑问。第一个问题是戈默库尔就是佯攻的最佳地点吗？艾伦比似乎更倾向把攻击点北移，但这样一来戈默库尔的德军炮兵就可以不受拘束自由轰击第4集团军了，因此这个设想行不通。

第二个问题，大规模军级别佯攻作战是否得当？经过了周密的准备和长达一个星期的炮火准备，到1916年7月1日上午7点30分难道就只打一个短促的步兵突击？如果这么做，自然可以暂时吸引一下戈默库尔的德军注意力，并避免第3集团军至少5000名将士流血牺牲。可短促突击过后，德军很快就会转移火力，从戈默库尔侧击英军第4集团军。第4集团军面对的德军火力已经十分强大了，要是再加上这些火力的话，第4集团军再多5000损失似乎也不是什么难事。这5000人在当时情况下，即便第3集团军不承受，第4集团军也要挨。

最后，就是第46（北米德兰）步兵师师长斯图亚特-沃特利少将的判断是否合理？在1916年7月1日所有参加进攻的英军步兵师中，第46步兵师是最倒霉的。他们的进攻地带是一片潮湿的泥沼地，给步兵运动带来了很大的麻烦。同时，第46步兵师也是进攻作战最北面的步兵师，除了要承受正面强大的德军炮火轰击外，还要承受北面侧翼的德军火力打击，他们面临的困难可想而知。

1916年5月，第46步兵师师长斯图亚特-沃特利少将收到的作战命令中写道："首次进攻目标限定为占领炮火控制地带（即炮火准备打击区）。"这道命令是由第7军参谋长F.利昂准将签发的。在7月1日上午的战斗中，第46步兵师也表现出不亚于任何一个参战步兵师的勇气和决心，参加战斗的6个营损失1700人，其中包括5位连长，可最终却没能占领"炮火控制地带"。对斯图亚特-沃特利的评价，第7军参谋长F.利昂苛刻地说："他是一个不拘小节、从未视察过一线和不会激励士气的将领。"诚然，斯图亚特-沃特利少将或许真的不受欢迎，但第46步兵师进攻失败的板子打在他一个人身上并不公平。军参谋长F.利昂准将也同样应该承担责任，只不过他侥幸逃过制裁罢了。

对斯图亚特-沃特利少将，也有不同评价。有些人认为，他只是一个替罪羊罢了；艾

▲ 罗林森在7月1日惹起的最大争议就是没有及时把骑兵投入战斗，扩大马梅斯和蒙托班方向的突破口。图为在马梅斯方向待命出击的英军第18枪骑兵团

伦比和斯诺战后一直害怕因第3集团军在戈默库尔的进攻没能打进去，殃及第4集团军，担心黑格会迁怒于他们，把他们打发回国。他们想多了，第4集团军的进攻完全是因为自身的问题，和第3集团军无关。对艾伦比来说，他们已经做得很好了。

有趣的是，除了参与计划的高级将领外，不仅德军不相信，就连许多参加了戈默库尔进攻战斗的英军也不相信自己打的是佯攻角色，他们无法接受让许多朋友战死的戈默库尔进攻目的就是为了吸引德军火力。

关于第二个争议——第4集团军右翼突破成功后是否应该扩大战果。提到这个争议就牵扯到骑兵应用的问题。现在一个普遍流行的观点是1914年底在法国的交战双方形成堑壕战后，骑兵就没有用武之地了。可这个观点并非绝对正确。在1916年7月1日，骑兵实际上是有机会一展雄风的。当康格里夫手下的2个步兵师在蒙托班附近拿下了所有预定目标后，为什么罗林森拒绝康格里夫继续前进的请求？为什么高夫预备集团军手下的3个骑兵师本来已经上去了，却在下午15点00分奉命撤退呢？即使第2印度骑兵师所辖各团就在蒙托班背后也不用呢？

对骑兵情有独钟的黑格上将一直渴望让手下的骑兵师有大显身手证明自己价值的机会。正是出于这份感情，他才把3个骑兵师派上前线，编入高夫中将的预备集团军。黑格迫切希望在步兵撕开德军防线后，骑兵突击制胜。在他眼里，高夫的预备集团军就是一头猛虎，随时准备撕裂德军的后方。在给罗林森上将的命令中，黑格上将写道：应该抓住机会让骑兵在火炮和机枪等的支援下突击，步兵应寻求在初期进攻阶段和后续进攻阶段中运用。

但罗林森上将是个传统的步兵将领，对骑兵作战和高夫预备集团军的存在很是反感。他拟定的作战计划只是逐步撕裂德军防线而已。对他来说，第4集团军应该是一头大象，逐条踏平德军的堑壕线，不管步兵如何突破都不会有骑兵大显身手的机会。何出此言？答案很简单，骑兵时代已经过去。那么罗林森上将的看法是否错误呢？或者说英军在拿下蒙托班后，望见对面防务空虚引发的投入骑兵跟进打击定能制胜的看法是否正确呢？

要回答这个问题，还得看看德军的态势。事实上，在蒙托班地区的德军态势已经严重失衡。要知道当时的德国陆军正在俄罗斯、意大利、比利时和法国同时作战；虽然德军动员了数量庞大的兵力，但漫长战线让他们备多力分，除开陷在凡尔登战役的德军作战集团外，西线德军预备队已经没有多少兵力了。前面已经提到过英军在戈默库尔的佯动和往北至伊普尔的动作完全误导了德军总参谋长法肯豪森上将，此公在仓促间误判戈默库尔是英军主攻点，他还认为法军在凡尔登受到重创，不会参加英军的攻势。当索姆河地区的德第2集团军指出英军正在密集升起炮兵观测气球并进行长时间炮火准备后，法肯豪森依然认为索姆河地区不过是英军战役佯动，拒绝给德第2集团军增派预备队。

7月1日，德第14预备役步兵军仅有2个兵力不满员的步兵师负责守备从戈默库尔到索姆河之间宽达18英里的防线，下午德第14预备役步兵军又抽调2个步兵营投入战斗。在正对英军第4集团军右翼宽达4英里的德军防御地带，第14预备役步兵军只有4个营的兵力，而且这一带的德军炮兵基本丧失了战斗力，没法有效反制英军。对德军来说，最糟糕的是在蒙托班地区的第二道堑壕系统十分单薄，只有一条浅浅的堑壕，守备兵力不过是文书、炊事兵以及200名补充兵，新锐步兵营直到午夜才匆匆赶来。而他们面对的是康格里夫的英军第30步兵师和第18步兵师，以及后方还有一个第9（苏格兰）步兵师做预备队的强大对手；此外，侧翼的法军也随时会继续前进，还不包括第2印度骑兵师！完全可以说，这是把骑兵投入战斗跟进打击扩大战果的绝好机会。

可能有人会提出疑义，骑兵无法跨过堑壕、带刺铁丝网和弹坑。然而，这种障碍并非只存在于蒙托班方向，整个西线战场都是如此；如果说这种说法有理的话，那么为什么战前还要调上3个骑兵做预备队，准备跟进打击呢？难道黑格这个骑兵出身的将领，还不了解骑兵兵种的优缺点吗？实际上，随着英军第30步兵师和第18步兵师夺取了蒙托班，前英军战线和蒙托班之间的地带也恢复了平静；工兵迅速上前开始铺设轻铁轨，并修复旧路投入使用；皇家炮兵队也开始收炮，并在己方堑壕架鸭板桥，准备让马牵引火炮前进。既然炮兵都能过去，骑兵过去自然也不在话下。

因此，左右骑兵的使用，关键不是战场障碍问题，恰恰是第4集团军司令罗林森的决定。在康格里夫打电话给罗林森报告所部进展顺利，请求进一步前击的时候，摆在罗林森面前的共有四项选择。

英军曼彻斯特同城步兵团2营的A.A.贝尔列兵回忆道："我们得知，如果继续前进3英里的话，将能让骑兵突破30英里。"不错，这正是罗林森的第一个选择：组织高夫的预备集团军的部分骑兵（主要是第2印度骑兵师）和康格里夫的步兵实施突击。可这样的作战是一次赌博，需要复杂的指挥安排和右翼法军的作战协同，但却很有可能获得英国远征军总司令黑格上将所期望和一直追求的理想结果。

如果真是按照第一项选择实施作战，那

▲ 如果这么大的牺牲，能换来胜利……

么以文书、炊事兵及新兵为主力的德军第二道防线必然瞬间崩溃，少得可怜的预备队也没法抵挡英法联军的协同进攻。其结果就是在德军的宽大战线出现一个巨大的缺口，从而迫使德军进行总退却……从理论上来说，第一项选择实在是诱人，可最终没有实现。原因是尽管黑格上将强烈主张，但保守的罗林森是不可能进行这种大胆的创新尝试的。因此，第一种选择只能遗憾除名。

第二种选择是单独实施一次规模有限的骑兵突击。如果派一小支骑兵队突出蒙托班然后左旋，插至德军第一道堑壕系统和第二道堑壕系统之间的开阔地，英军会发现这里没有铁丝网，顶多只有空的交通壕。在这种地方基本不会遇到什么德军步兵，有的只是最容易受到英军骑兵攻击的德军炮兵和行政单位。像这样的骑兵作战，无异于一次闪电突袭打击。英军很可能在这种突袭战斗中拿下马梅斯森林，并威胁弗里库尔和孔塔尔迈松。经历了一个星期猛烈炮击和一整个上午的鏖战后，英军骑兵突然出现在后方，必然会导致仍然在防线中央力拒英军的德军步兵心理崩溃。

当然，这种打法也不无风险。左旋穿插到德军第一和第二道堑壕系统中间地带的骑兵很容易受到德军远程机枪火力或是延伸的英军炮火打击；后路也很容易被德军切断。不过，考虑到往北战线当面英军步兵进攻承受的巨大压力和损失，骑兵突击这点风险还是可以接受的。英军只要动用2到3个骑兵团，大胆突击，就可能获得意想不到的大战果。

第三个选择就比较安全了，那就是让英军步兵和法军一起前进，先拿下蒙托班村外的森林——贝尔纳菲（Bernafay）和特罗内斯（Trônes）威慑一下德军第二道堑壕线。

可罗林森上将却选择了第四项，也就是最安全最保守的选择。在电话中，他驳回了康格里夫关于继续前进的请求，转而命令在“蒙托班巷子”就地组织新防线，一步也不准前进，准备“打敌反扑”。可实际上当面德军虚弱得连能否凑够人守防线都成问题，遑论反扑。

右翼的平静状态一直持续到1916年7月3日下午，德军仍然没有从先前的打击中恢复过来。当天下午，2个苏格兰营突击了贝尔纳菲森林，仅以损失6人的代价就轻松攻克。直到这个时候，罗林森才准备继续前进，可法军对7月1日英军的疲沓作风感到不满，早已对蒙托班地区失去了兴趣，转攻别处去也。又过了5天时间，英军第30步兵师再度上路，开始攻击特罗内斯森林，可宝贵的8天时间已经过去，德军利用这段时间调集兵力赶来，恢复了平衡，英军重新陷入苦战。

本来在7月1日就可以轻松夺取的贝尔纳菲森林、特罗内斯森林以及德军第一道和第二道堑壕系统之间的开阔地，在耽搁延误好几天后，又花了好几天才夺取，并且英军第30步兵师付出了惨重的伤亡。设想一下，如果7月1日再大胆一点，那么后面付出的鲜血和生命也就少得多了。

尽管检讨了这么多，要评价索姆河战役第一天成功与否并不容易。很难排除政治角度，单纯从军事角度而论，也很难撇开法军单看英军，或者撇开后续的战斗单看战役首日。

拥有后见之明的我们站在纯军事角度看，可以说英军是完全没有必要打这一仗的。英国军政领导人其实并没有意识到西线战场已经陷入僵持状态，或者说是拒绝接受这个现实，而强行发起索姆河战役导致大量年轻的士兵（甚至可以说是一代精英）流血牺牲，给欧洲未来卷进第二次世界大战带来了很多问题。然而，后世对前事的结论好做，在当时的情况下，只有智勇双全的百年一遇的杰出领导人才能既避免索姆河战役，又能避免和英国最憎恶的敌人——德国妥协。

正如人们经常讨论的那样，英法联军发动的索姆河战役到底赢了吗？这是一个极有争议的问题。回顾黑格上将对索姆河战役的三个最初期望，看起来似乎都圆满完成：挽救了法军在凡尔登的失败；联军在索姆河战役末期的战场态势远比6月30日好得多；同时也给德军造成了不少的损失。可要是这么说的话，索姆河战役前的凡尔登战役因交战双方都筋疲力尽也逐渐陷入僵持状态，而1917年春德军的退却，也让联军好不容易打到波济耶尔山岭变得意义不大了。换句话说，前两个期望值实际上根本没有达到，只有第三个期望值达到了。那就是通过索姆河战役重创了德军的有生力量，德军无可挽回地损失了大量最有经验的官兵。

单就1916年7月1日来说，可以认为是英军的胜利，因为德军立即开始逐步降低对凡尔登的进攻规模。可英军为此进行的大规模进攻付出的代价史无前例。

对1916年7月1日握有决定权的英国军政要员，历史应该如何评价呢？显然，英军损失如此惨重，最终责任应该是首相阿斯奎斯和他的战争内阁来负，但这么指责显然有欠公允。他们要负责制订英国全球战略。为了支持盟友和尽量获得战争胜利，他们已经竭尽所能，而他们所做的也是所有不列颠人对他们的期望。除了极少数人，英国政坛大部分议员都不知道德国的和平提案，也没有人会想到战斗发展经过竟然是如此不顺利。

道格拉斯·黑格上将，虽然备受争议，但对他过多地指责也是不公平的。他选择进攻的方向索姆河地区并不比其他地区好到哪里，另一方面他给手下各个集团军充分的自主权，而自己的主要职责变成给手下将领提供最优秀的军队和一切可用资源。在战役计划中，黑格雄心勃勃，打算先用步兵撕开突破口，然后投入骑兵夺取巴波姆，继而席卷至阿拉斯的整个德军防线的意图似乎有些过分自信了，但这也是黑格的优点，那就是充分考虑到步兵万一达成突破的情况下如何有效扩张战果。在黑格眼里，这是千载难逢的骑兵突击的机会。遗憾的是，黑格没能看到这一幕实现。

然而，黑格也并非毫无瑕疵，批评者认为他的性格中有软的一面，那就是他不愿把自己的意志强加给罗林森上将。黑格虽然认为罗林森的进攻计划有错，可他履新不久而且是位骑兵出身的将领，遂没有果断反驳罗林森上将这位资深步兵将领的意见，结果造成了悲剧。

在各个集团军将领中，罗林森表现最为糟糕。他的第4集团军仅仅完成作战指标的四分之一，而且一天内就损失了5万人。他在指挥步兵、炮兵和骑兵上都犯下了大错。

在炮兵方面，缺乏大口径火炮不是罗林森的错，但没能认识到德军地下掩体的深度和结构强度就是他最大的错误。战前，他不仅忽视手下军官的忠告，也没有仔细研究夺取的图旺农庄的德军地下掩体的构造。

在步兵攻坚战术方面，罗林森还忽视了战争内阁的步兵野战攻坚战术条例和第4集团军所有的军师长提出的冲击战术意见。这个固执己见的将领，既剥夺了战前的情报优势，也剥夺了部队的主观能动性，断然采取违反一切步兵战术原则的打法，排出整齐队形走向德军阵地，这是当天用兵战术最大的失误，也直接导致了英军史无前例的单日惨重损失。另一方面，罗林森对盟友法军，认为自己无论胜负都会让法军感到妒忌或嘲笑。可事实却恰恰相反。在索姆河战役中，法军打得远比英军出色。他们拿下了五分之四的目标，并抓获了2倍于罗林森的战俘，而且法军提供了卓有成效的炮火支援，为罗林森在右翼的胜利助了一臂之力。

从情感上看，罗林森或许出于对盟友法军的反感，又连续犯下了新的错误，那就是没有及时让右翼继续扩大战果，结果蒙托班方向的突破失去了战役效应，变成仅仅是局部胜利的意义而已。当然，犯下这个错误也不能全怪罗林森。毕竟，他和其他将领一样，从清早到午间接到的报告大部分都是夸大不实的。而当康格里夫报告蒙托班方向获得胜利并请求继续前进时，确实让罗林森左右为难——继续前进就意味着罗林森要信赖那些“可恶”的法国人，做好战斗协同，如果这么做他的内心就会倍受煎熬；继续前进也意味着他要动用第2印度骑兵师，可做为传统步兵守旧派将领，他对骑兵跟进打击没有信心；如果继续前进，他就要把精力从计划中绝对主攻重头的中央方向转移到远离中央的右翼，这么做就等于承认作战计划中规定的主攻重头方向完全失败，或者说是他计划的失败。也就是说，右翼的胜利完全违背了罗林森最初的设想和耗费几个月时间精心拟定的计划，如果他同意康格里夫的建议，那么就算胜利，对他来说也是“虐心”，这是他绝不接受的情况。以上种种导致了第4集团军损失惨重，好不容易在右翼取得突破，最终却因罗林森的“猜忌”而功败垂成。

在其他将领方面，第3集团军司令艾伦比也有一定的问题。虽然黑格指派他对戈默库尔的佯攻作战是一个吃力不讨好的行动，但艾伦比拟定的计划还是很有想象力的，只可惜他野心过大，竟想着合围戈默库尔村的德军集团（这里整整有3个德军师，相比之下第4集团军面对的不过是2个师的德军而已）。在第46（北米德兰）步兵师冲击失败后，他没能及时撤回第56（伦敦）步兵师；更为糟糕的是，当他的部队已经出色完成了佯攻牵制任务时，他却还非要部队在下午恢复攻击，徒增损失的画蛇添足而已。

至于说预备集团军司令高夫中将，没什么可指责的。由于索姆河战役第一天基本没有他表现的机会，也就无所谓优缺点可讨论。

总的来说，虽然英军将领犯下的种种错误导致了索姆河战役第一天没能取得理想的结局，但广大英国士兵们表现出来的爱国、勇气和自我牺牲精神，是永垂不朽的、值得英国民众永远怀念。最长的一天结束了，可第一次世界大战终结日还远未到来。